融媒体版

U0646512

高等院校学前教育专业融媒体教材

幼儿园科学教育与活动指导

第2版

梁志霞 张立星 曹静 /主编

YOU'ERYUAN
KEXUE JIAOYU YU
HUODONG ZHIDAO

北京师范大学出版集团
BEIJING NORMAL UNIVERSITY PUBLISHING GROUP
北京师范大学出版社

图书在版编目(CIP)数据

幼儿园科学教育与活动指导 / 梁志霞，张立星，曹静主编.—
2版.—北京：北京师范大学出版社，2021.9(2025.7重印)
　　ISBN 978-7-303-26470-4

　　Ⅰ.①幼…　Ⅱ.①梁…　②张…　③曹…　Ⅲ.①学前教育—
科学知识—高等学校—教材　Ⅳ.①G613.3

　　中国版本图书馆 CIP 数据核字(2020)第 218452 号

出版发行：北京师范大学出版社 https://www.bnupg.com
　　　　　北京市西城区新街口外大街 12-3 号
　　　　　邮政编码：100088
印　　刷：北京溢漾印刷有限公司
经　　销：全国新华书店
开　　本：787 mm×1092 mm　1/16
印　　张：14.5
字　　数：292 千字
版　　次：2021 年 9 月第 2 版
印　　次：2025 年 7 月第 14 次印刷
定　　价：38.00 元

策划编辑：罗佩珍　　　　　责任编辑：马力敏　李灵燕
美术编辑：焦　丽　　　　　装帧设计：焦　丽
责任校对：康　悦　　　　　责任印制：赵　龙

丛书编委会

主编

郭 健

副主编

田宝军 范明丽

编委

（按姓氏拼音排序）

柴志高　董顺英　盖春瑞　苟增强　郭建怀
胡保利　蒋国新　李玉侠　刘永利　麻士琦
庞彦强　宋耀武　王冬岩　王国英　王艳玲
王英龙　吴宝瑞　薛彦华　姚　春　袁　铸
张成起　张景亮　张丽娟　赵春兰　赵宗更

本书编委会

主　编

梁志霞　张立星　曹　静

参　编

王计永　李　倩　侯红霞

范艳鹏　秦　珍　李素卿

第2版丛书修订说明

　　自 2015 年策划、2017 年出版以来，本套由河北省高等学校教育学教学指导委员会组编的教材已经出版了近 20 个品种。因其实用性、时效性、与教师资格考试紧密关联等特点，受到广大院校师生的普遍欢迎。

　　2017 年 10 月，为了贯彻落实党的十九大精神，推进教师教育质量保障体系建设，规范引导师范类专业建设，提高师范类专业人才培养质量，教育部印发了《普通高等学校师范类专业认证实施办法（暂行）》，开始进行普通高等学校师范类专业认证工作。2018 年 1 月，《中共中央 国务院关于全面深化新时代教师队伍建设改革的意见》颁布，这是中华人民共和国成立以来，党中央出台的第一个专门面向教师队伍建设的里程碑式政策文件，对新时代教师队伍建设做出了全面的决策部署。

　　针对近几年学前教育领域的政策变化，尤其是师范类专业认证对学前教育专业的培养目标、毕业要求、课程与教学等方面的具体规范，以及广大院校在教育教学改革过程中出现的关注实践为重、注重能力培养、倡导理论与实践相结合，以及数字资源建设等方面的需求，我们启动了第 2 版教材修订工作。

　　在修订过程中，本套教材严格遵守 2019 年 12 月教育部印发的《职业院校教材管理办法》和《普通高等学校教材管理办法》，适度吸纳一线的优秀教师、园长等参与教材编写或审读，注重跨校、跨区域联合编写，力求遵循教育教学规律和人才培养规律，体现创新性和学科特色。

　　本次修订的重点为以下几个方面。

　　1. 注重数字资源建设，增添视频、微课或虚拟仿真实验教学项目等内容，读者可以扫描教材中的二维码观看、学习。

　　2. 补充教学大纲、试题库、教案、多媒体课件等配套教学资源，形成更加多元、丰富的教学资源库，以有助于教师的教与学生的学。

　　3. 关注实践为重，增补新的教学案例或相关研究成果等，倡导理论与实践相结合，注重学生岗位入职能力培养。

第1版丛书序

2010 年 7 月，中共中央、国务院颁发《国家中长期教育改革和发展规划纲要（2010—2020 年）》，提出了到 2020 年全国基本普及学前教育的战略目标。2010 年 11 月，国务院发布《国务院关于当前发展学前教育的若干意见〈国发〔2010〕41 号〉》（简称"国十条"）。此后，中国学前教育事业进入了史无前例的快速发展时期。全国各地为解决学前教育师资问题，纷纷开设学前教育专业，不同层次的学前教育专业如雨后春笋般地涌现出来，学前教育专业在校生规模急剧扩大。然而，学前教育专业人才培养质量良莠不齐，状况令人担忧，引起社会广泛关注。学前教育专业改革呼声日益高涨。

2011 年 10 月，教育部颁布《教师教育课程标准（试行）》，并发文要求各地要"按照《教师教育课程标准（试行）》的学习领域、建议模块和学分要求，制订有针对性的幼儿园、小学和中学教师教育课程方案，保证新入职教师基本适应基础教育新课程的需要"。为了推进《教师教育课程标准（试行）》的实施，教育部要求，"加强教师教育课程和教材管理"。同年，全国教师资格考试政策也进行了重大调整，教师资格考试由各省自主组织改为全国统考，河北省于 2012 年成为改革试点省份，2016 年开始在全国范围内全面实施。

在全国学前教育大发展的背景下，在《教师教育课程标准（试行）》和教师资格考试改革政策的实施过程中，学前教育改革与发展显然跟不上时代步伐。例如，学前教育专业课程既无法满足《教师教育课程标准（试行）》的要求，也无法有效应对学生参加教师资格考试的需要，修订课程方案和教材势在必行。

为了适应我国学前教育发展改革趋势，有效整合地方学前教育资源，提升地方高校学前教育整体发展水平和人才培养质量，2015 年 4 月，河北省高等学校教育学教学指导委员会和北京师范大学出版社在充分调研的基础上，联合启动了河北省学前教育专业"十三五"规划教材建设工作。教材编写成员主要来自河北省内开设学前教育专业的各所高校，同时也吸收了部分幼儿园一线教师和省外高校教师参与。教材编写品种包括《学前教育学》《学前心理学》《学前儿童卫生与保育》《幼儿园健康教育与活动指导》《幼儿园社会教育与活动指导》《幼儿园语言教育与活动指导》《幼儿园科学教育与活动指导》《幼儿园数学教育与活动指导》《幼儿园美术教育与活动指导》《幼儿园音乐教育与活动指导》《幼儿园教育活动设计与实施》《幼儿游戏与指导》《幼儿园组织与管理》《学前教育研究方法》《幼儿园一日活动指导》《幼儿园教育评价》《幼儿园环境创设与玩教具制作》《舞蹈基础》《美术基础》《音乐基础》《钢琴基础》《声乐基础》等。

为了保证教材编写质量，我们设立了丛书编写委员会，实行主编负责制，并确立了以下编写原则。

第一，以本科教育层次为主，兼顾其他层次。目前，我国幼儿园师资的培养一般包括中职中专、高职高专和本科教育三个层次。此外，还有五年制专科、专接本、专升本、专业硕士研究生等。本套教材主要面向全日制四年制学前教育本科专业，同时兼顾其他层次培养所需。

第二，全面系统与灵活性相结合。本套教材涵盖学前教育专业人才培养基础课程，注重教材之间的衔接和统一，注重基础理论、专业实践和基本技能等内容的交叉与协调。同时，根据地域、院校特点，为各校开设选修课程保留了较大的自主发挥空间。

第三，理论与实践相结合。本套教材强调深入落实《教师教育课程标准(试行)》"实践取向""能力为重"的精神，注重实践性教学内容及环节，关注解决教育实践问题。在板块设计上，有正文的理论阐述，同时还辅以导入案例、案例分析、实践练习题、建议的活动、想一想、做一做等实践板块，引导学生将所学理论运用到实践中。整套教材旨在让学生不仅知道怎样做，也要知道为什么这样做，而且还要具备进一步去探索、发现并提出新问题、新理念和新方法的基础能力。

第四，基础性与时代性相结合。本套教材坚持呈现各学科领域的基本概念、基本知识、基本理论，为学生搭建一个全面而扎实的知识体系。在此基础上，本套教材紧密结合《教师教育课程标准(试行)》《3—6岁儿童学习与发展指南》《幼儿园工作规程》(2016年)等最新国家政策文件精神，吸纳教育学、心理学、学科教学的最新研究成果，同时根据教师资格考试改革需要设置了专门的学习模块，确保教材内容与时俱进。在教材的呈现方式上，我们也谨慎采用了一些信息化的新媒体技术，以适应全媒体时代的学习方式。

经过大家一年多的共同努力，首批教材即将付梓。作为丛书主编，我们对参与教材编写工作的所有人员致以诚挚的谢意，特别要感谢丛书副主编田宝军教授以及各分册主编付出的辛勤劳动。感谢北京师范大学出版社编辑罗佩珍女士精心策划、积极协调，为丛书编写工作付出了极大的精力与努力。当然，由于时间比较仓促，教材在体系建设、内容选择等方面肯定存在着不足与疏漏，欢迎广大学界同仁和读者朋友不吝赐教，多提宝贵意见。

郭健

2016 年 6 月 30 日

前　言

2018 年 11 月，《中共中央 国务院关于学前教育深化改革规范发展的若干意见》印发，这是中华人民共和国成立以来第一次以党中央、国务院名义专门印发的推进学前教育改革与发展的文件，是党中央、国务院立足新时代、心系发展大局、情牵民生福祉做出的重大战略决策，具有重要里程碑意义。在十九大报告中，习近平总书记提出要在"幼有所育""学有所教"等方面不断取得新进展。在二十大报告中，习近平总书记进一步强调要"办好人民满意的教育"，"强化学前教育、特殊教育普惠发展"。这给学前教育事业发展提出了更高的要求，也指明了新的发展方向。广大学前教育工作者必须遵纪守法，坚持落实立德树人根本任务，恪守职业道德规范和专业伦理；依据国家学前教育政策文件精神履行保教职责；具有坚定的教师职业信念，做有理想信念、有道德情操、有扎实学识、有仁爱之心的"四有"好老师。学前教育作为国民教育体系的重要组成部分，不仅关系到亿万儿童的健康成长，而且关系到国家和民族的未来。学前教育专业在社会需求日益扩大的发展环境中，肩负着更多的责任和希望。

《幼儿园科学教育与活动指导》以习近平新时代中国特色社会主义思想为指导，遵循《幼儿园工作规程》《幼儿园教育指导纲要（试行）》《3～6 岁儿童学习与发展指南》等政策文件精神，坚持理实一体、实践为重，将幼儿园教师的职业道德规范和专业伦理自然融入目标设计、理论阐述、活动案例、思考练习等各板块中，旨在培养掌握幼儿园科学教育专业理论，熟练应用实践教学技能，有一定的教学能力与实践能力的复合式应用型学前教育专业人才。

具体而言，本教材在编写中着重体现了如下五个特点。

1. 课程思政、立德树人：培养什么人、怎样培养人、为谁培养人是教育的根本问题。育人的根本在于立德。教材注重全面贯彻党的教育方针，落实立德树人根本任务，培养学生科学的儿童观、教育观、发展观，提升学生的从教能力，规范师德、涵养教育情怀，潜移默化地培养新时代"四有"好老师。比如，书中专门设计素养目标，强调教师在开展科学教育时要有科学精神，以幼儿为本，做幼儿科学素养培育的启蒙者和引路人。

2. 岗课证融通、实践为重：教材设计多样化模块，将科学教育融于科学实践之中，为科学活动提供基本理论、策略方法和丰富实践案例，突出"教学做"

一体；特别是设计了活动案例、实训练习、幼儿教师资格证真题等模块，力图体现"岗课证"融通。

3. 对接岗位，职业定向：教材注重结合幼儿园教育教学活动场景，对接学前教育专业学生职业方向、岗位需求，理实一体地讲解幼儿园科学教育的基本理论、目标设计、环境创设、活动设计与指导要点等内容，同时配备丰富的教育案例和活动视频，以适应学生未来职场所需。

4. 体例创新，资源丰富：教材内容设计逻辑严谨、梯度明晰，文字表述规范准确流畅，形式新颖；名称、术语、图表规范；配备丰富资源，配套课件、活动视频、教学大纲、教学方案等，视频资源可以直接扫描纸质教材观看。

5. 吸纳最新学科进展：教材吸纳科学领域最新热点问题，以 STEM 的问题探究为驱动，将 STEM 教育模式与我国幼儿园科学教育活动融为一体，介绍了 STEM 基本理论以及实践探索案例，培养幼儿的问题意识、问题解决能力、创新能力、合作能力。教材还特别摘选介绍了 3～6 岁幼儿适宜的科学领域关键经验、幼儿园自然探究教育的实施建议等，以拓宽学生的视野，弘扬科学家精神，营造创新氛围，培育学生的科学素养。

本教材以学前教育专业学生为主要对象，也可供幼儿教师继续教育和培训使用，还可作为社会和家庭进行幼儿科学教育的参考书目。教材共包括七章，编写体系采用总—分—总的结构，第一、第二、第三章介绍本学科的概念、内涵、目标、内容及国内外幼儿科学教育的历史发展概况、不同的界说与理论流派等；第四章主要介绍幼儿科学探究的内涵及过程；第五、第六章是本教材的核心，选择有代表性的科学教育活动重点展开分析，主要阐述了高结构化、低结构化的幼儿园科学教育活动的设计与组织实施方法，通过具体案例说明目标设置的原则、内容选择的方法和活动过程中教师的指导策略等。第七章是科学领域教育活动评价的理论与方法，对高、低结构化幼儿园科学教育活动中的教师评价和环境评价及幼儿发展评价均做详细介绍。

本教材第 1 版于 2017 年 1 月出版发行，依据近几年的使用反馈以及教学改革趋势，编写组进行了此次修订。本次修订，在每章前面增加了思维导图，以便于学习者对章节内容进行整体把握；增加了部分幼儿园活动视频和教师说课视频，用二维码的形式呈现，以增强教材的指导性、互动性、延展性；同时，对原有教材中不适宜的提法和错漏也进行了修改和完善。

本教材由梁志霞、张立星、曹静担任主编。教材编写分工如下：邢台学院梁志霞负责前言及第一章的编写；河北大学张立星编写第四章、第五章、第六章；邯郸学院曹静编写第二章、第三章、第七章。全部书稿汇总后由梁志霞负责修改和统稿，河北大学的张立星、邢台学院的王计永也协助担任了部分改写和统稿工作。来自河北省保定市新华幼儿园的范艳鹏、秦珍、李素卿为本教材提供了部分视频资料，邢台学院的李倩、侯红霞参与本书的资料搜集工作，参与本书编写工作中的资料搜集整理及文字校对的有王中豪、刘宁、白杨、翟云琛、陈小雪。

本书在编写过程中借鉴了专家学者的研究成果及一线幼儿教师的活动案例等，在此表示衷心的感谢！感谢北京师范大学出版社的罗佩珍老师为本教材的顺利出版所付出的努力！编者所在单位及相关人员提供了必要的支持与帮助，在此一并谢过。教材中引用资料如因仓促而漏注原著者，敬请谅解，先致歉意。

由于编者水平所限，时间紧促，编写之中难免存在纰漏，不当之处恳请各位专家、同行、读者批评指正。

编者

目　录
CONTENTS

第一章　幼儿园科学教育概论

学习目标 ▶

1. 理解科学、幼儿园科学教育的内涵与特性。

2. 了解幼儿园科学教育的价值，掌握幼儿园科学教育的主要方法。

3. 了解国外及我国幼儿园科学教育的现状和特点。

4. 领会幼儿园科学教育的理论基础并学习将这些理论灵活运用在幼儿园科学教育活动中。

学习导图 ▶

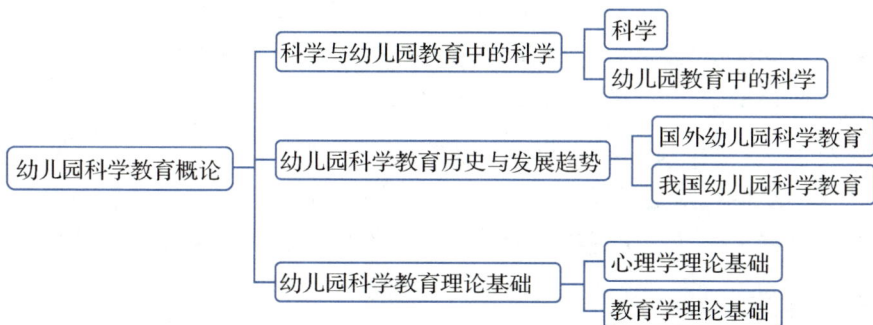

导入案例 ▶

"天上的星星亮晶晶，一颗星、两颗星，数来数去数不清，就像许多小眼睛，挂在天空放光明……"初秋的夜晚是安详宁静的，天也格外深邃，许许多多的星星像宝石一样，缀满了天空。此刻三岁的琪琪正依偎在妈妈的怀里数星星，"妈妈、妈妈，快看，小星星在向我眨眼睛呢!"琪琪好奇地问妈妈，"天上的星星为什么会眨眼睛呢?"妈妈也装作很奇怪的样子说："是啊，它们为什么总是眨眼睛呢?"琪琪很疑惑，原来妈妈也不清楚小星星为什么总是眨眼睛："妈妈，我们得想办法弄清楚这个问题。"琪琪一本正经地对妈妈说。妈妈高兴地抚摸着琪琪的小脑瓜儿说："孩子，等你长大了一定要告诉妈妈小星星为什么总是眨眼睛，好不好?""一定会的!"带着对神秘夜空无限的遐想，琪琪成长着……

　　幼儿眼中的世界是五彩缤纷的，对周围世界充满好奇心和探究的愿望是幼儿的天性。幼儿园科学教育的内涵是什么？幼儿园科学教育有什么特性？如何运用学前儿童心理学及教育学理论于幼儿园科学教育中？如何根据幼儿的认知思维特点选择合适的科学教育教学方法？这些都是需要我们认真思考的问题。

第一节　科学与幼儿园教育中的科学

　　2001 年，在教育部颁布的《幼儿园教育指导纲要（试行）》中，"科学"被正式列入幼儿园教育内容之中。但是在实施幼儿教育的过程中，很多幼儿教师总是有意或无意回避幼儿科学教育内容的选择，原因之一就是感觉科学对幼儿而言太深奥，不知如何开展。幼儿科学教育的开展，与人们如何理解"科学"密切相关，探讨幼儿科学教育，首先应弄清楚什么是"科学"。

一、科学

　　科学是什么？在人类漫长的科学发展历程中，科学以各种方式与人类社会发生作用，从远古时代的钻木取火到近代的摩擦起电，人类对自然的认识便是最早的科学，但对于科学的定义，到目前为止，还没有完全一致的看法。1888 年，达尔文指出科学就是整理事实，从中发现规律、做出结论，即科学的内涵就是事实与规律。科学要发现人所未知的事实，并以此为依据，实事求是，而不是脱离现实的纯思维的空想。至于规律，则是指客观事物之间内在的、本质的必然联系。因此，科学是建立在实践基础上，经过实践检验和严密逻辑论证的关于客观世界各种事物的本质及运动规律的知识体系。在达尔文的定义基础上，我们把科学定义引申为一种系统化的知识体系，即科学是关于自然、社会和思维的知识体系，是社会实践经验的总结，并在社会实践中得以检验和发展。科学的力量在于它能够进行分析和概括，发现客观规律，成为人们改造世界的指南。因此，科学是人类探究周围世界客观规律的活动，它包括科学知识、科学过程和方法、科学世界观三个基本要素。

（一）科学是知识体系

　　《现代汉语词典》把科学定义为，人们反映自然、社会、思维等的客观规律的分科的知识体系。[①]《辞海》中写道，科学是关于自然、社会和思维的知识体系……是实践经验的结晶。《简明社会科学辞典》也写道，科学是关于自然、社会和思维的知

---

① 中国社会科学院语言研究所词典编辑室：《现代汉语词典》，631 页，北京，商务印书馆，1979。

识体系，是社会实践经验的总结，并在社会实践中得以检验和发展。科学作为知识体系，有广义与狭义之分。广义的科学包括自然科学、社会科学和思维科学，以及贯穿于这三个领域的哲学和数学。狭义的科学指的是自然科学，自然科学是研究无机自然界和包括人的生物属性在内的有机自然界的各门科学的总称，其认识的对象是整个自然界，即自然界物质的各种类型、状态、属性及运动形式。自然科学的根本目的是发现自然现象背后的规律。认识的任务在于揭示自然界发生的现象以及自然现象发生过程的实质，进而把握这些现象和过程的规律性，以便解读它们，并预见新的现象和过程，为在社会实践中合理而有目的地利用自然界的规律开辟各种可能的途径。本教材的研究对象是狭义的科学，即自然科学。

1. 科学知识具有相对真理性

科学知识是指人类经过科学研究积累的，对客观世界和人类自身系统的认识。这个认识是一个不断修正、不断深入的过程。科学有别于真理，真理就是一定前提条件下正确的客观规律及其描述，而科学是一定条件下的、可以自圆其说的合理而不自相矛盾的方法论和知识体系；科学知识的真理性指的是对周围无机自然界和有机自然界的真实反映，任何违背客观事实的结论都是错误的。自然科学最重要的两个支柱是观察和逻辑推理。由对自然的观察和逻辑推理，可以推导出大自然中的规律。假如观察的现象与规律的预言不同，要么是因为观察中有错误，要么是因为当时被认为正确的规律是错误的。

相关链接

早在两千多年前，古希腊哲学家亚里士多德指出，一辆小车，若用力推它，它便运动起来；若不推它，它便静止不动。这说明力是维持物体运动的原因。这一结论的真理性一直持续了两千多年，直到17世纪意大利的科学家伽利略通过构思理想实验，即让小钢珠由光滑斜面顶端滚下，然后沿光滑水平面滚动。伽利略指出，在水平面上运动的物体若没有摩擦，将保持这个速度一直运动下去。进而得出结论：力是改变物体运动状态的原因。牛顿把伽利略的实验进行归纳整理，提出了牛顿第一定律：一切物体总保持匀速直线运动状态或静止状态，直到有外力迫使它改变这种状态为止，即力不是维持物体运动的原因，而是改变物体运动状态的原因。

伽利略的理想斜面实验说明：物体在无外力作用下，会保持原有运动状态不变。此实验在牛顿第一定律的建立过程中起到了重要作用，它揭示了力与物体运动的关系，即物体的运动并不需要力来维持，推翻了亚里士多德的观点——力是维持物体运动的原因。

由牛顿第一定律的发现过程我们不难发现，科学是暂时可以被知晓的、还没有被推翻的、存在于一定的时空中、有一定约束条件和局限性的知识。科学的发展史就是科学里面许多定律被另外一代或者另外一批、新的一代科学家或者新的发现所淘汰的历史。从科学发展的历史过程来看，没有永恒不变的真理，没有永远正确的知识。随着人们对自然界的不断探索和发现，新的认识被不断地修正、完善，人们甚至会否定和推翻已有的认识。宇宙的中心由地心说向日心说的发展，太阳系(行星)的成员由 7 位到 9 位、再由 9 位到 8 位的变化，都体现了科学知识的相对真理性。

2. 科学知识具有经验性

不是所有的科学知识都是经过理性的逻辑推理得出的，如牛顿运动定律，它是通过实验收集、整理、分析一系列资料数据，发现规律，进而得出合乎逻辑的结论。这种经验科学来源于观察、实验和分析，在大量的原始记录基础上总结出很少的定律定理，形成秩序井然的知识体系，这就是科学知识的经验性。怎样的归纳总结是有效的、可靠的，这是经验科学要研究的最重要的问题。

3. 科学知识具有可重复性

科学知识的可重复性表现在科学知识是来源于实践的、经得起实践检验的规律性的知识，无论何时何地做同一实验都会得出同一结果。科学理论从规律上预见了实践发展的过程和结果，又在具体的实践中进行指导，所以科学理论对实践有巨大的指导作用。基于这一原则我们可用来源于实践的科学理论反过来指导实践，进而解决实践中的具体问题。自然科学中的许多定理定律，包括上述案例中的牛顿运动定律都是这一特点的具体体现。

(二) 科学是过程和方法

科学知识的获得离不开科学过程，科学不仅表现为结论的科学性，而且还表现为过程的科学性。任何一项科学发现都要经历艰辛的探究过程，这一过程是人类探求未知、寻求规律的一系列社会实践活动的总和。一项科学研究的完成大致要经过选题——提出问题——收集数据资料(观察、实验)——分析数据资料——得出结论——提出新的假说几个环节，把握好每个环节才能使一项科学研究顺利进行。

世界各国的幼儿教师均鼓励幼儿动手做科学，认为"做科学"适合幼儿的年龄特点，可以让幼儿在做的过程中运用科学的方法，这更能体现"科学是过程"的理念。幼儿思维的发展在很大程度上依赖于他与外界环境之间的相互作用。科学是过程，它强调"做""动"，正好符合幼儿阶段学习的特点，它不但能促进幼儿的和谐发展，而且有助于科学文化的源远流长。

(三)科学是世界观

科学是人类探究周围世界客观规律的活动。既然是活动，就必然有动机、有目标。所以科学不仅是知识和过程，而且还是世界观，一种对世界的基本看法和态度。科学态度就是实事求是的态度，一切从实际出发，按客观规律办事，自觉运用辩证唯物主义观点指导学习，尊重客观事实，重视理论与实践的结合，善于质疑，勇于探索，敢于创新，严肃认真，谦虚谨慎，刚毅顽强，坚持真理，修正错误，不带任何先验成分去探究事物的规律，不主观臆断，不弄虚作假，有高度的责任感，有坚强的意志品质，凡事皆以全面事实为根据，依靠合乎逻辑的理性思维，将零碎、孤立的信息整合成一个整体，从而达到追求真理的价值理性目的。科学的价值理性，要求人们认识、改造世界的活动必须以追求真善美为最高道德准则，不能危害整个人类的生存发展利益；而科学除了价值理性外还有工具理性的特点，即科学是人类认识世界、改造世界的工具和手段。作为工具和手段，它掌握在哪个国家及其社会集团的手里，就会为哪个国家及其社会集团服务。科学犹如一把双刃剑，剑锋所到之处既有造福人类之功，也有危害人类之过。也就是说，科学的进步带给人类的并不都是鲜花和光明，还有杀戮和灾难。商业资本家把科学知识用于军火生产，从中牟取巨额暴利；法西斯主义分子把核能、毒气和细菌用于战争，进行种族屠杀；一些国家把高科技用于军事威慑，进行战争恐吓和争夺霸权……我们应该力求实现科学的价值理性与工具理性的有机结合，从自身和整个人类的长远利益出发，对科学的负面效应进行有力控制。目前各个国家在某些领域正在联手解决的生态环境问题、打击毒品生产和贩运问题、攻克各种疾病和病毒对人类的侵害问题、解决未来人类所需要的能源问题等，就是最好的证明。

二、幼儿园教育中的科学

《幼儿园教育指导纲要（试行）》强调，要尽量创造条件让幼儿实际参加探究活动，使他们感受科学探究的过程和方法，体验发现的乐趣。2001 年，在教育部和中国科学技术协会的共同倡导下，"做中学"科学教育的实验项目正式启动，将国外科学教育的成功经验引进国内，在幼儿园中进行了基于"做中学"的探究式科学教育。探究式科学教育是我国幼儿园科学课程改革的必然趋势：一方面，它在很大程度上解放了幼儿的手、脑，进而促进幼儿认知、情感和个性等方面的和谐发展；另一方面，它还强调了科学的方法和程序，要求幼儿像科学家一样经历科学探究的过程，在过程中来认识科学的本质。

(一)幼儿园科学教育的内涵

幼儿有着与生俱来的好奇心和探究热情，往往通过直接经验来认识事物。在面对自然界的各种事物时，他们个个都是天生的科学家，他们好奇、好问、好探索，他们生气勃勃、精力充沛，不知疲倦地探索周围的世界。他们什么都想知道："天为什么是蓝色的？草为什么是绿色的？金鱼为什么能在水里游？小鸟为什么能在天上飞……"幼儿除了好奇、好问、好探索，关心许多"科学问题"外，还是勇于行动的大胆实践者，是通过直接经验来认识事物的人。幼儿的探究行为经常表现为成人眼睛里的"玩"，如见到沙子幼儿会主动用手感知沙子，见到剪刀可能要拿它去剪东西，见到水坑可能用小棍去打水，然后踩水试试会不会弄湿鞋和裤子。正因为幼儿有着强烈的好奇心和探究欲望，拥有敏锐的眼睛，所以没有什么东西能逃脱幼儿的注意，尤其是不知道或越是被禁止触摸的东西，幼儿就越想一探究竟：为了找到相机里那个和他（她）一模一样的小朋友藏在哪里，他（她）或许会拆开家里昂贵的相机；将阳台上摆放的花从花盆中连根拔起……

1. 幼儿园科学教育的定义

幼儿园科学教育是指幼儿在教师的指导下，通过自身的活动，对周围的自然界（包括人造自然，如自然角）进行感知、观察、操作、发现，以及提出问题、寻找答案的探索过程。其具体体现在以下几方面。

第一，教师应引发、支持和引导幼儿对周围物质世界进行主动探究。

第二，激发幼儿的好奇心，培养幼儿的科学情感和科学态度。

第三，教师要教给幼儿科学的探究方法。

第四，发展幼儿的智力，使幼儿获得周围物质世界及其关系的科学经验。

幼儿园教师资格证考试·真题再现

2018 年上半年幼儿园教师资格证考试《保教知识与能力》论述题

为什么要让幼儿通过直接感知、实际操作和亲身体验的方式进行学习？请结合实例分别说明。

答题思路：《3—6 岁儿童学习与发展指南》（以下简称《指南》）中指出，教师在实施《指南》时应理解幼儿的学习方式和特点。幼儿的学习是以直接经验为基础，在游戏和日常生活中进行的，要珍视游戏和生活的独特价值，创设丰富的教育环境，合理安排一日生活，最大限度地支持和满足幼儿通过直接感知、实际操作和亲身体验获取经验的需要，严禁"拔苗助长"式的超前教育。

第一，支持幼儿在接触自然、生活事物和现象中，通过直接感知、亲身体验和实际操作，积累有益的直接经验和感性认识；尝试进行简单的推理和分析。例如，和幼儿一起通过户外活动、参观考察、种植和饲养活动，感知生物的多样性和独特性，以及生长发育、繁殖和死亡的过程；给幼儿提供丰富的材料和适宜的工具，支持幼儿在游戏过程中探索并感知常见物质、材料的特性和物体的结构特点；引导幼儿关注和思考动植物的外部特征、习性与生活环境对动植物生存的意义，知道兔子的长耳朵具有自我保护的作用，植物种子的形状有助于其传播等。

第二，支持和鼓励幼儿在探究的过程中，通过直接感知、亲身体验和实际操作，积极动手动脑寻找答案或解决问题。例如，鼓励幼儿根据观察或发现提出值得继续探究的问题，或成人提出有探究意义且能激发幼儿兴趣的问题：皮球、轮胎、竹筒等物体滚动时都走直线吗？怎样让橡皮泥球浮在水面上？支持和鼓励幼儿大胆联想、猜测问题的答案，并设法验证：玩风车时，鼓励幼儿猜测风车转动方向及速度快慢的原因和条件，并实际去验证。支持、引导幼儿学习用适宜的方法探究和解决问题，或为自己的想法收集证据：想知道院子里有多少种植物，可以进行实地调查；想知道球在平地上还是在斜坡上滚得快，可以动手试一试；想证明影子的方向与太阳的位置有关，可以做个小实验进行验证等。

基于以上分析，直接感知、实际操作和亲身体验是幼儿进行学习的最佳方式。

2. 幼儿园科学教育中应注意的问题

目前幼儿园科学教育存在的问题不是过分强调科学知识的传授、忽视幼儿认知发展特点，就是过于强调幼儿动手操作从而忽略了教师的引导作用。

作为幼儿教师，在教育过程中应注意以下几点。

（1）践行幼儿教师师德规范

作为一名幼儿教师，在教育工作中要坚决贯彻党的教育方针，热爱学前教育事业，树立正确的儿童观、教育观、发展观，认同幼儿教师的专业性和独特性，恪守幼儿园教师的职业道德规范和专业伦理；具有积极的情感、端正的态度、正确的价值观，尊重幼儿人格，富有爱心、责任心、事业心；具有以幼儿为中心的教育理念，良好的人文底蕴和实事求是的科学精神，关心爱护幼儿，愿意做幼儿科学素养培育的启蒙者和引路人。在科学教育实践中，幼儿教师必须以幼儿的发展水平、已有经验为基础，以幼儿的兴趣为中心和出发点，注重通过科学教育引导幼儿形成科学的情感和态度，积累相关的科学知识，提升科学素养。

（2）帮助幼儿形成科学素养

科学素养包含科学兴趣与态度、科学知识与技能、科学方法与能力以及科学行为与习惯等诸多方面。科学素养的核心内容是科学兴趣与态度。对幼儿来讲，就是要富有好奇心，勇于探索，勤于思考，敢于质疑，愿意听取不同的意见，热爱科学与大自然等。科学素养的基础是科学知识与技能、科学方法与能力。幼儿园科学教育应让幼儿在探究和讨论中形成科学认知，掌握一些基本的科学技能，能够运用科学方法解决问题，并具有一定的表达与交流能力。科学素养的外在标志是科学行为与习惯。幼儿园科学教育应使幼儿养成良好的个人生活、学习和社会活动习惯，注重开发幼儿的个体潜能，培养幼儿的自主意识，引导幼儿主动活动，学会与人合作。

（3）把握幼儿科学教育的启蒙性

科技是第一生产力、人才是第一资源、创新是第一动力，科技人才的储备必须从娃娃抓起。幼儿园科学教育具有启蒙性，其主要目标是激发幼儿对周围事物的好奇心、认识兴趣和探究欲望，使其具有终身学习和发展的动力机制。幼儿主要通过感知和表象认识事物，动手操作、游戏是他们的主要探究形式。在教育方法上，教师应努力创造适宜幼儿"玩中学、做中学、看中学、议中学、听中学"的教育环境，尽量让幼儿亲身参加各种个别化的或小组的操作、探索活动，以保证每个幼儿都有充分的机会感受科学探究的过程与方法，体验发现的乐趣。

（4）体现幼儿科学教育的启智性

幼儿园科学教育是科学教育的基础，学前智育是由家长及幼儿教师分别利用各种方法开发幼儿的智力，系统而有计划地对幼儿的大脑进行各种刺激，使大脑各部位的功能逐渐完善而进行的教育。幼儿阶段是人生智力发展的基础阶段，又是发展最快的时期，适当、正确的学前教育对幼儿的智力及其日后的发展有很大的作用。

(二)幼儿园科学教育的特点

幼儿园科学教育的特点表现为以下几方面。

1. 教育内容的生成性

幼儿的探究愿望来自其兴趣，幼儿能积极主动地对其感兴趣的内容进行探究。在幼儿园科学教育教学中，教师精心准备的教学内容常常无法开展或开展得不精彩，其原因主要是没能抓住幼儿的兴趣点。因此，教师要从生活中寻求幼儿感兴趣的科学教育内容，生成科学教育活动，引发幼儿的主动探究。

【案例 1-1】

在一次中班科学活动课上，老师刚刚组织好幼儿，准备导入活动内容，突然外面下起了大雨加冰雹，幼儿惊奇地跑到窗口看这场少见的大雨。此时，老师说："快回到座位，上课啦，你们看刘家伟小朋友坐得多好啊!"听老师这么一说，幼儿回到了座位上，却心不在焉。

此幼儿教师的教学方法显然没能体现幼儿园科学教育中教育内容的生成性特点。幼儿科学教育的内容来自幼儿的生活，是贴近幼儿生活实际的，教师在预设科学教育活动内容时，要充分考虑科学教育内容的生成问题。也就是说，在执行教学计划的过程中要根据幼儿的兴趣与需要以及活动情况随时调整活动内容。教师要注意发现、保护幼儿的好奇心和探究兴趣，扩展生成系列科学探究活动或短时间内可以完成的随机教育活动，以支持和引导幼儿主动探究，或者巧妙地把教育目标转化为幼儿的需求，生成幼儿感兴趣的科学探究内容。此案例中教师如能就窗外的大雨和冰雹生成简短的教育活动，则更能体现幼儿园科学教育"超越预设、凸显情境"的教育内容的生成性特点。

2. 教育过程的探究性

幼儿天生爱探索，好奇心和求知欲是幼儿的天性，这就要求幼儿园科学教育的出发点应由教师的兴趣转向幼儿的兴趣，选择幼儿感兴趣的现象作为科学教育的活动内容，让幼儿通过感知、操作实验进行科学探究。在探究过程中，教师应引导幼儿主动探索，幼儿探究的过程不应只停留在形式上，而是幼儿积极主动地与客观事物相互作用、不断强化或调整对客观事物原有认识的过程。

【案例 1-2】

某中班最近的活动主题是"沉浮"，孩子们对沉浮现象已经有了许多的认识，知道鹅卵石放到水里会沉到水底，小皮球放到水里会浮在水面上。有一天，老师带孩子们在自然角活动时，林林对鱼缸里的小金鱼产生了兴趣："为什么小金鱼在水里想浮上来就浮上来，想沉下去就沉下去呢?"看着林林疑惑的表情，老师并未将原因直接告诉他，而是引导林林主动探究。老师拿来一个小皮球(小皮球为密度大于水的弹性材质)，问林林："小皮球放到水里会怎样? 试试。"林林将小皮球放到水里，皮球浮在了水面上，然后老师继续引导林林："现在拿出小皮球，将小皮球里的空气放掉。"放掉空气后的小皮球瘪瘪的，林林再将它放入水中，小皮球慢慢沉入了水底。经过林林的两次实验探究，老师适时告诉林林，鱼的肚子里有一个类似小皮球的东西叫鱼鳔。林林若有所思地对老师说："当鱼肚子里的小东西充气满满时鱼就浮上来，小东西里的空气被放出瘪瘪时小金鱼就沉下去了……"

此案例说明幼儿科学探究过程一般经历以下几个环节：确定主题、产生疑问、进行猜想、进行验证、交流讨论(幼儿学习表达自己和倾听别人，提升自己)。幼儿园科学教育的真正目的不是增加幼儿的知识，而是注重幼儿的探索意识和探究能力的培养。在充满智慧的环境中，让幼儿自行探索，培养幼儿的探究兴趣、求知欲望与乐趣以及接受终身教育的愿望与能力。

3. 教育组织方式的多样性和灵活性

(1)班级集体教育活动与小组个别探究活动相结合

在幼儿园科学教育活动的组织方式上，有班级集体教育活动与小组个别探究活动两大形式。班级集体教育活动指全班幼儿在同一时间、同一地点，按照同一进度要求进行的科学探究活动，此活动一般按照教师预设的程序进行，无法体现幼儿探究的自主性，同时因其参与人数较多，也不能保证每个幼儿都能积极参与到科学探究活动中，所以教师应支持和引导幼儿自发的小组个别探究活动，让每个幼儿都能积极主动地参与到科学探究活动中，使科学探究真正成为幼儿的自主探究。

(2)科学教育活动渗透于一日生活中

科学的本质在于探究，《幼儿园教育指导纲要(试行)》中指出："科学教育应密切联系幼儿的实际生活进行，利用身边的事物和现象作为科学探索的对象。"幼儿园科学教育不仅给幼儿以直接接触和探究客观世界的机会，而且也尊重幼儿自发的探究活动。对于幼儿来说，科学就是他们身边的人、事、物，蚂蚁搬家、燕子低飞等自然界的种种现象对他们都充满了吸引力，他们可能会为一只小小的蚂蚁而趴在地上半天不动，所以教师应该能够从幼儿一日生活里不经意的一些行为中，发掘出精彩的科学探究内容，随机开展科学教育。

【案例 1-3】

一天，老师带孩子们去幼儿园的小花园玩，阳光暖洋洋地照到身上，很舒服。这时，明明看到花园里有好多漂亮的花忍不住就摘了几朵，其他小朋友发现了，都着急地阻止明明："花园里的花是不能摘的。"明明说："我要把花带回家，这样家里就成小花园了。""摘下的花还能开吗？""拿到家里能变成小花园吗？"教师没有着急批评明明，而是通过提问引导孩子思考。"我们把摘下的花拿到咱们的活动室试试，看它们能不能变成小花园。"孩子们回到活动室，找来玻璃花瓶，倒上水，将花插到瓶中放到自然角。第二天一到幼儿园，孩子们就迫不及待地跑到自然角，发现花瓶里的花有点蔫了，而窗外小花园的花依然盛开。看样子，离开了"花妈妈"，鲜花就蔫了。明明很伤心，哭着说："我以后再也不随意摘花了。"

本案例源自幼儿的一日生活，教师不仅抓住了随机事件的价值，而且通过引导让幼儿知道了爱护花草树木、保护环境的重要性。科学教育，要引导幼儿关注周围生活和环境中常见的现象，激发他们的探究热情，培养他们的科学素养，使他们热爱科学，真切地体验和感受到科学就在身边。

4. 教育结果的经验性

幼儿园科学教育活动是幼儿在教师指导下的自主探究，探究的结果即幼儿的科学经验。例如，通过探究身边常见的动植物、常见的物体材料、天气与季节变化等，获得有生命物质、无生命物质与环境及人们生活关系的科学经验；通过探究多种多样的光、美妙的声音等，感受颜色和声响；通过体验力，感知有趣的磁；通过奇妙的化学现象、季节的变化等获得身边的自然科学现象的科学经验。由于科学经验是幼儿探究过程中获得的具体事实和第一手经验，所以是最低层次的科学认知。

（三）幼儿园科学教育的价值

中国有句俗话，"三岁看大，七岁看老"，意思是说孩子小时候的表现往往预示着他一生的成就，这说明大家非常重视孩子的早期教育：早期教育做得好，可以为孩子一生的良好发展打下基础。对幼儿进行科学教育，是幼儿全面发展教育必不可少的组成部分，其价值体现在以下两个方面。

1. 幼儿园科学教育是社会发展的需要

21 世纪是一个以知识创新和应用为特征的时代，科学已经深深地影响着我们的日常生活，在社会发展中扮演着不可或缺的角色。科学技术，尤其是计算机网络技术、电子信息技术的飞速发展，使手机、电脑、高清电视已成为我们生活的必需品。现在，更多的人开始了电子商务、远程教育等生活方式，科学技术在一定程度上改变着我们的生活，改变着我们的文化。要适应这样的生活，即使是最普通的人，也需要具有一定的科学素养。因此普及科学教育，尤其是幼儿园科学教育已经成为各国教育改革的热点。

（1）在科学教育中丰富幼儿的情绪情感

我们正处在一个日新月异的时代，科学对社会的影响从来没有像今天这样深刻，它不仅影响着社会制度和经济结构，而且也塑造着人们的生活习惯和思维方式。幼儿园科学教育向幼儿展示了一个丰富多彩的世界，在丰富幼儿科学知识和经验的同时，也丰富着他们的情感体验，丰富的情感体验将有利于幼儿逐步形成稳定、持久的情绪情感。

（2）在科学教育中培养幼儿的探索精神

科学作为一种开放的知识体系，与社会的复杂性和不确定性彼此关联，科学与社会的关系逐渐成为一种共谋关系。新颖、丰富、具有现代气息的科学教育活动，能开阔幼儿的视野，激发幼儿的探究兴趣和探索精神，为正确地面对、适应和改造世界打下基础。

（3）在科学教育活动中促进幼儿的交往

儿童来到这个世界，是在与他人的交往中认识自己并认识他人的。在幼儿园科学教育中幼儿能自然而然、潜移默化地提高交往能力，教师要借助科学操作材料或创设的情境、任务为幼儿提供促进其社会性发展的契机，有意识地促进幼儿的合作学习。

2. 幼儿园科学教育是个体发展的需要

哈佛大学心理学家丹尼尔·戈尔曼教授认为，儿童期是情商培养的关键期，若在此时进行科学启蒙教育，就会为塑造高情商的品质奠定重要的基础。自信心是获得高情商的重要因素，而好奇心、爱心都是良好个性形成的关键。

（1）有利于培养、保护幼儿的好奇心和求知欲

好奇心、求知欲是幼儿与生俱来的天性，具体表现就是爱问为什么、想知道为什么，而这些都是提高思考能力的基石。没有了好奇心和求知欲，一个人的思考能力就会停滞。所以培养和保护幼儿的好奇心和求知欲是我们幼儿科学教育的使命，通过教育，幼儿的好奇心和求知欲得以强化和巩固，并且探究目的也更加明确。幼儿在活动过程中表现出的积极态度和良好行为倾向是终身学习与发展所必需的宝贵品质。我们要充分尊重和保护幼儿的好奇心和求知欲，帮助幼儿逐步养成积极主动、认真专注、不怕困难、敢于探究和尝试、乐于想象和创造等良好品质。

【案例1-4】

中班的幼儿已经有了很多吹泡泡的经验，而且他们也会用圆形的"吹泡泡器"（实际上就是用铁丝做成的一个环）来帮助自己吹出一个大泡泡。在一次中班科学教育活动课上，老师为幼儿提供了几种不同形状的"吹泡泡器"：三角形、方形、半圆形等。她引导幼儿讨论：用它们可以吹出什么样的泡泡来呢？大多数幼儿都认为，三角形的"吹泡泡器"能吹出三角形的泡泡，方形的能吹出方形的泡泡……接下来是幼儿的实验。出乎意料的是，实验的结果和他们预先猜想的大不相同：吹出来的泡泡都是圆（球）形！"为什么这些吹泡泡器吹出来的泡泡都是圆（球）形的呢？"幼儿提出了这样的问题。老师对他们说："我本来也以为会吹出各种形状的泡泡，没有想到却是这样的结果。我也觉得很奇怪呢，我们以后可以查资料、问问爸爸妈妈，一起找到原因！"带着这个奇怪的问题，活动结束了。

上海市学前教育专家杨宗华教授说，一个好的活动并不一定追求完美，而是让幼儿带着问题进来，带着新的问题出去，即能够真正刺激到幼儿的思维，激发幼儿的好奇心和求知欲，促进幼儿思考。此案例的结束环节教师并未将不同形状的"吹泡泡器"吹出来的泡泡都是圆（球）形的原因告诉幼儿，而是让幼儿带着探索的愿望去成长正体现了这点。

（2）有利于提高幼儿的综合能力，使幼儿学会科学的方法

幼儿园科学教育就是教师激发、支持和引导幼儿对周围世界进行主动探究，以帮助他们形成科学情感和态度、掌握科学方法、获得有关周围物质及其关系的科学经验活动。其核心是探究，探究的过程是幼儿各项能力得以训练的过程，如在做一个科学实验或科学游戏后，试着让幼儿说出他（她）是怎么做成的，既可以锻炼幼儿的动手操作能力，又可以锻炼幼儿的语言表达能力。在科学教育活动中，还可以帮助幼儿建立战胜困难的信心和勇气，提高幼儿解决问题的能力。一个科学实验、一个科学游戏、一个科学制作……是一个完整的解决问题的过程，虽然幼儿在这一过程中表现得还很稚嫩，但终究会将这一解决问题的能力内化，变成自己的东西，但在刚开始时，幼儿是需要教师的引导和帮助的。

【案例 1-5】

为了让大班幼儿对磁力的穿透性有更明确的认识，老师特意设计了这样一个活动：让铁皮玩具小汽车跑起来。老师准备了几组铁皮玩具小汽车和磁铁，活动以小组探究式进行。结果在实验的过程中，小汽车不是被吸附到磁铁上就是跑不起来，幼儿很焦急，此时教师及时介入引导："我们现在遇到的问题是如何不让小汽车被吸到磁铁上，有什么办法呢？"幼儿皱眉思考，然后开始重新实验，终于有幼儿高兴地说："我们成功了！"原来他们将小汽车放到塑料托盘上，将磁铁放到托盘下，这样操作时，小汽车就不会被吸到磁铁上了。

通过这一活动，幼儿既找到了解决问题的方法，又获得了科学认知——磁力的穿透性。

（3）有利于幼儿积累丰富的科学经验

陈杰琦教授说，儿童并非完全是通过"做"来学习的，而是通过思考以及谈论他们所做的事情来学习的。对于幼儿科学认知的发展来说，操作是必需的，但并非充分的，丰富的教学环境有助于儿童的探究学习。

【案例 1-6】

在一次小班的沙土区游戏中，为了能做成各种各样的沙雕作品，幼儿需要将干沙变成湿沙。"送水员"拎着小桶一趟一趟忙着运水，但是湿沙还是供不应求，他们停下手中的"工作"，开始琢磨。"有了！"从沙坑的一头到另一头，他们挖了一条长长的"隧道"，"隧道"里装水，变成了水渠，这样沙坑里所有的"建筑师"都能用到湿沙了。而且"送水员"的工作量也减少了，终于能尽情地玩沙坑游戏啦！（图1-1）

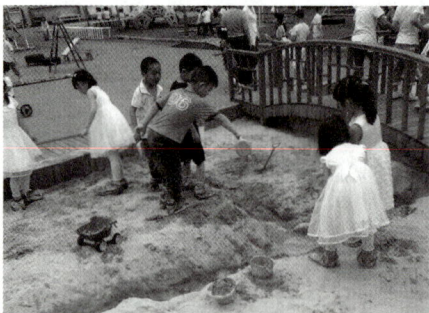
图 1-1 幼儿进行沙雕游戏（方红梅提供）

其实，我们在做某件事的时候，有时未曾仔细思考过它的价值。幼儿园科学教育的价值，是等幼儿长大的时候，回忆起来，脸上挂着微笑说："也许是小时候和老师一起做折纸游戏，让我有了一双灵巧的手。"

(四)幼儿园科学教育的方法

幼儿园科学教育的方法，是指教师为完成幼儿园科学教育的任务而采取的具体的方式和手段，既包括教师教的方法，又包括幼儿学的方法。幼儿科学教育的基本方法是演示讲解法和科学探究法。

1. 演示讲解法

演示讲解法是指教师通过语言和运用直观教具向幼儿说明活动规则、讲述解释自然科学现象并具体地呈现出来的一种教学方法。应用演示讲解法时需注意以下三点。

第一，必须突出讲解的重点，且语言要简练、准确、形象、通俗；演示的教具要直观、美观、稍大些，但不宜太新奇；讲与演必须同时进行。

第二，演示的教具应放得高一些，以便让全体幼儿都能看得见，教师应充分运用实物教具产生的情境氛围，激发幼儿的好奇心和学习兴趣。

第三，教师应围绕教学内容和幼儿的学习情况，提出问题并引导讨论。

演示讲解法的优点是简单明了、信息量大、可控性强。但它依然存在一定的局限性：不能顾及幼儿的个性差异，不利于因材施教，忽视了幼儿的主动性等。演示讲解法有其不可替代的优点和长处，也有其适用的范围和局限性，应扬长避短，有效运用。

2. 科学探究法

《幼儿园教育指导纲要(试行)》强调，要尽量创造条件让幼儿实际参加探究活动，使他们感受到科学探究的过程和方法，体验并发现其中的乐趣。《3—6岁儿童学习与发展指南》也明确指出，幼儿科学学习的核心是激发探究兴趣，体验探究过程，发展初步的探究能力。无论是从国外的科学教育理念还是从我国幼儿科学教育理念来看，科学探究都应该是幼儿科学学习的基本方法。探究式科学教育活动的过程是在教师和幼儿共同组成的学习环境中，让幼儿亲历科学探究的学习过程。实践证明，探究式科学教育在保护幼儿的好奇心、激发幼儿探究热情、培养幼儿实事求是的科学态度、形成幼儿的科学思维和研究问题的方法、促进幼儿语言表达能力和合作能力发展等方面都能起到极大作用。

科学探究法常用方法包括观察法、实验操作法、信息交流法、游戏法、制作法、分类法、阅读法等。幼儿科学教育已从以往"教师教科学的方法"转变为"幼儿做科学的方法"。幼儿科学教育的方法多种多样，教师要善于选择最合适的方法，在组织科学教育活动时有效地引导幼儿进行科学探究，才可能起到事半功倍的作用。

第二节　幼儿园科学教育历史与发展趋势

幼儿园科学教育学科名称由原来的"常识"改为"科学"，这一改动，带来了教学内容和教学方式的深刻变革，即从以自然现象、事物为主拓展到整个自然科学领域，包括与自然科学有关的人文精神、价值观以及科学技术与社会的关系等，而且还包含了科学探究的方法与过程。改动同时也在不断深化着人们对科学本质和科学教育的认识，在社会上产生了积极的影响。

一、国外幼儿园科学教育

当前国际社会的竞争，是综合国力的竞争，是科学技术的竞争，归根结底是教育的竞争，是人才的竞争。"科学"课程是以培养幼儿科学素养为宗旨的课程。要把幼儿培养成具有科学素养的国民，是一个长期的任务。

（一）美国幼儿园科学教育

美国政府在 1985 年开始着手制定新的科学教育发展纲要《普及科学——美国 2061 计划》(以下简称《2061 计划》)，通过对少年儿童进行科学教育，使科学素养成为未来美国公民的一种内在品质。在《2061 计划》之后，1989 年针对成年公民出版了《面向全体美国人的科学》。1993 年推出了《科学素养的基准》，具体指导学校的科学教育。1995 年年底正式推出了《美国国家科学教育标准》，这是美国有史以来由联邦政府支持制定的第一个全国性的教育标准，它的诞生象征着美国科学教育开始向纵深发展。在这一标准中进一步阐述了"有科学素养就意味着一个人对日常所见所经历的各种事物能够发现、提出并回答因好奇心而引发的一些问题；有科学素养就意味一个人已有能力描述、解释甚至预言一些自然现象；有科学素养就意味一个人能读懂通俗报刊刊载的科学文章，能参与就有关结论是否有充分根据的问题所做的社交谈话；有科学素养就意味着一个人能识别国家和地方决定所赖以为基础的科学问题，并且能提出有科学技术根据的见解……"简言之，美国科学教育的目标就是使其所培养的学生能够在将来的生活、学习、工作中以一种自觉的科学思维习惯、科学态度、科学精神去面对和解决所遇到的问题。

这些重要的科学教育改革文献对美国和包括中国在内的国际科学教育改革，已经并将继续产生积极和深远的影响。

第一，美国科学教育改革源自美国人深刻的危机意识，并由此而产生改革科学教育的坚强决心。

第二，注重科学教育研究对科学教育改革的指导作用。

第三，科学课程改革具有系统性和配套措施。美国科学课程改革系统性强，配套措施到位，从幼儿园到十二年级，科学课程内容标准统筹规划，分K～四年级（K代表幼儿园）、五至八年级和九至十二年级三个阶段，循序渐进，环环相扣。

第四，科学教学改革高度重视科学探究和科学教育的普及。在科学教学改革方面，美国一是强调以科学探究为中心；二是解决科学教育的普及问题。其最终目标是提高全体学生的科学技术素养。

2013年4月，美国颁布的《新一代科学教育标准》中，将幼儿科学教育从"科学探究"指向"科学工程实践"，并提出了STEM教育模式，STEM是科学（Science）、技术（Technology）、工程（Engineering）和数学（Mathematics）四门学科的简称，强调多学科的交叉融合。STEM教育并不是科学、技术、工程和数学教育的简单叠加，而是要将四门学科内容组合形成有机整体，以跨学科的思维来整合学科知识，以跨学科的能力要求来培养学生，建立起人才培养的战略观。

相关链接

美国《新一代科学教育标准》

美国《新一代科学教育标准》是由美国国家科学院（NAS）委托国家研究理事会（NRC）牵头，组织科学家、科学教育研究人员和教育标准与政策制定者合作编制的（以下简称《新标准》）。《新标准》草案于2010年公布，经过公开评议和修改后，于2013年4月9日正式颁布。《新标准》是为了确保美国国际竞争力所需要的科学和工程学方面的人才需求，同时让每个美国公民都获得必要的对科学和工程学的理解而进行的课程设计。

《新标准》提出了三维整合的框架体系，即将科学与工程学实践、学科核心概念和跨学科共同概念进行有效整合。学科核心概念是三维目标的核心，科学与工程学实践和跨学科共同概念一方面强化了学科核心概念，增强了学生的理解能力；另一方面也加强了学生的实践能力。

《新标准》用"科学实践"替代了"科学探究"。这是基于科学教师在利用上一代科学教育标准时对于科学探究所产生的认知偏差：一是科学探究的步骤程序化；二是教学过程中过于强调动脑思维的探究，而忽视了动手实践的探究。将"科学探究"改为"科学实践"，正是强调科学活动既是动脑的活动，也是动手操作的活动。这种改变并不意味着科学探究不再重要，而是扩展了科学探究的学生活动范围，强调从实践的层面上理解科学的知识、方法和本质。

《新标准》中的学科核心概念也称大概念，是指本学科内处于重要位置的概念，这些概念可作为理解和探究更为复杂的概念以及解决问题的重要工具；与学生的兴趣和生活经验有关，或者联系到需要科学或工程学知识的社会性或个人问题；这一变化使我们对儿童科学概念学习有了新认识、新观点，那就是，科学知识不是孤立的，而是有组织、有联系的。科学教育应注重帮助学习者建立科学知识之间的联系，这种联系就是以学科核心概念为中心的知识网络。

同时，科学概念的掌握是渐进的过程，它可以用学习进阶（learning progression）来描述。同一概念，不同的年龄阶段学习的具体内涵也是不相同的，学习者是不断积累学习经验，逐步获得对学科核心概念的理解的。因此，科学而又系统地安排核心概念的一些下位概念的学习，最终达到对上位概念的理解与应用，就显得尤为重要，这也是学习进阶的重要体现。

（二）其他国家幼儿园科学教育

英国"国家课程"是 1988 年英国国会通过的《教育改革法》中的一个重要内容。它改变了英国长期以来少年儿童学校教育中没有统一课程设置和课程标准的状况，以法令的形式为英国公立中小学设立了必修课程和国家标准。它首次将科学课与英语、数学并列为三门核心课程，规定所有儿童都必须接受法定的科学教育。德国、法国、韩国、新加坡等世界上一些发达国家对儿童科学教育都是非常重视的。在西方发达国家，进行幼儿园和小学的科学教育改革已经有很多年的历史。他们认为，国家创新能力的建设必须从幼儿园和小学的科学教育改革抓起，应该把科学课和语文课、数学课一起共同列为学校教育的主要课程。德国禁止对儿童过早开发智力，避免将儿童大脑变成硬盘，留给儿童大脑更多的想象空间。儿童在小学前的"唯一任务"就是快乐成长，因为儿童的天性是玩耍，所以要做符合儿童天性的事情，而不应该违背儿童的成长规律。如果说在上学前非要对儿童进行"教育"的话，那"教育"的重点只有三个方面。

第一，基本的社会常识。比如，不允许使用暴力、不大声说话等。

第二，幼儿的动手能力。在幼儿园期间幼儿会根据自己的兴趣参与操作活动，让他们从小就主动做具体的事情。

第三，保护幼儿情感的萌芽，培养幼儿情商。

相关链接

七岁儿童的认知世界

德国著名幼儿教育学者艾申波茜著有《七岁儿童的认知世界》，其中详细列出了德国一名 7 岁儿童长达 70 条的必修课和教育清单。这份教育清单是艾申波茜博士通过大量的研究和比较得出的结论，从提出到定稿历经 3 年，并对 150 人进行了单独访谈。

教育清单内容涉及实际生活、社会经验、情感体验和美感感受。艾申波茜博士指出，这是一个人出生的前 7 年间应该具备的经历体验及掌握的知识。

一个学龄前儿童在个人情感和自信心建立方面应该体验过自身存在的重要性，例如，听别人说过"你要是在场该有多好啊！""我们上次聚会就是缺少你！"等称赞的话语；体验过压抑的心情；能够分得清饥饿与愤怒，劳累与悲伤之间的差别；懂得心理学中基本因素的相互联系，诸如尿床是由情绪波动而导致发生的等；能够原谅大人某次不公正的惩罚；体验过出门在外时对家和父母的想念，感受过舒适与将就的差别，在家与在外的不同；在路上奔波时产生的思乡、漂泊、借宿以及无家可归的概念；想赢，但也输得起。

体验过水对人体有浮力；会荡秋千，并知道使用不同的身体力量会对秋千的高度有不同的作用；在床上打过枕头大战；堆过雪人、沙堡；在小溪中搭过水坝；在野地里生过火，并能够熄灭它。

知道发烧应热敷还是冷敷，呼吸有痛感应休息还是运动，知道鸡皮疙瘩，战胜疾病后有自豪感，知道身体生病在所难免的道理；有爬过一棵树的经历；研究过拉链，会用钥匙开锁，会使用工具；有收集东西的愿望；能区分食物和膳食，动作与姿势，气味和气息，能够区分看、凝视和一瞥之间的区别；能为自己或他人保守一个秘密，知道"只有你和我两个人知道"的意义；听过童话故事，从寓言和故事中懂得什么是受难，什么是安逸。

熟知家中的亲戚朋友，理解不同的亲属关系，如叔叔、表哥或姨妈；能为大人分担忧愁；看过爸爸刮胡子……

七十多条无法一一列举。可是这一清单是否能给我们的幼儿教育提供另外一条思路？我们是否能意识到有比认字和做数学题更重要的教育内容呢？

二、我国幼儿园科学教育

1918 年，我国著名的幼儿教育专家张雪门创立了第一所由中国人自己创办的幼稚园——星荫幼稚园，并任园长。当时幼儿园教育模式以借鉴外国为主，福禄贝尔、蒙台梭利和杜威等人的思想相继对当时的幼儿园课程产生过影响。1919 年爆发的"五四"新文化运动，为各种哲学流派在我国的传播创造了条件，代表人物有陈鹤琴、叶圣陶、张雪门等。这时期的主要教育观点是提出了从课程改革入手，使幼儿园教育科学化、本土化的主张。其主要意义在于：这场改革在理论上确认了儿童的主体性，认定了课程应来源于儿童的生活，课程应包括儿童在幼儿园的一切活动，提出课程的编制应依据儿童的心理水平。

新中国成立后，政府在整顿和改造原有幼儿教育的基础上努力发展幼儿教育。在教育全面学习苏联的背景下，学前教育也全盘接受其理论和实践经验。这个时期的幼儿园课程主要特点是提出有目的、有计划地组织幼儿活动，将教育贯穿于幼儿的一日生活中。当时，学前教育不再使用"课程"一词，而是把课程看作学科，通过幼儿园各科的教学对幼儿实施教育。20 世纪 50 年代的幼儿园课程改革形成的学科课程体系，教育目标明确，教育、教学内容系统，教师在教育过程中容易操作。党的十一届三中全会以后，在改革开放的大潮中，教育界也从封闭走向开放，幼儿教育相继引进了皮亚杰的儿童认知发展理论、布鲁纳的学习理论、布卢姆的早期儿童智力潜能开发等理论。重视早期智力开发和智力发展成为当时的一种教育趋势。20世纪 70 年代后期，教育部组织编写全国统编幼儿园教材，由指定的出版社出版，供全国幼儿园使用。从 20 世纪 50 年代起，逐渐形成和发展的学科课程对中国幼儿园课程的影响是根深蒂固的。

这个时期我们科学课程改革的特点首先是适当拓宽了教育内容，扩大了幼儿的知识范围，并在感性经验的基础上形成初步的数概念，促进幼儿智力发展。其次是开始注意运用多种方法、多样活动激发幼儿的主动性、积极性和学习兴趣。最后是开始教幼儿学科学的方法，如观察时运用多种感官，学习比较、分类和排序等，并开始注意使幼儿从被动接受变为主动探索，为幼儿提供材料，设置科学桌，分组教学，让幼儿到大自然中去观察，感受大自然的美和培养幼儿热爱大自然的情感。这个时期虽然强调幼儿直接观察，但仍未摆脱教师讲解幼儿听、教师演示幼儿看的以"上课"为主的教学模式，自然、常识教育的目的基本上是以知识和智力发展为主。但这个时期的学习、研究、反思方法的应用，为后期的幼儿科学教育的教学奠定了基础。

至 20 世纪 80 年代，特别是 90 年代以后，学前教育工作者以幼儿园课程改革为突破口，展开了大规模的幼儿教育改革运动。来自国外的各种儿童发展和教育理论，诸如蒙台梭利、杜威、布鲁纳，特别是皮亚杰等人的教育思想开始广泛传播；中国近现代教育家们的思想，尤其是陈鹤琴的教育思想再次受到重视，这些都为 80 年代以来的幼儿教育改革提供了理论背景。

1996 年《幼儿园工作规程》颁布，2001 年《幼儿园教育指导纲要（试行）》颁布，2016 年 3 月修订版《幼儿园工作规程》颁布，幼儿园可自主确定自己的课程，幼儿园课程出现了多元化、自主化的趋势。这个时期的幼儿园课程经历了两个阶段。

（一）初级阶段的"自然常识教育"

该阶段从实践和理论两方面进行了改革，初步形成了幼儿科学教育的理论框架。

第一，认识到幼儿科学教育的重要性。早期幼儿科学教育是"科教兴国"的奠基工程，它对幼儿科学素质、整体素质以及终身发展将产生重要的影响。

第二，确立了以科学素质早期培养为基点，科学认知、科学方法和技能、科学情感和态度三方面相互联系的幼儿科学教育目标。

第三，实施以幼儿探究为主的科学教育，使幼儿真正成为科学教育活动的主体。

第四，开展了正规性高结构化、非正规性低结构化和偶发性相互联系的科学探究活动。

正规性科学活动是指教师根据幼儿科学教育的目标，有目的地选择课题、内容和材料，以教师直接指导为主的科学探索活动。它保证了每个幼儿都有参与科学探索的机会，幼儿在集体学科学的气氛中，互相交流、启发，体验共同学习的乐趣，有利于幼儿自律行为的形成。这既体现了幼儿在学科学中的主体地位，又体现了教师的主导作用。非正规性科学活动是由教师为幼儿创设安全、宽松的心理环境，提供丰富的物质材料和准备，每个幼儿按照自己的兴趣和意愿从自己的发展水平出发，使用自己的方法进行的自由探索活动。它给予幼儿较大的自由度，教师仅做少量的直接指导，更多的是间接影响。偶发性科学活动是指由外界情境诱发，幼儿围绕偶然发生的事物展开的一种科学活动。幼儿参与活动的主动性、积极性都强于有计划的科学活动，内容的丰富性、广泛化、生动性也是正规性科学活动不能比拟的。但由于幼儿的发展水平有限，兴趣、注意力不稳定，活动中仍需要教师灵活的指导、支持和鼓励。

第五，创设宽松的心理环境和物质环境，提供多样的物质材料和充裕的时间，以保证幼儿自由选择、接触材料，进行正规或非正规的科学探究活动。

第六，建立幼儿园、社会和家庭三者结合的幼儿科学教育网络，面向全体幼儿进行有效的科学教育。

第七，重视保护幼儿的好奇心。幼儿科学教育实践证明，早期幼儿好奇心的发展对后期好奇心和科学兴趣的连续发展有明显影响。因此，教师、家长和社会机构对幼儿好奇心的保护、支持、鼓励是幼儿科学教育的重要方面。目前，我国幼儿园课程的价值取向逐步转为强调儿童的发展和一般能力的获得，课程的管理也开始注重园本课程的开发。

(二)科学课程改革的发展期

随着科学技术的迅猛发展，与之相关的环境、生态、能源、资源等重大社会问题也不断出现，人们开始关注科学技术带来的社会效应，研究如何正确利用和控制科学技术，以便其更利于人类社会的持续发展。世界范围的STS(科学、技术和社会)教育研究应运而生，拓宽了幼儿科学教育的概念和内容。具体表现在以下几个方面。

第一，将正确的自然生态观、科技观融入幼儿科学教育中，以"善待自然""善待科技""善待环境""善待社会和他人"为指导思想，培养幼儿热爱自然、热爱科学、爱护环境、关心他人等情感、态度和行为，让幼儿学习与人合作，培养幼儿的责任意识等。

第二，强调通过幼儿的"做"和亲身经历，感受、体验人与自然、与科学技术、与环境、与他人的情感和科学技术在生活中的作用。

第三，既重视学习探索科学的方法和发展幼儿智力，也重视学习使用简单的工具和制作技能，培养幼儿动手操作的能力和科学探索的兴趣。

第四，拓宽幼儿科技制作的空间和时间。

第五，重视幼儿科学素养的培养，强调其整体素质的发展。

STS教育的研究，使幼儿科学教育改变了技术与社会割裂的状态，使科技与社会生活联系得更紧密，体现了科学教育与人文教育的融合和各教育领域的相互渗透。

(三)科学素养培育的实践期

2001年，《幼儿园教育指导纲要(试行)》(以下简称《纲要》)中强调，"要尽量创造条件让幼儿实际参加探究活动，使他们感受科学探究的过程和方法，体验发现的乐趣"。2012年，《3—6岁儿童学习与发展指南》（以下简称《指南》）中明确指出，要"最大限度地支持和满足幼儿通过直接感知、实际操作和亲身体验获取经验的需要"。

2015年，美籍华裔学前教育专家陈杰琦教授将基于生活、游戏、主题三种形式的STEM教学研究成果带到上海，并在多所幼儿园开展实践探索研究。2018年1月，第四届全国幼儿科学与数学学术研讨会召开，会上许多专家学者就STEM教育模式进行了交流分享，认为STEM教育的基本内涵重在幼儿科学素养的培育，利用数学学科知识这一工具进行工程、技术的实践操作来开展科学探究，使幼儿思维能力、操作能力、认知结构等得到完善。南京师范大学张俊教授指出STEM教育的核心是整合性，整合STEM学习，旨在培养幼儿的问题意识、问题解决方法和能力、创新能力、合作能力。

第一，STEM跨学科整合模式。STEM跨学科整合模式认为，科学是关于"是什么""为什么"的知识，以及获取知识的过程和方法；技术是有关"做什么""怎样做"的方法和技巧，以及相应的工具和产品（严格意义上来说，技术不是一个学科）；工程是运用技术进行设计、解决问题、制作产品的过程；数学是对数、量、形等关系的研究。这四个学科不是孤立的，而是存在着密切的联系。科学是工程设计的基础；技术是科学或工程的产物，同时技术工具也用于科学及工程领域；工程运用科学知识、数学知识以及技术工具；数学运用于科学、技术和工程之中，是解决以上问题的工具。

第二，STEM跨学科整合取向。STEM跨学科整合取向一般有以下三种：学科知识整合取向；生活经验整合取向；学习者中心整合取向。STEM教育强调跨学科的整合学习，尤其强调通过以工程为核心设计和制造活动来解决生活中真实的、有意义的问题，这是其最核心的价值取向。这不仅源于STEM诸学科之间固有的联系，更源于当代社会发展的宏观背景。

众所周知，当代科学、技术的发展出现了融合的趋势，它们之间的联系越来越紧密。科学改变了我们对世界的认识，而工程则改变了我们所生活的世界。在这样的背景下，教育是否应该有所改变？是否有必要让年轻一代对改变我们生活的技术与工程有所认识乃至亲身体验？是否可以让过去的"纯科学"教育走出实验室，让科学探究、科学知识在解决实际问题中发挥作用，而不仅仅是为科学而科学？

STEM教育的提出正是对以上问题的应答。它倡导研究现实生活中真实的、有意义的问题，由此可以培养学习者对现实生活的关注，用工程思维而不仅仅是科学思维去解决问题。工程问题的解决是一个设计、制作和改进的过程，由此可以培养学习者的"工匠精神"和创造性解决问题的能力。将科学、技术、工程与数学的学习加以整合，以问题解决为核心，进行跨学科的学习，可以培养学习者的学科融通和知识迁移能力。

幼儿科学教育经历多年改革和发展，由以知识教育、智力发展为主的自然常识教育，发展为以科学素质早期培养、促进幼儿全面发展为主的幼儿科学教育，再到以科学素质和整体素质培养相结合的幼儿科学教育。任何学科和理论都是在继承和借鉴前辈经验的基础上延续和发展起来的，但必须独立思考，学会扬弃和取舍。

第三节　幼儿园科学教育理论基础

幼儿园教育离不开科学理论做指导。学前教育学和学前心理学理论对当前幼儿教育产生了广泛而深远的影响，尤其是认知发展理论，使人们对幼儿的认知思维发展特点、幼儿的学习建构过程等有了明确的认识，并以此为基础探讨幼儿园科学教育活动的方法。

一、心理学理论基础

(一)皮亚杰的认知发展理论

皮亚杰，瑞士人，近代著名的儿童心理学家，致力于研究发生认识论，他的认知发展理论成为这个学科的典范。皮亚杰一生留下了60余部专著、500多篇论文，当今绝大多数关于认知发展的研究都是以皮亚杰的发生认识论为理论基础或参考框架的。

1. 皮亚杰关于儿童认知经验的观点

皮亚杰认为，儿童认知既不是起源于先天的成熟，也不是起源于后天的经验，而是起源于动作，即动作是认知的源泉，是主客体相互作用的中介。最早的动作是与生俱来的无条件反射。人一出生就以多种无条件反射反应外界的刺激，发出自己需求的信号，与周围环境相互作用。随之而发展起来的各种活动与心理操作，都在人的心理发展中起着主体与环境相互作用的中介作用。所以，幼儿认知经验经常与动作联系在一起，动作是联结作为主体的幼儿和作为客体的操作对象的桥梁和中介。通过动作，主客体之间相互作用，一方面使客体发生了改变，另一方面也使主体获得了一定的科学认知。

【案例 1-7】

找锅盖

一个小班的幼儿正在娃娃家的厨房里忙着做汤。没有锅盖，他想找一个合适的盖子。他随手拿了一个盖上，没想到盖子掉进了锅里。他又拿了一个大一点的，又掉进了锅里，幼儿怔了一会儿，找了一个更大一些的，盖上了，还是不合适，稍大了一点。他又换了一个小一点的，终于合适了。他很得意，还把小盖子拿起来在锅上转了一圈。

哪个盖子适合这口锅，幼儿不是看出来的，而是在不断地操作中试出来的。幼儿只有自己具体参与各种活动，才能获得真实的知识，形成新的认知结构。通过上述案例可见，由于经验水平和思维特点所限，幼儿对事物特点的认识和对事物间关系的发现需要多次尝试，不断排除无关因素；需要很多次、很长时间地探索，才能接近答案。随着幼儿年龄的增长、更多方法的掌握和能力的提高，幼儿探究的目的性会逐渐增强。

【案例 1-8】

运沙袋

初夏的早晨，小一班的孩子到园后发现活动室的门口堆了几袋沙子，他们无法进入活动室。大力士壮壮说："我来把它们运走吧。"可是沙袋太重了，壮壮搬不动，明明小朋友说："我来帮你。"但还是没挪动，老师这时过来说："我这里有辆小推车，能不能用它把沙袋运走呢？"在老师的帮助下，沙袋被抬到小车上，大力士壮壮很轻松地把沙袋运走了，剩下的几袋沙子被其他小朋友依次运走。孩子们通过这一活动深深体验到，带轮子的小车真省力。

运沙袋这一活动是教师为了让小班幼儿认识带轮子的小车能省力而精心提供材料设计的，幼儿通过用小车运沙袋直观感知带轮子的小车真省力。幼儿教师应创设情境，提供材料，让幼儿自己在各种科学活动中自由操作、实验、观察、思考，自己认识事物、发现问题、解决问题，不断建构自己的知识经验系统。

2. 皮亚杰关于儿童认知思维发展阶段的划分

皮亚杰认为个体从出生至儿童期结束，其认知发展要经过四个阶段：第一是感知运动阶段（0～2岁），个体靠感觉与动作认识世界；第二是前运算阶段（2～7岁），个体开始运用简单的语言符号从事思考，具有表象思维能力，但缺乏可逆性；第三是具体运算阶段（7～11岁），出现了逻辑思维和零散的可逆运算，但一般只能对具体事物或形象进行运算；第四是形式运算阶段（11～15岁），能在头脑中把形式和内容分开，使思维超出所感知的具体事物或形象，进行抽象的逻辑思维和命题运算。

皮亚杰在进行上述年龄阶段的划分时，提出下列重要原理：首先，儿童认知发展的过程是一个结构连续的组织和再组织的过程，过程的进行是连续的，但它造成的后果是不连续的，故发展有阶段性；其次，儿童认知发展阶段是按固定顺序出现的，出现的时间可因个人或社会变化而有所不同，但发展的先后次序不变，儿童认知发展阶段是以认知方式的差异而不是以个体的年龄为根据的。因此，阶段的上升不代表个体的知识在量上的增加，而是表现在认知方式或思维过程本质上的改变。

3～6岁的幼儿认知发展处于前运算阶段，这一阶段幼儿的思维有以下几个主要特点。

第一，泛灵论。比如，春天迎春花开了，"它是为了看见我才开花的"。

第二，自我中心倾向严重，凡事都以自我为中心，不会从别人的角度来考虑。三山实验是皮亚杰的经典实验：实验先要求幼儿从四个角度观察三座高低、大小和颜色不同的假山模型，然后要求幼儿面对模型而坐，并且放一个玩具娃娃在山的另一边，要求幼儿从四张图片中指出哪一张是玩具娃娃看到的"山"，结果发现幼儿无法完成这个任务。生活中也有类似的案例，老师问一位小朋友："你有兄弟吗？"答："有。"问："你弟弟有兄弟吗？"答："没有。"

幼儿园教师资格证考试·真题再现

2018 年上半年幼儿园教师资格证考试《保教知识与能力》单项选择题

皮亚杰的"三山实验"考察的是（　　　）。

A. 儿童的深度知觉 　　　　　　 B. 儿童的计数能力

C. 儿童的自我中心性 　　　　　 D. 儿童的守恒能力

答案：C. 皮亚杰的认知发展理论指出，儿童在前运算阶段（2～7 岁）自我中心倾向严重，凡事都以自我为中心，从自己的立场去认识事物，而不能客观地、从他人的立场去认识并判断事物。"三山实验"是皮亚杰的经典实验：实验首先要求幼儿从四个角度观察三座高低、大小和颜色不同的假山模型，然后要求幼儿面对模型而坐，并且放一个玩具娃娃在山的另一边，要求幼儿从四张图片中指出哪一张是玩具娃娃看到的"山"，结果发现这一阶段年龄较小的幼童无法完成这个任务。

第三，能思考但不合逻辑。比如，大班幼儿户外活动玩拍皮球的游戏，老师夸奖说："阳阳拍了五个，真棒！"明明说："老师老师，我能拍十个！"阳阳拍五个与明明能拍几个没有任何关系，可幼儿会把没有一点关系的两件事联系到一起。这一阶段的幼儿双重表征能力也不成熟，较小的幼儿还不能对假象和真相加以区分。经典的实验：一只叫美娜的猫在被戴上狗面具之前，所有 3 岁的孩子都知道它是小猫。但是，当美娜戴上逼真的狗面具后，3 岁的孩子大都认为美娜是小狗，而 6 岁的孩子知道美娜是猫，只是看起来像狗。科学家们认为造成这种现象的原因就是幼儿双重表征能力的不成熟。但是如果设置让幼儿相信美娜是只狗而不是只猫的游戏活动时，幼儿就能够有效地分辨出美娜是只猫，只是装成了狗。所以，象征性的活动可以促进幼儿双重表征能力、区分现象和本质能力的发展。学前期幼儿在很大程度上还是直觉行动思维，他们对事物的理解过程还只是基于单一的最显著的知觉而来的，而没有经过逻辑或推理的思维过程。

幼儿园教师资格证考试·真题再现

2019 年上半年幼儿园教师资格证考试《保教知识与能力》材料分析题

材料：

教师出示饼干盒，问亮亮里面有什么，亮亮说"饼干"。教师打开饼干盒，亮亮发现里面装的是蜡笔。教师盖上盖子后再问："欣欣没有看过这个饼干盒，等一会儿我要问欣欣盒子里面装的是什么，你猜她会怎么回答？"亮亮很快就说："蜡笔。"

问题：

(1)亮亮更可能是哪个年龄班的幼儿？（6分）

(2)你判断的依据是什么？（14分）

答题思路：

(1)亮亮更可能是幼儿园小班的幼儿。

(2)判断依据是：①亮亮的行为体现以自我为中心的特点。自我为中心倾向是指儿童在前运算阶段(2～7岁)只会从自己的立场与观点去认识事物，而不能客观地、从他人的立场和观点去认识并判断事物。而这种自我中心倾向一般在前运算阶段的前期表现明显，材料中亮亮体现了没有站在欣欣的角度思考问题的特征，具有自我为中心的特点，应该是小班幼儿。

②亮亮的行为体现了直觉行动思维。处于直觉行动思维阶段的幼儿更多依靠感知和动作进行思考，能思考但不合逻辑，双重表征能力也不成熟，还不能对假象和真相加以区分，对事物的理解还只是基于单一的最显著的知觉，而不是经过逻辑或推理的思维过程。材料中的亮亮通过教师打开饼干盒感知到了材料是蜡笔，而不是饼干，这说明亮亮的双重表征能力不成熟，应该是小班幼儿。

③亮亮的行为体现错误信念。错误信念是指向儿童描述一个故事情景(通常故事中主人公的信念与事实不相符)，然后向儿童提问，看儿童是否能推断出主人公的真实信念，4岁左右才能对错误信念有正确认知。材料中的亮亮知道盒子里面装的是蜡笔，把自己看到的认为是欣欣看到的，体现了错误信念的特征。综上所述，亮亮更可能是小班幼儿。

第四，没有守恒概念。在皮亚杰著名的守恒实验中，幼儿看到等量的水倒入粗细不同的水管中，会认为细水管中的水多，因为它看起来比较高。如果将一勺白砂糖倒入一杯水中，搅拌一下，问小班的幼儿："糖呢？"答："没了，糖到哪里去了？糖呢？"在幼儿的认知结构中，"糖＋水＝水"，而不是"糖＋水＝糖水"，看得见的糖是糖，看不见的溶解在水中的糖不是糖，这就是幼儿的思维。

相关链接

很多科学家提出了和皮亚杰不一样的观点。弗拉维尔认为皮亚杰考察幼儿的实验过难，如果采取简单的实验可证明其实3岁的幼儿并不是完全以自我为中心的。关于泛灵论也有不同的观点，赫尔曼和加特福迪通过实验发现，3岁幼儿只有在看到自己不认识的又会动的无生命物体时才会出现泛灵论。弗烈德认为，同一性训练可以使幼儿学会守恒，同一性训练就是通过教学来发展幼儿的守恒能力，使其认识到变形的物体虽然外观发生变化但本质上是同一物体。

综上所述，处于前运算阶段的幼儿的认知思维发展特点决定了幼儿不具备逻辑思维的能力，幼儿对事物的认识直接受其思维水平和原有经验的影响，他们根据自身经验解释科学现象，其解释往往具有"自我中心"和"泛灵论"的色彩。幼儿易将无生命物体视为有生命且赋予其栩栩如生的特质，或以带有浓厚的拟人化色彩来解释与生命相关的概念，而表现出不合乎成人逻辑的想法和做法。幼儿的科学仅限于对现象的描述，而难以对现象背后的规律做出正确的判断和推理。他们所能认识的科学知识，具有表面性、片面性的特点。同时，幼儿对事物的认识不能抓住本质特征，对事物及其关系的认识和解释只是根据具体接触到的表面现象来进行的，获得的知识具有"非科学性"甚至是错误的。幼儿认识事物的这些特点决定了他们只能获得一些有关周围物质世界的经验。思维发展水平的局限使幼儿的科学带有主观性的色彩，幼儿总是用独特的眼光来看待事物及其关系，幼儿的科学是对客观世界的独特认识。基于此，我们在对幼儿进行科学教育时不仅应注意到不同年龄段幼儿认知水平的差异，还应该对各年龄段之间的联系有所认识。根据幼儿的认知发展水平选择合适的活动内容并组织、开展活动，让幼儿在活动中探索自然，以投入的情感与自然对话，激发幼儿探究兴趣，使幼儿体验探究过程，发展其探究能力。教师要善于发现和保护幼儿的好奇心，充分利用自然和实践机会，引导幼儿通过观察、比较、操作、实验等方法来发现问题、分析问题和解决问题；帮助幼儿不断积累经验，形成终身受益的学习态度和能力。

幼儿园教师资格证考试·真题再现

2015 年上半年幼儿园教师资格证考试《保教知识与能力》材料分析题

情境一

一天晚上，莉莉和妈妈散步时，有下列对话：

妈妈：月亮在动还是不动？

莉莉：我们动它就动。

妈妈：是什么使它动起来的呢？

莉莉：是我们。

妈妈：我们怎么使它动起来的呢？

莉莉：我们走路的时候它自己就走了。

情境二

在幼儿园教学区活动中，老师向莉莉出示两排一样多的纽扣，莉莉认为一一对应排列的两排一样多。当老师把下面一排纽扣聚拢时，她就认为两排不一样多了……

(1)情境一中莉莉的行为表明她处于思维发展的什么阶段？(2分)举例说明这个阶段思维的主要特征及表现。(12分)

(2)情境二中幼儿这种思维特征对幼儿园教师的保教活动有什么启示？(6分)

答题思路：本题的考点是在皮亚杰关于儿童认知发展阶段的划分中，3～6 岁的幼儿处于前运算阶段，需要依据材料详细分析前运算阶段幼儿思维的主要特征及表现，并说明幼儿这种思维特征对幼儿园教师保教活动的启示。

3. 皮亚杰关于儿童学习与发展的分析

关于学习能否加速幼儿认知发展的问题，皮亚杰认为其关键在于学习活动是成人教导下的幼儿被动地学习还是幼儿在生活情境中自行探索主动学到知识。可以看出，皮亚杰反对把理论知识归结为外部现实的被动反应，认为幼儿是主动的学习者。可是很多家长没有意识到这一点，为了不让孩子输在起跑线上，抱着孩子玩命地奔向那条谁也看不见、摸不着的起跑线。在这支庞大的队伍里，除了那些或胖或瘦、或高或矮的孩子外，还有那些望子成龙、望女成凤的父母，今天学钢琴，明天学英语，后天学绘画……不管孩子有没有兴趣，一窝蜂地跟上，将孩子折磨得疲惫不堪。按照皮亚杰的观点，让孩子做其感兴趣的事才是较优方案，竞争激烈并不能成为侵害孩子童年的理由。毕竟，美好纯真的童年时光是一去不复返的，往后的时光有哪一段能像童年一样，可以将对世界的好奇、探索、感受如此清晰地镌刻于一个人的心灵中？童年体悟到的美好和快乐，是能够温暖一个人的一生的。与小伙伴在院子里追来逐去，一起玩沙子、玩泥巴，比比谁更有创意，种下花草幼苗悉心呵护，在草坪上和爸爸摸爬滚打，在阳光倾泻的午后同妈妈静静沉思……创新意识、动手能力、活跃思维，不经意间，都已悄然生根。由此可见，学习与发展的关系问题，既是一个理论问题，又是一个实践问题。传统教育只关注教育的社会价值，忽视了幼儿身心发展特点；只重视向幼儿传授具体知识，不重视幼儿的发展。学习应从属于幼儿主体的发展水平，不要超越幼儿发展的实际阶段，要充分考虑幼儿所处的发展阶段中的实际水平。在学前教育中，关键就是要为幼儿提供实物和环境，让幼儿自己动手操作，了解幼儿认知发展中的困难；把幼儿当作发展中的主体，尊重幼儿的基本权益，尊重幼儿的活动权和创造权，不把幼儿当作被动接受知识的容器、实现成人愿望的消极工具。

相关链接

为深入贯彻《国家中长期教育改革和发展规划纲要（2010—2020 年）》和《国务院关于当前发展学前教育的若干意见》（国发〔2010〕41 号），指导幼儿园和家庭实施科学的保育和教育，促进幼儿身心全面和谐发展，2012 年教育部制定了《3—6 岁儿童学习与发展指南》（以下简称《指南》）。《指南》以为幼儿后继学习和终身发展奠定良好素质基础为目标，以促进幼儿体、智、德、美各方面的协调发展为核心，通过提出3～6 岁各年龄段儿童学习与发展目标和相应的教育建议，帮助幼儿园教师和家长了解3～6 岁幼儿学习与发展的基本规律和特点，建立对幼儿发展的合理期望，实施科学的保育和教育，让幼儿度过快乐而有意义的童年。实施《指南》应把握以下几个方面。

第一，关注幼儿学习与发展的整体性。儿童的发展是一个整体，要注重领域之间、目标之间的相互渗透和整合，促进幼儿身心全面协调发展，而不应片面追求某一方面或某几方面的发展。

第二，尊重幼儿发展的个体差异。幼儿的发展是一个持续、渐进的过程，同时也表现出一定的阶段性特征。每个幼儿在沿着相似进程发展的过程中，各自的发展速度和到达某一水平的时间不完全相同。要充分理解和尊重幼儿发展进程中的个别差异，支持和引导他们从原有水平向更高水平发展，按照自身的速度和方式到达《指南》所呈现的发展"阶梯"，切忌用一把"尺子"衡量所有幼儿。

第三，理解幼儿的学习方式和特点。幼儿的学习是以直接经验为基础，在游戏和日常生活中进行的。要珍视游戏和生活的独特价值，创设丰富的教育环境，合理安排一日生活，最大限度地支持和满足幼儿通过直接感知、实际操作和亲身体验获取经验的需要，严禁"拔苗助长"式的超前教育和强化训练。

第四，重视幼儿的学习品质。幼儿在活动过程中表现出的积极态度和良好行为倾向是终身学习与发展所必需的宝贵品质。要充分尊重和保护幼儿的好奇心和学习兴趣，帮助幼儿逐步养成积极主动、认真专注、不怕困难、敢于探究和尝试、乐于想象和创造等良好学习品质。忽视幼儿学习品质培养，单纯追求知识技能学习的做法是短视而有害的。

(二)维果茨基认知发展理论

维果茨基，苏联心理学家，社会文化历史学派的创始人。他主要研究儿童心理和教育心理，着重探讨思维与言语、教学与儿童心理发展的关系问题。他的理论主要有以下两方面的特色：第一，创立了社会—文化—历史发展理论，提出了儿童智力发展的内化学说；第二，提出了教学与智力发展的关系理论。

1. 社会—文化—历史发展理论

维果茨基提出的社会—文化—历史发展理论认为，人的心理发展过程，并不是人自身所固有的，而是在与周围人的交往过程中，在环境与教育影响下产生与发展起来的，它受人类社会、文化、历史制约。维果茨基特别强调在人的发展过程中社会、文化、历史的作用，尤其是活动和社会交往在人的高级心理机能发展中的突出作用。他认为，高级的心理机能来源于外部动作的内化，这种内化不仅通过教学，而且也通过日常生活、游戏和劳动等来实现。

2. 教学与发展的关系

维果茨基在说明教学与发展的关系时，提出了"最近发展区"理论。儿童自己能做什么，和儿童在帮助之下能够做什么，这两者之间存在差异。他认为，教学必须要考虑儿童已达到的水平并要走在儿童发展的前面。为此，就要确定儿童的发展水平。儿童发展有两种水平：一是现有的发展水平，指独立活动时所能达到的解决问题的水平；二是儿童可能的发展水平，即在有指导的情况下借助成人的帮助可以达到的解决问题的水平，或是借助他人的启发帮助可以达到的较高水平。这两者之间的差距，即儿童现有水平与经过他人帮助可以达到的较高水平之间的差距，就是"最近发展区"。

作为一名幼儿教师，只有准确把握幼儿的"最近发展区"，才能更好地帮助幼儿学习。借助教师的帮助，幼儿可以完成他自己无法完成的任务，从而表现出有可能达到的更高水平。教学应当是一个不断跨越幼儿原有的"最近发展区"和造就幼儿新的"最近发展区"的过程，在这一过程中，由教师引导幼儿活动，随着幼儿能力的逐渐增强，教师就会与幼儿分担责任，当幼儿能够独立承担这一任务时，教师就会撤走支持。这种"支架式教学"是以维果茨基的"最近发展区"理论为基础的一种教学模式，通过"支架"（教师的帮助）把学习的任务逐渐由教师转移给幼儿自己，最后撤去支架。在"支架式教学"中，教师引导教学，使幼儿内化那些能使其从事更高认知活动的技能，这种内化是与其年龄和认知水平相一致的。应该注意的是，教师帮助幼儿搭建的"支架"是与"最近发展区"密切相关的，在"支架式教学"这一模式中，只有根据幼儿的"最近发展区"搭建的"支架"对幼儿的发展才是最有效的。由维果茨基首先确认和提出的"最近发展区"概念，强调着眼于"最近发展区"的教学在发展中的主导性作用，揭示了教学的本质特征不在于训练、强化幼儿已形成的心理机能，而在于激发、形成幼儿目前尚未成熟的心理机能。因此，教学应该成为促进幼儿心理机能发展的决定性动力，只有走在发展前面的教学才是好的教学。

那么，在幼儿园科学教育活动中教师应如何做到这点呢？首先，教师应根据幼儿所拥有的实际发展水平与潜在发展水平，寻找其"最近发展区"，创设熟悉的生活情境，引导幼儿向潜在的、最高的水平发展。就像幼儿园中幼儿玩摘果子的模拟游戏，幼儿各自挎着篮子，在教师的指导下，跳起来采摘挂在树上的果子，他们跳一跳便能摘到果子的那种愉悦是难以用语言来描述的。其次，在教育实践中，幼儿在教师创设的问题情境中会遇到哪些困难，教师应为他们提供哪些帮助是每一名幼儿教师都应认真思考的问题，刘默耕先生的"过河"理论说，河上虽然没有桥，但教师可以在河里放许多大块小块的石头，教师先跳上一块石头，引领幼儿找到这儿来，尽管幼儿找的石头、走的路都各不相同，但方向都向着教师，目的都是过河。实际上河的这一边就是幼儿"已经达到的发展水平"，对岸就是幼儿"可能达到的发展水平"，河宽就是"最近发展区"，幼儿要过河，教师就要在河中幼儿需要的地方放几块"垫脚石"，这样才能引导帮助幼儿顺利通过。

相关链接 👉

皮亚杰与维果茨基的分歧

皮亚杰与维果茨基分歧的核心是个体内部的生长还是历史、社会、文化等外部因素对认知发展起着决定作用。皮亚杰对于影响认知发展因素的分析，在理论上是比较全面、辩证的。但他忽视了社会过程和认知过程之间的关系，关注个体内部的自然生长力，认为幼儿的认知发展有它自己的规律，只能让幼儿自己去探索、自然而然地发展，轻视了教育和教师的作用。而维果茨基则把幼儿看成客观的存在、教育的对象，关注外部的作用，过分强调了人的发展的社会历史性，忽视了幼儿发展和学习的主动性，并最终把个体甚至整个人类的发展都归因于社会、文化、历史因素。

(三)建构主义学习理论

建构主义是认知主义的进一步发展。建构主义认为，知识不是通过教师传授得到的，而是学习者在一定的情境，即社会文化背景下，借助其他人，利用必要的材料，通过意义建构的方式而获得的。建构主义者更加关注学习者如何以原有的经验、心理结构和信念为基础来建构知识，更加强调学习的主动性、情境性和社会性。

1. 建构主义学习的主动性

建构主义学习理论认为，学习是学习者主动建构的过程，学习者不是被动地接受外部信息，而是在原有认知基础上主动建构新的认知体系。学习者是自己知识的建构者，其主体性不是我们赋予他们的，而是他们作为学习者天然具有的，只有认识了学习的建构性才能真正认识到学习者的主体性。这就要求我们的教学不能无视学习者已有的知识经验，简单强硬地从外部对学习者实施知识的"填灌"，而是应当把学习者原有的知识经验作为新知识的生长点，引导学习者从原有的知识经验中，生长出新的知识经验。

2. 建构主义学习的情境性

建构主义学习理论认为，学习者的学习是在一定情境下的意义建构过程，学习环境中的情境必须有利于学习者的意义建构。这就对教学设计提出了新的要求，也就是说，在建构主义学习环境下，教师通过创设符合教学内容要求的情境和提示新旧经验之间联系的线索，帮助学习者建构当前所学知识的意义建构。教学活动设计不仅要考虑教学目的，而且还要考虑有利于学习者意义建构的情境的创设问题，并把情境创设看作教学活动设计的一项重要内容。

3. 建构主义学习的社会性

建构主义学习理论认为，学习者的学习是在一定的社会文化背景下，通过人际间的协作活动而实现的意义建构过程，因此"协作""会话"对意义建构有重要作用，协作发生在学习过程的全程，会话是协作过程中不可缺少的环节。为了使意义建构更有效，教师应在可能的条件下组织协作学习，开展讨论与交流，并对协作学习过程进行引导，使之朝着有利于意义建构的方向发展。引导的方法包括：提出适当的问题以引起学习者的思考和讨论；在讨论中设法把问题一步步引向深入；要启发诱导学习者自己去发现规律、自己去纠正错误的认知。

STEM 教育是建立在建构主义和认知科学的研究成果之上的：①学习是建构而不是接受的过程；②探究的兴趣和愿望在认知过程中至关重要；③社会性互动是认知发展的基础；④方法、策略和操作是情境化的。由此可见，STEM 教育是一种典型的建构主义教学实践：为学习者提供学习情境，让他们积极地建构认知，促进迁移；以协作形式进行活动，为知识的社会建构创设条件。因此，实践 STEM 教学模式首先要符合建构主义学习所强调的兴趣探究、意义建构、协作创新等基本要求。

【案例 1-9】

滚筒变毛毛虫（小班）

操场上有一个固定的毛毛虫外形的钻桶。一开始，小班幼儿最喜欢在里面玩钻爬游戏。一段时间后，幼儿对固定造型、简单钻爬的"毛毛虫"钻桶不感兴趣了。同时，有幼儿发现了位于操场一角的滚筒——在以往的运动活动中它都被当作投掷目标来使用。这一次，幼儿尝试让滚筒"躺下来"，并合作完成了创新的"毛毛虫"游戏。游戏开始时，祺祺发现倒下的滚筒和"毛毛虫"钻桶一样，两头各有一个洞，就钻了进去。果果发现祺祺在滚筒里扭来扭去，像一条小虫，就说："我们一起变成毛毛虫吧！"于是，她也拿来一个滚筒，想和祺祺连成一节一节的"毛毛虫"。可是，梨形的滚筒没办法直线滚动，也很难把握方向，两个人想滚在一起，结果却越滚越远。第一次出现问题，果果的解决方法是把两个滚筒拼在一起。两人再次钻进滚筒里，滚筒很快又分开了。第二次失败后，两人又尝试把手伸出来，牵在一起，这样虽然把滚筒连接了起来，却扭不起来了。接连三次失败后，果果很沮丧，这时老师引导他们试试用自己的身体做中心轴来连接两个滚筒，他们钻进桶里一试，发现这样不但使滚筒连接了起来，而且可以不断扭动。之后，有更多的小朋友参与进来，他们还尝试前后拉住手和脚，让多个滚筒连接起来，那一节一节的样子真的很像毛毛虫。孩子们玩得开心极了。

（提供者：张勍　熊燕）

此案例使我们认识到幼儿的学习不是被动地接受知识，而是主动地建构自己的知识经验系统。在幼儿知识建构的过程中，教师不再是知识的呈现者，而是幼儿学习的伙伴，教师应以幼儿原有认知水平为基础，在一定的情境及社会文化背景下，使幼儿的学习在与现实环境相类似的情境中发生。教学活动应在教师指导下以幼儿为中心，强调幼儿的主体作用，教师是幼儿意义建构的引导者、帮助者、促进者，而不是知识的提供者和灌输者。

二、教育学理论基础

在教育学领域，美国教育家杜威的"教育即生活""学校即社会"理论，苏联心理学家列昂节夫的活动理论，苏霍姆林斯基的全面和谐发展理论对我国幼儿教育的影响深远，陶行知先生的生活教育理论、陈鹤琴教授的活教育理论为我国幼儿园科学教育的实施奠定了基础。

陶行知先生一生致力于中国教育事业的改革和发展，他提出的生活教育理论，不但对当时的中国教育有着深刻的影响，而且对当前的教育改革有着重要的现实意义。在教育理论上，陶行知继承发展了杜威的现代教育思想，十分注重儿童的兴趣和需要，注重儿童的活动，提出"生活即教育""社会即学校""教学做合一"三大理论主张，主张教育要与社会生活相联系，与生产实践相结合，使教育回归生活。陶行知先生始终把教育和社会生活联系起来考察，认为生活教育是生活所原有、生活所自营、生活所必需的教育。生活与教育是一回事，是同一个过程，教育不能脱离生活，教育要通过生活来进行，无论教育的内容还是教育的方法，都要根据生活的需要来设定。陶行知说，从生活与教育的关系上说，是生活决定教育。生活决定教育，表现为教育的目的、原则、内容、方法都为生活所决定，是为了生活所必需。教育应该是健康、科学、艺术、劳动与民主组成的和谐的生活，即和谐的教育。在教育实践上，他毕生致力于人民的教育事业，不畏艰险，认真探索，大胆实践，开辟新路，为世人树立楷模，为万民景仰。

【案例 1-10】

鞋子（中班）

"鞋子"这一主题研究来自幼儿自己的生活。为什么要研究"鞋子"，是因为有两件事引起了老师的注意：第一件事是每当假期结束，孩子们回到幼儿园时脚上往往穿的都是新鞋，入园第一天的话题总是围绕着鞋子转来转去；第二件事是负责擦地的阿姨总抱怨说，刚刚擦过的地总有孩子偷偷跑上去踏上鞋印，乐此不疲。原来是鞋底上的不同花纹引起了孩子们的好奇心。于是关于鞋的主题活动就此展开：大家开始讨论左脚与右脚的不同，然后老师领着孩子们上街采访修鞋人，进鞋店采访售货员阿姨，询问鞋的种类和用途，等等。主题活动开展得丰富多彩。

"凡是做孩子感兴趣的事情，肯定能够成功。"这是该幼儿园教师的信条，也是陶行知生活教育理论的体现。

陶行知先生在前，紧跟其后的是我国著名儿童教育家、儿童心理学家陈鹤琴教授。陶行知先生批判旧教育的一句名言："教死书，死教书，教书死，读死书，死读书，读书死。"陈鹤琴教授把这句话改成："教活书，活教书，教书活，读活书，活读书，读书活。""活教育"是陈鹤琴教育思想的核心。"活教育"的内容十分丰富，主要包括目的论、课程论、教学论三大部分。陈鹤琴将"大自然、大社会都是活材料"概括为"活教育"的课程论。"活教材"强调幼儿在与自然、社会的接触中，在亲身观察和活动中获得经验的重要性，如给幼儿介绍青蛙，就要让他们看到真正的青蛙，观察青蛙的呼吸、运动，甚至解剖青蛙，研究青蛙的各部分等。这样获得的知识真实、亲切，而且还能激发幼儿的探究兴趣。

陈鹤琴教授提倡"做中教，做中学，做中求进步"。这一教学原则，突出了以幼儿为主体的思想及一个"做"字，使幼儿处于主动探究的地位。陈鹤琴教授提倡利用幼儿的好奇心引导探究的教育方法。例如，一个5岁的幼儿同他父亲到郊外散步，他远远地看见一个小孩在那里放风筝，就问他父亲："那个小孩在那边做什么?"他父亲回答："咱们去看看好吗?"说着就与他一同前往。到了跟前，父亲对他说："宝宝快看! 那个在空中的东西多好看。你看那个小孩手里拿着什么东西，要走近去看一看吗?"幼儿好奇地去了，回来对父亲说："是绳子。"父亲就领他到街上去买了纸、竹等材料，回家和他一起做了一个风筝。第二天，父亲还陪他到郊外放了风筝。陈鹤琴说，这种引导探究的方法，能使幼儿得到许多快乐和许多有用的经验。

"凡是儿童自己能够做的，应当让他自己做""凡是儿童自己能够想的，应当让他自己想"，这是陈鹤琴教授"活教育"十七条教学原则中的两条原则。1941年的一天，陈鹤琴与教育部江西国教实验区研究员李寄僧正在聊天，忽然下起了大雨，倾泻的山水很快在路面上形成了一条宽沟。此时，幼儿园的两个小朋友正经过此地，看到挡路的宽沟，便先后哭了起来。这两个小朋友正是李寄僧的孩子。目睹此景，李寄僧想要出去相助，却被陈鹤琴拉住，并示意躲在树后观察。孩子们哭了一会儿发觉没人来帮助，只能自己想办法了。他们擦干了眼泪，将两个书包集中在一起，藏到路边的树洞里，然后脱下鞋子，挽起裤脚，欲涉水过沟，陈鹤琴这才让李寄僧过去相助。陈鹤琴认为，幼儿遭遇困难时不宜立即帮他，要让他自己想办法，因为人的才能是从磨难中练出来的。

陶行知、陈鹤琴的教育理论是一种大众的教育、为人民大众服务的教育理论，强调的是以幼儿为本，教育与生活的结合，教与学、理论与实践的合一。

本章小结

在本章中，我们首先介绍了科学的界定问题，然后重点学习幼儿园科学教育的内涵、特点、价值、主要方法等。在对我国和国外幼儿园科学教育的发展历程有所了解后，又着重分析如何运用学前儿童心理学及教育学理论，根据幼儿的认知思维发展特点选择合适的教学活动方法。

关键术语

科学　幼儿园科学教育　教育内容的生成性　教育结果的经验性　科学探究法 认知发展理论　建构主义学习理论　生活教育理论　STEM教育

思考题

1. 什么是科学? 幼儿园科学教育的内涵与特点是什么?

2. 幼儿园科学教育的主要方法有哪些?

3. 建构主义学习理论对幼儿园科学教育有何启示？

4. 如何将陶行知先生的生活教育理论灵活运用在幼儿园科学教育活动中？

5. 请想一想，为什么 STEM 教育要强调整合性？

实训练习

到幼儿园观摩幼儿教师的科学教育活动或观看幼儿教师组织的科学教育活动录像，体验幼儿科学教育活动的特点。

拓展阅读

《幼儿园教育指导纲要(试行)》

《幼儿园教育指导纲要(试行)》于 2001 年 7 月由教育部颁布，其制定依据为党的教育方针和《幼儿园工作规程》(1996 年版)，是指导幼儿园教育工作的科学纲要。《幼儿园教育指导纲要(试行)》共分为四个部分：第一部分为总则；第二部分为教育内容与要求；第三部分为组织与实施；第四部分为教育评价。它总结了近年来我国幼儿教育改革的经验，立足于我国幼儿教育改革的现实，在充分吸纳世界范围内早期教育优秀思想和研究成果的基础上，阐明了幼儿教育的发展目标，力求体现终身教育、全面推进素质教育的思想，倡导尊重儿童、尊重儿童身心发展规律、师幼共同成长等先进的观念。它的颁布标志着幼儿教育的课程改革已经与整个基础教育课程改革同步启动，对于全面贯彻教育方针、全面提高幼儿园保教质量具有重要的意义。

第二章　幼儿园科学教育目标与内容

学习目标 ▶

1. 了解幼儿园科学教育目标的确定依据。

2. 领会幼儿园科学教育目标的制定方法，能够根据幼儿各年龄段特点制定科学教育活动目标。

3. 掌握幼儿园科学教育活动的内容范畴。

4. 掌握教育目标和内容需求化的途径。

学习导图 ▶

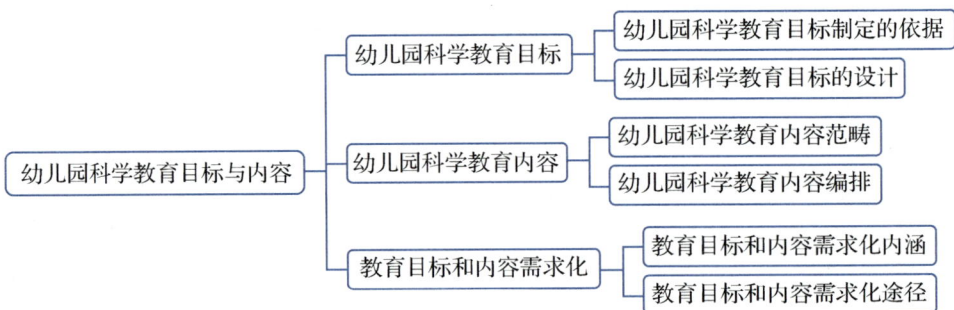

导入案例 ▶

在"认识惯性"的科学探究活动中，教师端来一盆水放在桌子上，水盆上面有一块木板，木板上放着一个鸡蛋。教师问孩子："如果我快速把木板击飞出去，上面的鸡蛋会怎么样？"在孩子好奇的眼光中，教师手持木槌，飞快地把木板击打出去，鸡蛋则落入下面的水盆中。教师告诉孩子，鸡蛋是因为"惯性"而掉入水盆的。[①]

幼儿园科学领域教育内容涉及生活中的方方面面，选择恰当的内容，可以引导幼儿积极地思考与探索。此外，幼儿园科学教育也是全国教师资格证考试学前教育领域考试

---

① 梁玉华：《幼儿园科学活动中教师指导策略的类型、问题与建议》，载《教育探索》，2015(3)。

的考查内容之一，对学生是否掌握该领域的教育目标与内容做出了详细的要求。本章主要介绍幼儿园科学教育目标的确定依据、幼儿园科学教育内容以及二者之间的关系。

第一节 幼儿园科学教育目标

幼儿园科学教育活动是幼儿全面发展的重要组成部分。幼儿园科学教育的目标，是依据国家幼儿教育的总目标、结合科学教育的特点而制定的，是国家幼儿教育总目标在科学教育中的具体体现。

一、幼儿园科学教育目标制定的依据

幼儿园实施的科学教育是对 3～6 岁幼儿进行的集体科学教育活动，是在总目标的基础上具体实施的。教育部 2001 年颁布的《幼儿园教育指导纲要（试行）》中将"科学"列入五大领域之一。《幼儿园工作规程》明确指出，实施德、智、体、美诸方面全面发展的教育，促进幼儿身心和谐发展。结合当前教育发展的背景，在制定幼儿园科学教育活动目标时，应该着眼于幼儿发展需要、社会发展需要、幼儿园课程发展需要三个方面。

（一）幼儿发展需要

1. 幼儿身体发育特点

（1）身体发展

幼儿园的幼儿年龄一般为 3～6 岁，他们身高和体重的增长相对于婴儿期速度减慢，每年身高增加 5～7 厘米。根据国家卫生部于 2009 年 6 月 2 日制定的《中国 7 岁以下儿童生长发育参照标准》，3～6 岁幼儿（以女童为例）生长发育的中位数[①]为 3 岁 96.3 厘米、4 岁 103.1 厘米、5 岁 110.2 厘米、6 岁 116.6 厘米。幼儿身体的发展较婴儿期更具统一协调、程序性等特点。例如，婴儿时期拿东西时是满把抓，然后是几个手指拿，后来可以两个手指拿，而幼儿则可做出更为精细的动作。幼儿身体功能的发展，为促进幼儿整体发展提供了良好的物质基础。

（2）行为发展

幼儿行为发展是保证其学习活动的前提条件，3～6 岁的幼儿行为较婴儿时期有明显发展。例如，在四肢动作上，已从以大肌肉为主的大动作活动发展到以手指为代表的小肌肉精细动作；幼儿行为发展也从无意动作发展到有意动作，幼儿一定程度上能够依靠意志支配行为。以上行为的发展为幼儿从事科学教育探究活动、实现动作目标提供了保证。

---

① "中位数"，表示处于人群的平均水平。

2. 幼儿心理发展特点

（1）感知觉的发展特点

3～6岁幼儿的视觉敏锐度在不断地提高，如果6～7岁幼儿视觉敏锐度的发展程度为100%，则4～5岁幼儿为70%，5～6岁幼儿为90%。在颜色辨认方面，幼儿初期能够初步辨认红、黄、绿、蓝等基本色，幼儿中期认识基本色及近似色，幼儿晚期能够在绘画中运用及调制各种颜色。触觉，是肤觉与运动觉的结合。幼儿触觉的绝对感受性从小就发展起来了，如对软硬、轻重、粗糙等的感受；对触觉的差别感受性是在幼儿期才开始发展的，如蒙眼感受物体的轻重，4岁的幼儿运用同时比较掂量法，7岁的幼儿运用相继比较掂量法。因此，幼儿园制作科学教育活动玩教具、进行科学小实验等时要考虑幼儿触觉发展特点。

幼儿知觉是由视觉、听觉、运动觉等多种分析器联合活动的结果。在方位知觉方面，3岁幼儿能辨认上、下，4岁能辨认前、后，5岁能以自身为中心辨别左、右，6岁的幼儿能够完全辨认上、下、左、右四个方位。幼儿由初期能够认知圆形、正方形、三角形到幼儿晚期可认知圆形、正方形、长方形、半圆形、梯形、菱形、平行四边形等。

在时间知觉方面，幼儿初期已经有一些初步的时间概念，如懂得"现在"，还不理解"过去""将来"的概念。幼儿中期可以理解"昨天""今天""明天"等词汇。幼儿晚期时，对"今天""昨天"等表示时间的概念、"春天""夏天""秋天""冬天"等表示四季的概念可以理解。

（2）记忆发展特点

幼儿记忆发展是神经系统逐步成熟的过程，具体表现出以下几个特点。第一，容易记容易忘。幼儿阶段，大脑皮层中与形成记忆有关的神经联系具有极大的可塑性，2～3次的结合就能形成暂时联系，特别是有强烈情绪色彩的内容，利于幼儿记忆，但是如果不及时复习，就很快会将记住的材料忘掉，这是幼儿神经联系不稳定所造成的。第二，幼儿的记忆带有很大的无意性，幼儿所获得的知识、经验大都是无意记忆的结果。形象生动、活动鲜明的实物或引起幼儿强烈情感的实物容易引起幼儿的注意，容易被幼儿记住。第三，幼儿的记忆以形象记忆为主。幼儿时期的记忆形式以形象记忆和语词逻辑记忆为主，形象记忆的效果一般高于语词记忆的效果。除了以上三点外，幼儿的记忆还常常表现为机械记忆多于意义记忆，两种记忆形式的效果随着年龄的增长而增强，但是意义记忆比机械记忆效果显著。记忆不精确，幼儿在回忆记忆材料时会出现记错、遗漏等现象。

（3）思维发展特点

个体思维发展经历直觉行动思维、形象思维和抽象思维三个阶段。幼儿期主要是由直觉行动思维过渡到具体形象思维的发展阶段。例如，幼儿掰手指头数数属直观行动思维，能够看绘本上的图画并讲故事就属于具体形象思维。幼儿晚期出现抽象逻辑思维的萌芽。

(二)社会发展需要

1. 科技发展是社会发展的动力

当前社会的发展，最为突出的就是科学技术的迅速发展。当第一次工业革命的号角响起，人类社会就进入了以机器大生产为标志的科技时代。1995 年 5 月 6 日，党中央、国务院正式颁布了《中共中央、国务院关于加强科技进步的决定》(以下简称《决定》)。在《决定》中，首次提出"科教兴国"的战略，并提出"经济、社会发展向依靠科技进步和提高劳动者的素质转移"。[①] 正如当前，科学产品在我们的生活中无处不在，科技发展对社会各行业，包括教育领域都起着重要的作用，也影响着幼儿的认知。

2. 科学素养是素质教育的重要体现

当今时代，随着科学技术日新月异的发展，人类享受着科技成果带来的便利，生活各环节都需要人们利用科学知识做出决策。也就是说，无论是国家的发展还是民族的兴盛，都与科技息息相关，因此提高公民的科学素养，是增强国家竞争力的重要手段。美国自 1957 年国家科普作家协会进行了世界上第一次科学素养调查，至今一直坚持开展公众科学素养的调查研究。随着经济全球化的影响，我国自 1996 年开始关注国民科学素养的问题。但是，科学素养的提升不是一朝一夕的事情，而是通过长期的教育事业逐步发展的。为了使我国全民科学素养有质的提高，要从源头抓起，从娃娃抓起。幼儿是国家的未来，重视幼儿科学探究能力的培养，是提高未来民族整体科学素养的根源。

3. 生态环境的保护与发展

科技是一把双刃剑，一方面给人类带来了社会的发展、生活的便利；另一方面也给自然环境带来了不同程度的破坏，如资源短缺、环境污染、生态破坏都成为当前社会最为重视的问题。面对严重的生态环境问题，每位公民都有责任和义务保护自然环境，为人类得以持久生存而努力。所以，幼儿园科学教育活动的设计，要注重幼儿热爱自然、关爱环境等良好品质的培养，同时也要激发幼儿的社会责任感。

(三)幼儿园课程发展需要

1. 自然科学学科特点

幼儿园科学教育活动目标的制定要依据科学学科特点，具有真实性、科学性、探索性的特征。纵观世界各国科学教育的概念和范围，幼儿园科学教育特指自然科学方面的教育。[②] 自然科学是研究自然界物质形态、结构、性质和运动规律的科学。自然科学、社会科学、技术科学之间相互渗透、相互交叉，并通过这种交叉和渗透形成一批边缘学科或综合学科。结合幼儿园科学教育活动，对自然科学的内涵可以

---

① 施燕：《学前儿童科学教育与活动指导》，10 页，上海，华东师范大学出版社，2014。
② 贾洪亮：《学前儿童科学教育》，36 页，上海，复旦大学出版社，2012。

理解为以下两点。首先，我们幼儿园教育中涉及的"科学"和"科学教育"通常是指自然科学与自然科学教育。其次，自然科学不仅是一门学科，还涉及精神的传播，探究科学包括观察和发现、假设和检验、推理和形成结论、解释和预测等过程和环节，所以幼儿园科学教育活动强调幼儿探索的科学情感。[①]

2. 幼儿园科学活动课程特点

幼儿园科学活动课程遵循自然科学学科特点，通过常见的科学现象和常识，激发幼儿的科学探究兴趣，培养幼儿乐于探究的科学精神。正如诸多科学领域研究者所感叹的，科学的本质，不在于已经认识的真理，而在于探索真理。《幼儿园教育指导纲要（试行）》中关于"科学领域"要求的部分内容为以下几方面。

第一，引导幼儿对身边常见事物和现象的特点、变化规律产生兴趣和探索的欲望。

第二，为幼儿的探究活动创造宽松的环境，让每个幼儿都有机会参与尝试，支持、鼓励他们大胆提出问题，发表不同意见，学会尊重别人的观点和经验。

第三，提供丰富的可操作的材料，为每个幼儿都能运用多种感官、多种方式进行探索提供活动的条件。

通过阅读上述内容，我们发现《幼儿园教育指导纲要（试行）》中重复提及最多的是"探索"这个词汇，可见我国在课程的目标设立方面有了很大的改变。过去强调科学知识的学习，而当前幼儿园科学教育活动更加重视科学情感的建立、科学兴趣的培养。

二、幼儿园科学教育目标的设计

目标设计是一个完整科学教育活动的前提和保障，一方面要对目标设计进行分析；另一方面要明确科学教育目标设计包括两个层次——幼儿园科学教育活动的总目标和各年龄阶段目标，需要依据不同层次特点进行目标设计。

（一）幼儿园科学教育活动的目标分析

教育活动目标是教育者在活动之前对活动结果的一种期望，或者说教育目标是一种对教育结果的规定性。幼儿园科学教育活动目标设计即教育者在科学活动开始前对活动结果预设的一种期望。

（二）幼儿园科学教育活动的目标设计

1. 总目标

幼儿园科学教育活动的总目标是幼儿园教育活动目标的一部分，是幼儿教育总目标的具体体现。《幼儿园教育指导纲要（试行）》中提出科学领域的总目标包括以下几方面。

第一，对周围的事物、现象感兴趣，有好奇心和求知欲。

---

① 张慧和、张俊：《科学》（幼儿园渗透式领域课程实施指导丛书），1页，南京，南京师范大学出版社，2007。

第二，能运用各种感官，动手动脑，探究问题。

第三，能用适当的方式表达、交流探索的过程和结果。

第四，能从生活和游戏中感受事物的数量的关系并体验到数学的重要和有趣。

第五，爱护动植物，关心周围环境，亲近大自然，珍惜自然资源，有初步的环保意识。

以上除第四条是关于数学方面的具体目标外，其他目标都是围绕科学活动制定的，可以将其归纳为三个方面。

认知目标：从目标的制定上，《幼儿园教育指导纲要（试行）》中要求幼儿园科学活动课程能使幼儿通过观察科学现象，主动对生活周围出现的各种事物获得认知及粗浅理解。

技能目标：通过对生活中科学现象、自然事物等的观察、操作，提高幼儿的观察能力、动手操作能力，以及发现浅显的科学原理的探究能力并促进幼儿创造力的萌芽和发展。

情感目标：科学领域目标的制定充分体现了教育者应该注重幼儿学习情感的发展这一点。由于幼儿具有好奇心强、喜欢提问的心理特点，通过激发幼儿兴趣，可以萌发其探究的愿望；另外，科学探究离不开自然事物，应当让幼儿关心和爱护自然，培养其环保意识和珍惜自然资源的积极情感和态度。

2. 各年龄阶段目标

（1）小班幼儿科学教育活动目标

认知目标：引导幼儿观察周围常见的个别自然物（动、植物和无生命物质）的特征，获取粗浅的科学经验，初步了解它们与幼儿生活、与周围环境的具体关系；引导幼儿观察周围常见自然现象的明显特征，获取粗浅的科学经验，并感受它们和幼儿生活的关系；引导幼儿接触周围生活环境中现代科学技术产品的特征及用途，获取粗浅的科学经验，感受它们给生活带来的方便。

技能目标：帮助幼儿了解各种感官在感知中的作用，使幼儿能主动运用多种感官观察事物，学会观察的方法，发展观察力；使其能按照自己规定的不同标准对物体进行分类；帮助幼儿学习使用各种工具进行测量，掌握正确的测量方法；引导幼儿用完整、连贯的语言与同伴、老师交流自己的探索过程和结果，表达愿望，提出问题和参与讨论，以及能够表达探索发现的愉快，能够和他人交流和分享；引导幼儿学习使用常见科技产品的方法，运用简单工具和多种材料进行制作活动，能够发现物品和材料的多种特性和功能，并能表现出一定的创造性。

情感目标：激发幼儿对周围事物的好奇心，使其乐意感知和摆弄他们能够直接接触到的自然物和人造物；萌发他们探索自然现象和参与制作活动的兴趣；使其喜爱动植物和周围环境，并能在成人的感染下表现出关心、爱护周围事物的情感。

【案例 2-1】

有趣的沉浮(小班)

小熊的书不小心掉在水里了。咦?奇怪,为什么小熊的书漂在水面上呢?

小鸭子看到了,觉得很有趣,把自己的玻璃球也丢进水里,想让它漂在水面上,结果玻璃球一下子沉到了水底……

活动目标

1. 认知目标:了解有些物体会浮在水面,有些物体会沉入水底。

2. 技能目标:能通过观察与小朋友交流自己的发现。

3. 情感目标:对沉浮现象有好奇心,有兴趣。

……

(2)中班幼儿科学教育活动目标

认知目标:帮助幼儿获取有关自然环境中有生命物质、无生命物质及其与人类关系的具体体验,了解不同环境中个别植物的形态特征和生活习性;帮助幼儿了解四季的特征及其与人们生活的关系;观察简单的理化现象,获取感性经验;能比较10以内数的大小;认识长方形、梯形、椭圆形;学习以客体为中心区分上下、前后;形成昨天、今天、明天的时间概念;引导幼儿获取周围生活中常见科技产品的具体知识经验,初步了解它们在生活中的运用。

技能目标:帮助幼儿学会综合运用感官感知事物特征,发展观察力;引导幼儿学会比较和概括,即对直接观察到的事实进行比较和概括,认识到事物的不同和相同之处;帮助幼儿学会按照指定的标准,对事物进行进简单分类;帮助幼儿学会用简单工具进行测量的运用方法;引导幼儿用自己的语言描述自己的发现,与同伴、老师交流,并学会运用其他手段(如图表、绘画、作品展览等)展示自己的科学活动结果;引导幼儿学习常见的科技产品的使用方法,运用简单工具进行制作活动。

情感目标:发展幼儿的好奇心,引导幼儿探索周围生活中常见的自然现象、自然物和人造物,愿意参加制作活动;培养幼儿关心、爱护周围事物的情感。

【案例 2-2】

春天在哪里(中班)

春天是万物复苏、生机勃勃的季节,也是使幼儿感受季节变化最为显著的季节。

活动目标

1. 认知目标:知道春天里带叶植物、开花植物的生长变化情况,感受季节与植物成长之间的关系。

2. 技能目标:能够对在春天出现的动植物进行观察描述。

3. 情感目标:喜爱万物复苏、生机勃勃的春天。

……

（3）大班幼儿科学教育活动目标

认知目标：帮助幼儿初步了解不同环境中的植物及其与环境的相互关系；介绍幼儿周围生活中的环境污染现象和人们保护生态环境的活动；帮助幼儿获取有关季节、人类、动植物与环境等关系的感性经验，形成四季的初步概念；引导幼儿主动探索周围生活中常见的自然现象，获取有关科学经验；让幼儿接触周围生活中的现代科学技术，了解其在生活中的运用；能对 10 以内的数进行数的组成和分解，能做简单的计算题；逐渐学会以自身为中心区分左右；能认识几种常见的立体图形（正方形、球形、长方形、圆柱形等）；形成星期几和一年四季的初步概念。

技能目标：学会主动运用多种感官观察事物，学会观察的方法，发展观察力；能按照自己的不同标准对事物进行分类；学会使用各种工具进行自然测量，掌握正确的测量方法；学习常见的科技产品的使用方法；能运用简单工具和多种材料进行制作活动；能够发现物品和材料的多种特性和功能，并能表现出一定的创造性；引导幼儿用完整、连贯的语言与同伴、老师交流自己在科学活动中的做法、想法和发现；能够提出问题并参与讨论；能够和他人交流和分享发现的愉悦。

情感目标：激发和培养幼儿好奇、好问、好探索的态度；对自然环境和现代社会生活中的科技产品产生兴趣，能自己发现问题、寻求答案；培养幼儿的兴趣，能主动参与、集中精力于自己的科学探索活动和制作活动；培养幼儿主动关心、爱护动植物和周围环境的情感行为。

【案例 2-3】

斜面与斜面上物体的滚动（大班）

活动目标

1. 认知目标：发现有些形状的物体容易在斜面上滚动，有些形状的物体不容易在斜面上滚动。

2. 技能目标：能自主操作并总结物体的滚动结果；愿意与小朋友交流自己的发现。

3. 情感目标：对斜面上物体的滚动有兴趣，愿意主动参与科学探索活动。

……

第二节 幼儿园科学教育内容

幼儿园科学教育内容是完成教育目标至关重要的体现，同样，幼儿园科学教育的内容也是实现教育目标的媒介，是科学教育活动设计与具体实施的主要依据，也是实现科学教育目标的实质部分。幼儿的科学学习是在探究具体事物和解决实际问题中，尝试发现事物间的异同和联系的过程。幼儿在对自然事物的探究和运用数学解决实际生活问题的过程中，不仅能获得丰富的感性经验，充分发展形象思维，而且还能初步尝试归类、排序、判断、推理，逐步发展逻辑思维能力，为其他领域的深入学习奠定基础。在《3—6 岁儿童学习与发展指南》中，对幼儿科学能力发展有明确说明，并强调幼儿对自然事物应充满探究的兴趣和情感。因此，在《3—6 岁儿童学习与发展指南》的指导下，幼儿园科学教育内容应包括与大自然的联系、和环境的关系以及与现代科技的联系。

一、幼儿园科学教育内容范畴

幼儿生活在一个丰富多彩、变化多端的世界里，他们与周围环境直接接触，通过感官认识自我和周围的世界，又通过科技媒体了解一些他们不能直接接触的事物。这样就使幼儿科学教育的内容和范围得到了进一步的扩大。

根据幼儿科学教育的目标，幼儿科学教育的内容应包括科学知识、科学技能方法和科学情感态度三方面。《幼儿园教育指导纲要（试行）》在"科学"领域中，提出的内容和要求有以下几个方面。

第一，引导幼儿对身边常见的事物和现象的特点、变化规律产生兴趣，产生探究的欲望。

第二，为幼儿的探究活动创造宽松的环境，让每个幼儿都有机会参与尝试，支持、鼓励他们大胆提出问题，发表不同意见，学会尊重别人的观点和经验。

第三，提供丰富的可操作材料，为每个幼儿都能运用多种感官、多种方式进行探究活动提供条件。

第四，通过引导幼儿积极参加小组讨论、探索等方式，培养幼儿合作学习的意识和能力，学习用多种方式表现、交流、分享探索的过程和结果。

第五，引导幼儿对周围环境中的数、量、形、时间和空间等产生兴趣，建构初步的数概念，并学习用简单的数学方式解决生活和游戏中某些简单的问题。

第六，从生活或媒体中幼儿熟悉的科技成果入手，引导幼儿感受科学技术对生活的影响，培养他们对科学的兴趣和对科学家的崇敬之情。

第七，在幼儿生活经验的基础上，帮助幼儿了解自然、环境与人类生活的关系。从身边的小事入手，培养幼儿初步的环保意识和行为。

从《幼儿园教育指导纲要（试行）》中可以看到，第一、第二是从培养幼儿科学思想和科学情感角度提出的要求；第三、第四是教师、幼儿园应该为幼儿提供良好的科学探究的物质资源环境；最后三点是通过科学教育培养幼儿的能力目标。科学教育内容的实施，应符合《幼儿园教育指导纲要（试行）》的要求，与之达成一定的契合，具体的内容范畴为以下几个方面。

（一）幼儿园科学教育与大自然

1. 对周围生活中自然现象的观察

喜欢观察生活中的自然现象，如植物的颜色随着季节发生变化；不同季节餐桌上蔬菜的变化；和家人去海边旅游，观察海水颜色、潮起潮落的变化等。通过观察，在一定程度上能够了解和表述出来某些自然现象，对观察到的大自然现象能大胆提问，可以初步寻找答案来解释一些简单的自然现象。对动植物有喜爱的情感，知道和能说出常见的小动物、花草树木的名称、习性、养护方法等。具有乐意养护动植物的情感倾向；能大胆自信地把知道的和正在探究的科学知识和现象告诉同伴。

2. 天文现象

婴儿自出生后，首先接触的就是自然万物，包括他（她）吸入的第一口空气，看到的第一缕阳光。至能够行走、能够语言表达，幼儿接触到的事物更加广泛，同时也会产生更多的问题，如"为什么要睡觉""为什么白天没有星星""为什么总有影子跟着我"等，这些都是让

> **小贴士**
>
> 感兴趣的可浏览北京天文馆网站，http://www.bjp.org.cn
> 中国科学院上海天文台网站，http://www.shao.ac.cn

幼儿感到神奇的事物，在认识的过程中也得到认知和成长。因此，幼儿在学习和探索过程中，应该知道以下天文现象和知识：地球存在于宇宙中，除了地球外，宇宙中还有太阳、月亮和星星等，它们都离我们很远；知道太阳是一颗恒星，是一个发光、发热、燃烧着的巨大火球，它距离地球很远很远，没有它，所有的动植物都不能生存；知道月球是地球的卫星，它不会发光，只有当太阳光照射到月球上，才是我们看到的夜空中的明月；知道月亮在不同的时间看上去形状会有不同，月相的变化是有规律的，知道月球上迄今为止没有发现生命；宇航员可以乘航天飞机登上月球，给我们带回月球的信息；知道夜空中无数的星星，是不同的小星球，它们有的像太阳一样会自己发光，但因为离我们太远，我们只能看到一个闪烁的光点。

3. 气候和季节现象

了解气候和季节是人类、动植物生存的重要因素，它们的变化是有规律性的；通过观察晴天、多云、阴天、雨天等天气，能够学会做天气记录；让幼儿学会用温度计观察、记录气温及观察各种天气现象，如雨、雪、风、闪电、雾、冰雹、霜等；知道四季的变化及其规律，了解不同季节的特征；了解季节和气候变化对人类和动植物生活、生长的影响，能主动适应外界环境的变化，并保护身体。

4. 物理现象

光：了解光和人类生活的密切关系，让幼儿知道光为我们带来光明，光使我们可以看见周围世界；光还为植物的生长提供了条件。使幼儿发现光从哪里来，太阳、个别生物、燃烧的物体、闪电等会发光；探索光和影子的关系；探索光学仪器（如棱镜片、各种透镜等），了解简单的光学现象；了解颜色是由于光的反射造成的；认知物体的颜色。

声：知道我们生活在一个充满声音的世界里，注意倾听、观察、感受和辨别各种各样的声音；探索声音的产生，知道不同的物体会发出不同的声音；知道声音有

音乐、噪声之分，音乐带给人们各种美的感受，噪声会给人带来危害；能保护自己的耳朵。

电：了解摩擦产生静电、电线输送来的电和干电池里的电都是电；了解干电池的使用，理解电的用途及优越性；使幼儿懂得安全用电，避免事故。

磁：观察各种形状、大小的磁铁；探索磁铁的性质；知道磁铁具有同极相斥、异极相吸的特性；具有感知和探索磁铁与各物质之间关系的欲望和情感；了解磁在日常生活中的用途，能说出身边具有磁性的事物。

热：知道任何物体，包括人和动物都有温度，有的温度高，有的温度低；不同温度的事物之间会发生热传导现象，有的传热快，有的传热慢；知道温度的变化会给事物带来不同的形态；讨论生活中有关热的问题，如夏天怎样散热，冬天怎样保暖等。

力和运动：知道力和运动是生活中最常见的现象，初步了解力的大小、方向、作用点和物体运动之间的关系；知道力有很多种，如地球的引力、推力、压力、浮力、摩擦力，以及风力、水力、电力等，感受各种力的作用；探索力的平衡；探索省力的方法，如使用轮子、滑轮、杠杆、斜面、机械等。

5. 化学现象

化学和人类的生活息息相关，化学世界中的每一个现象都像一个小小魔法师，能将多种化学元素组合在一起，并且发生意想不到的奇妙效果，构成美丽神奇的世界。幼儿在化学实验探索中能观察到各种生动鲜活的化学现象，一定程度上为幼儿带来强烈的感官刺激，更能激发幼儿探索科学世界的兴趣和好奇心。出于安全考虑，常规来讲，幼儿园应以日常生活用品为原料进行趣味化学实验。幼儿通过搭乘趣味化学小火车，了解存在于周围物质世界和日常生活中的简单化学现象，如大米经过烧煮变成米饭，面粉发酵做成馒头；知道食物的霉变现象，初步了解食物为什么会霉变等。

【案例 2-4】

蝴蝶的影子(大班)

活动目标

1. 认知目标：初步感知蝴蝶影子的特征，获取有关物体影子的具体经验。

2. 技能目标：能与同伴合作观察、记录蝴蝶的影子，提高细致的观察能力和与同伴合作学习的能力。

3. 情感目标：喜欢蝴蝶，热爱大自然。

活动准备

教具：花园场景，教师应准备蝴蝶 3 只；学具：每组的实验材料包括操作用的蝴蝶 3 只、纸盒 1 个、电筒 1 个、水彩笔 1 盒、记录表 2 张。

活动过程

一、观察蝴蝶，引出探究的问题

1. 师：这儿是一座美丽的花园，看谁飞来了？飞来的是几号蝴蝶？（依次出示 3

只蝴蝶）

2. 师：这三只蝴蝶是什么样子的？（幼儿描述蝴蝶的颜色、花纹）

3. 师：三只蝴蝶想知道自己的影子是什么样子的，你们能猜到吗？（请1~2名幼儿猜测）

二、猜测蝴蝶影子的模样，记录猜测的结果

1. 教师出示记录表格，提问："?"表示什么？并在与"?"相应的数字下面画出来。

2. 幼儿猜测并记录，教师指导。

3. 提问：你认为蝴蝶的影子是什么样的？它是什么颜色、什么形状的？

三、同伴合作实验，验证猜测

1. 师：怎么才能知道我们的猜测对不对呢？

2. 教师介绍材料和材料的取放位置。

3. 提出实验要求：两人一小组合作实验，边实验边轮流把看看蝴蝶影子画下来。为了使影子更清楚，还可以像玩手影游戏一样，用这些小盒子帮忙。

四、相互表达交流，感知影子的特征

1. 请幼儿两两交流，看看自己有没有猜对，自己看到的蝴蝶影子和这些蝴蝶什么地方一样、什么地方不一样。

2. 教师提问，引导集体交流

(1)你看到的是几号蝴蝶？它的影子是什么样的？

(2)我们看到1号和2号蝴蝶的花纹一样，可是影子上的花纹为什么不一样呢？

(3)1号和3号蝴蝶花纹不一样，为什么影子是一样的呢？

小结：我们看到的蝴蝶影子和我们人的影子一样都是黑色的，而且影子的形状和蝴蝶的外形也是一样的，有镂空的花纹，影子上也会有花纹；没有镂空的花纹，影子上也没有镂空的花纹。

……

(二)幼儿园科学教育与现代科技

教育与现代科学技术的内容包括：幼儿对生活中现代科学技术的印象的形成，了解科学技术对生活的影响，要关心身边的科学现象，能够对周围生活中的自然现象进行观察，能被身边的科学现象吸引，对身边的科学现象通过观察和积累得到一些解释，愿意对一些科学现象进行尝试、探索等。

1. 对生活中现代科学技术的印象

科技发展无处不在，应该让幼儿从小形成对衣、食、住、行以及娱乐中现代科技成分的初步印象。《2001—2005年中国青少年科学技术普及活动内容与目标》按照年龄将3~18岁的儿童划分为五个阶段，即A段（3~5岁）、B段（6~9岁）、C段（10~12岁）、D段（13~15岁）以及E段（16~18岁）。A段儿童的认知和活动能力已有相当的基础。该年龄阶段的儿童主要通过感知和依靠表象认识事物，因此实践操作、游戏等是他们学习的主要形式，通过这些形式来感知身边的自然现象，学习简要的科学知识和技能。应该关注他们合乎科学的个人生活行为和习惯的培养，从中受到科学技术的熏陶和体验，如使用电子产品，使用简单的家用电器，了解目前运行的各种交通工具，了解农业、工业、军事中常用的工具，知道我国科学技术发展的迅速，并且了解这些工具对人类生产、工作起到的作用，以及给人们带来的帮助。

【案例 2-5】

神奇的车轮(小班)

活动目标

1. 认知目标：知道轮子是可以滚动的，了解车子是由不同数量的轮子组成的。
2. 技能目标：能与同伴合作观察，提高观察的能力和合作学习的能力。
3. 情感目标：对车轮感兴趣，有好奇心和探究的愿望。
......

2. 科学技术对生活的影响

知道科学的生活会带来优美的环境。在教师引导下认识并探索现代家用电器、现代浴具及现代厨房用具等，了解它们的用途及安全使用的方法；认识并探索家庭中的其他科技产品，了解以上科技产品与人们生活的关系；在教师引导下认识各种农业和工业机械，使幼儿理解它们在农业生产中的应用和带来的便利；认识各种交通工具，从自行车、摩托车、汽车、电车到火车、飞机、轮船，到现代最先进的交通工具(如电气火车、超音速飞机、磁悬浮列车等)；认识各种通信工具，如电话、手机、传真机和可视电话等；了解科学技术是不断发展的，科学家对科技的发展做出了很大的贡献；了解著名的科学家；初步了解科学技术能给人们带来的方便和幸福，科学技术的发展提高了人们的生活质量，同时也要了解科学技术使用不当也会给人们带来灾难。此外，还要知道科学技术水平的提高，可以使日常生活用品不断升级换代，且科学技术在现代社会和家庭中无处不在。

3. 对身边科学现象的关心

有感知身边现象的愿望，能够经常被生活中的科学现象吸引，对身边的各种现象充满好奇，能引起想要进一步探究的兴趣，并常常向成人提问："是什么？""为什么？""怎么样？"例如，引导幼儿观看飞船发射、"神舟"十号太空授课的视频资料，感受科学现象的神秘与神奇之处，激发幼儿的科学探究欲望。

4. 对身边科学现象的观察和积累

乐意向他人介绍幼儿园、社会生活中的玩具和现代生活用品。喜欢并且能够在生活中利用画画、儿歌、谜语等形式描述科学技术产品，乐意感知并使用科技产品。

5. 愿意对一些科学现象进行尝试

积极感知各种科技活动，喜欢摆弄。在游戏或操作活动中寻找不同的方法，在反复尝试实践后得出结论。

（三）幼儿园科学教育与环境保护

1. 动植物

（1）动物

知道动物有很多种，如野兽、鸟、鱼、昆虫等，每种动物都有区别于其他种类动物的特征。了解各种动物的外部特征和生活习性。知道动物是有生命的，它们需要水、空气和食物来维持生命，否则就会死去。了解动物生活在不同地方，有不同的行为方式、有不同的繁殖方式、有不同的食性。初步了解动物对生活环境的适应，如动物的身体结构与所处环境的关系，懂得怎样改变自身以适应环境的变化等。了解植物与动物、动物与动物之间的关系。了解动物与人类的密切关系，懂得动物是人类的好朋友，人类应该保护它们。

（2）植物

知道植物是多种多样的，每种植物有区别于其他种类植物的特征。知道植物是由根、茎、叶、花、果实、种子六个部分组成的，初步了解植物各部分的功能。知道植物有不同的繁殖方式。获得植物生长过程的经验，初步了解植物生长的必要条件是阳光、空气、水、温度，以及植物生长与环境的关系。观察植物的季节变化，了解植物与季节变化的关系。观察生长在不同环境中的植物的形态特征，了解植物形态特征与所处地理环境的关系。了解植物与动物、植物与人类的关系，知道植物对净化环境的贡献，懂得保护植物。

2. 生态环境

（1）生态环境诸要素及其关系

知道在我们生活的世界里，除了生物（人类、动植物），还有岩石、沙、土壤、水、空气等无生命的物质，它们都是相互联系的。结合对动植物内容的了解，使幼儿认识：人、动物和植物之间是紧密联系、相互依存的；生物和它所生存的环境也是紧密联系、相互依存的。帮助幼儿理解无生命物质对生命的重要性。使幼儿知道沙和土壤都是由岩石转变而来的，土壤是植物生长的适宜条件；知道生物离不开水和空气，地球上的水有江、河、湖、海以及地下水。空气存在于所有空间，它们都是生命不可缺少的物质。

（2）生态环境污染的表现

初步了解一些环境污染状况，如水污染、大气污染、森林污染和生活垃圾污染等，知道这些污染对人和动植物具有巨大的危害。了解由于生活环境质量的下降，以及人类的过度砍伐、渔猎，许多物种正在走向灭绝，同时也将危害人类自身。幼儿和我们一样，都是社会中的人，都与生态环境紧密联系。幼儿园活动设计应从幼儿熟悉的生活环境导入，进而深入大自然。例如，从某个幼儿乘坐汽车来上幼儿园导入，进而深入全球气候变热带来的种种现象。通过了解生态环境污染的实例，从视觉、触觉上直接感受环境污染给地球带来的变化。

（3）保护生态环境的方法

使幼儿了解应从小养成保护生态环境的良好行为习惯，了解地球与人类、动植物等生物的关系，培养幼儿热爱生态环境的情感，并且能从身边事、日常生活中树立保护环境的意识，如爱护花草树木、爱护小动物、保护珍稀生物的生存环境、保护水源、维护环境整洁等。培养幼儿从小热爱及保护大自然的情感和意识，建立正确的环境价值观，长大后才能形成较好的公民意识和素质，从而保护生态环境。

二、幼儿园科学教育内容编排

幼儿园科学教育内容的选择，应遵循一定的原则和方法。内容编排要依据《3—6岁儿童学习与发展指南》《幼儿园教育指导纲要（试行）》《幼儿园保育教育质量评估指南》等文件精神，充分考虑幼儿的身心发展特点、教育规律以及所处的环境。

（一）编排原则

幼儿园科学教育内容的编排要遵循一定的目标与原则，一方面根据科学教育的目标确定教学内容，即在选择与编排科学教育内容时要有明确的目标；另一方面幼儿园的科学教育内容还必须全面贯彻培养幼儿科学情感的理念，遵循科学启蒙性等原则。因此，在具体选择编排科学教育内容时，除了目标的指引以外，还要考虑以下几个方面。

1. 科学性与启蒙性原则

科学性原则是指编排的内容必须符合科学原理，应从自然界的整体出发，根据客观规律，正确解释幼儿周围生活中的一切自然现象和自然物，不允许带有任何迷信色彩。科学教育是对幼儿进行科学启蒙的教育，旨在发展幼儿学科学、爱科学，初步学习使用科学的能力和志趣。因此，科学教育必须具有科学性，这也是由自然科学本身的特点和学科教育的性质决定的。人类对科学的认识总是有所发现、有所发明、有所创造、有所前进的。今天看似科学的一些观点和结论，虽然不会因为社会的改变而改变，但它们不是一成不变的。随着科学技术的不断发展，新的发现、发明必然会得出新的结论和引发新的科学观点，也会引起基础知识的改造和改组。随着科学的进步和发展，也必然要求我们对科学教育内容进行调整、充实，要求我们摒弃那些被事实证明已经陈旧无用的东西，而把那些能反映新观点、具有先进性的基础知识引入教材中。当然，知识是逐步深化的，幼儿的科学概念也是逐步形成的，不可能迅速达到严密精确的程度。幼儿阶段的科学教育达到的概念水平，是感性经验上的前概念水平，但我们不能因此而否定科学性的要求，所选的内容仍应是科学的，不允许带有丝毫的唯心主义和迷信色彩。幼儿在科学学习过程中，从小开始便以客观、实事求是的态度看待周围世界，为以后形成辩证唯物主义的自然观、科学观和世界观打下良好的基础。所以，我们应选择那些能被幼儿感知的、证实的、可靠的材料作为科学教育内容。

启蒙性原则是指选编的内容必须符合幼儿的知识经验和认知发展水平，使幼儿在教师的帮助下，通过一定的努力能够达到教育目标，即能够理解和接受，这对幼儿来说特别重要。科学教育内容应适合幼儿已有的认知基础、理解水平和生活实际。幼儿年龄小，受其生活经验和活动范围以及身心发展的局限，难以理解抽象的科学概念和规律，因此选编内容的广度和深度必须是幼儿能理解和接受的。幼儿科学教育的目的是科学启蒙，而不是也不可能是培养小科学家。但是，启蒙性并不是一味的"简单""容易"而低估了幼儿的接受能力。如果科学教育范围过窄、程度过浅、内容过少，会降低幼儿的认知能力水平，阻碍他们的认知发展，抑制他们的学习兴趣。教师要科学评估幼儿的理解能力，既不能过分低估幼儿的能力，也不能拔苗助长、急于求成。总之，启蒙性强调的是幼儿在教师的指导下，通过自己一定程度的努力而达到目的。

在选编科学教育内容时，教师要处理好科学性与启蒙性两者之间的关系，选择教育内容时遵循科学性原则并不等于专业性，启蒙性也不等于不要科学性。要兼顾科学性与启蒙性原则，就要求在选择内容时考虑科学性，在内容的范围和深度上遵循启蒙性。应选择幼儿可以直接探索及可以理解的内容，让幼儿通过自己直接的探索活动，在力所能及的范围内学习科学。幼儿对于自己生活中熟悉的内容相对来说比较容易理解，因此可以选择一些幼儿生活中熟悉的内容，引导他们进行探索和发现。另外，为了便于幼儿理解，在编排内容的时候就应该考虑由近及远、由浅入深、螺旋式上升的编排方法。

2. 系统性与整体性原则

系统性原则是指在选编科学教育内容时按照由近及远、由简到繁、由具体到抽象、由已知到未知的认知规律编排。一般认为，在幼儿阶段进行科学教育，因为幼儿认知特点的原因，不必也不可能按照自然科学的体系向幼儿传授系统的科学知识。但不是说在选择与编排科学教育内容的时候可以随意地编排，不需要系统性。把自然科学分成物理、化学、生物、地理等是科学史上的一大进步，但是在幼儿的眼里，周围世界是一个整体。事实上，自然界本身就是一个整体，只是为了学习和研究的需要才把它们分成各种门类。马克思就曾经注意到这样一个事实：在科学发展中往往是先认识比较复杂的物体，然后才认识比较简单的结构。人类认识物质世界的过程是这样的，一个人的认识发展过程也是这样的。在幼儿阶段，应根据自然界的客观规律、人的认识规律和幼儿的思维发展特点来考虑科学教育内容的系统性。

系统性应体现在托班、小班、中班、大班各年龄班认识容量的增加与深度的提高上。按这样的系统选编内容时，可采用直线式上升或螺旋式上升的方式。直线式上升是指同一方面的内容按难易、繁简的程度予以安排。例如，选编"认识人体"这一主题时，小班可以选择认识脸、眼睛、耳朵，中班可以选择认识手和脚，大班安排认识皮肤、身体和消化系统、呼吸系统、循环系统、运动系统及其功能等。螺旋式上升是指同一内容反复出现，循环加深。以"水"这一内容为例，在小、中、大班均可进行，但内容的侧重点及具体要求则不同：小班主要是感知生活中水的不同声音，初步认识水；中班是进一步探索水的物理性质，以及水的浮力、水向低处流等现象；大班则可以让幼儿认识地球上的各种水域以及水的三态变化，教育幼儿爱护水资源等。

整体性是指在选编科学教育内容时，应考虑科学教育各方面的内容。在介绍事物时要注意其内在逻辑联系。例如，在选择"鸟"作为科学教育内容时，除了使幼儿获得关于鸟的主要外形特征、习性等方面的知识，还可以选择与鸟有关的森林、昆虫、气候、人类生活等内容，引导幼儿学习观察法。

现代学前教育正向综合趋势发展，作为学前教育内容之一的幼儿科学教育，必须与其他教育内容相互配合，使幼儿获得较完整的知识。但是，整体性并不是"拼盘式"，对不能相容的教育内容，也可以单独进行。总之，教师追求的应是整体教育的真正效果。

3. 时代性与民族性原则

时代性原则是指要根据时代的发展、科学技术的进步来选编科学教育内容，使选编的内容跟上时代的发展，面向现代化。今天的社会是一个科学发现加速、高新技术发展迅速的社会。幼儿能够通过各种途径，包括亲身感受及媒体传播等充分感受到现代科技在人们生产、生活中的渗透与应用。教育是为社会服务的，不同时代对人才培养有着不同的要求。科学教育内容的时代性是社会和科技的发展对人才培养的客观要求，更是幼儿探索科技的要求。科学教育不能只引导幼儿认识自然，更应让幼儿了解高新技术的发展。今天的幼儿是 21 世纪祖国建设的栋梁，幼儿的教育要具有超前意识，因此在选编科学教育内容时，除了保留一些传统的、必要的基本内容以外，还要注意选择那些与幼儿生活密切相关的、能为幼儿所理解的、体现时代特点的科技知识，以开拓幼儿的视野，如地铁、轻轨、人工智能电脑、家用电器、现代通信设备、无土栽培、航空技术、现代建筑等，让幼儿在了解这些科技知识的同时，感受科技的重要性。

民族性原则是指在选编科学教育内容时要注重弘扬民族优秀传统文化，在幼儿的心灵中播下民族自信心和自豪感的种子，从而激励幼儿学习科学。我国是一个具有五千多年民族优秀传统文化的国家，我国古代的许多发明创造为世界科技的发展做出了卓越的贡献，如指南针、活字印刷等的发明。在选编科学教育内容时，应选择一些与中华优秀传统文化有关的内容，让幼儿在接触现代科技的同时了解中华民族优秀的文化传统，这对于培养幼儿爱科学的态度，乃至爱祖国的情感都有着不可低估的作用。因此，可以结合幼儿日常生活，选择一些具有我国民族特色的物产或当地有名的物产，让幼儿感受、体验、观察和了解。例如，四川的大熊猫、江南的蚕等，都是能充分体现民族性的教育内容。

时代性原则与民族性原则虽有不同，但它们不是对立的，而是相互关联的。例如，在了解有关桥的知识时，既可以让幼儿了解现代各种各样的桥，如立交桥、斜拉索桥、地面上的桥（旱桥）、水面上的桥等；同时也让幼儿了解我国古代的一些著名的桥，如赵州桥。在这一系列内容的选择安排中，既遵循了时代性原则，又体现了民族性原则。

4. 地方性与季节性原则

地方性原则是指应联系当地的自然环境和文化背景来选编科学教育的内容。我国幅员辽阔，地跨寒、温、热三带，不仅自然条件复杂，而且各地的自然资源差异也很大。当东北还是冰雪满地的时候，南方已是遍地绿色了。城市与农村、南方与北方、山区与海岛、中心地区与边远地带等都有极大的差别。同时，各地的风土人情、人文历史以及科学技术发展状况也不一样。因此，要根据当地的特点选择科学教育的内容，还可以自行编制一些乡土教材，以保证幼儿直观地感受本地区的自然特点。要注意不要将不符合当地情况的教材照搬套用，而应该选择一些符合当地情况的内容进行科学教育。但这并不排斥为扩大幼儿的眼界而选择一些乡土以外的内容。例如，平原上的幼儿可以在先感知了解平原的特征后，再逐步了解地球上还有山脉、海洋。又如，南方的幼儿也可以了解下雪的场景。

季节性原则是指应根据季节变化来选编科学教育内容。科学教育内容中涉及的各种自然现象的发生、发展和变化，大多与季节变化有着必然联系。动植物的生长、活动也受到季节的影响，各种天气变化更是与季节有关。遵循季节性的原则来编排科学教育内容，既能丰富、加深幼儿对季节的整体理解，又能帮助幼儿理解事物变化与季节之间的关系。例如，冬季不仅要让幼儿了解冬季天气寒冷的季节特征（北方还会下雪），观察动物如何过冬、植物的变化等情况，还可以介绍人们如何过冬，如何使用取暖器、空调等来取暖。又如，随着水果保鲜技术的发展，人们一年四季都可以吃到橘子。但是让幼儿认识到橘子还是以秋季为宜，因为在秋季，橘子的数量最多、种类最丰富，新鲜程度最好。

所以，要根据当地的季节变化特点，恰当地编排教育内容，并在教学过程中根据季节变化情况灵活地进行调整。

（二）具体方法

依照幼儿园科学教育内容的选编原则，建议采用单元式选编体制，即将科学教育的内容以类为单元组合教材，加强科学教育活动内容纵横联系的方法。具体做法是将三学年的科学教育内容编排成若干个单元，每个单元从内容到形式都注重体现知识的系统性与幼儿发展的连续性。每个单元又突出一个重点，围绕重点设计多种活动内容和形式。这个重点也就是突出一个主题，每个主题都是一个单元活动的核心，它既表明幼儿将要参与的系列活动，又表明他们从中要获得的关键经验。在这些单元之间，纵向自成体系，横向相互联系。从纵向来讲，即现有知识内容与原有的相关知识、经验的联系。横向是事物之间的联系，即外部联系，不同类别的知识之间也有相互联系。每个单元的科学教育过程都是循环往复、螺旋式上升的发展过程。

第三节　教育目标和内容需求化

教育目标的设置和教育内容的选择要基于幼儿的内在需要，激发幼儿的积极探索。幼儿生活在丰富多彩、变幻无穷的世界，周围环境是其积累生活、学习经验的主要渠道。因此，科学教育目标和内容选择要围绕幼儿的实际生活，要引导幼儿通过和环境的直接互动，满足认知、身体机能发展的需求。

一、教育目标和内容需求化内涵

实现教育目标和内容需求化是幼儿主动探究和有意义学习的基本前提。维果茨基说，童年早期儿童是按照自己的大纲学习的，学龄儿童按照教师的大纲学习，而学前儿童的学习则是按照教师的大纲变成自己的大纲的程度而定的。他的论断告诉我们，幼儿园编制的大纲具有两个难以结合的性质。这个大纲应该按照能引导幼儿达到一定目的的体系来编制，而且每年要在沿着向目的迈进的道路跨出一定的步伐……在这个意义上，这个大纲与学校的大纲是相同的。同时这个大纲也应该是幼儿自己的大纲，就是说，大纲实施的次序应符合幼儿感情丰富的兴趣，符合他与一般概念相联系的思维特点。维果茨基的理论使我们获得了两点启示：第一，教育目标要需求化，即教师的大纲要变成幼儿自己的大纲；第二，大纲实施的次序应符合幼儿的兴趣和水平，这个次序不应是预先定好的不可变动的次序，它应根据幼儿的兴趣和水平随时调整。也就是说，任何一个教育活动都应根据幼儿当前的兴趣、需要和水平，引出和指向最为适宜的目标。

因此，幼儿科学教育应从幼儿的兴趣、需求和原有水平出发，融入适宜的教育目标和内容，才能引起幼儿的主动学习和探究。

二、教育目标和内容需求化途径

(一)发现幼儿的需求和兴趣，开发并利用其中的教育价值

好奇心是幼儿进行探究的动机，是幼儿发生学习的首要条件。在幼儿的疑问和问题点上生成科学教育的第一步，就是要寻求幼儿感兴趣和关注的问题。因此，教师在教育过程中可以尝试以下策略。

第一，倾听幼儿直接提出的问题，或在交谈中关注和发现幼儿的问题。幼儿确实是天生的科学家，他们常常会提出各种问题。也有一些教师和家长因为自己根本

就不知道答案，或知道答案但不知道怎样用幼儿听得懂的语言来回答而回避或岔开幼儿的问题，这将失去一次很好的教育时机。

因此，当幼儿提出一个问题时，无论你是不是很忙，无论你知不知道答案，都不要斥责或回避幼儿的问题，而是要注视着幼儿，表现出对幼儿提出问题的重视，由衷地进行赞赏和鼓励。

第二，通过设置问题箱来收集幼儿的问题和疑问。通过在科学发现室、活动室或自然角、科学角等区角中设置问题箱，可以了解和收集幼儿的问题和疑问。这些问题和疑问可以作为科学教育的起点，我们可以顺应和支持幼儿探究这些问题，生成科学教育活动。

鼓励幼儿请教师（或父母）帮助，把问题写成文字。这不仅可以使幼儿体验和了解文字的意义，而且还可以增进教师（或父母）对幼儿所关注的问题的了解。支持幼儿把自己的问题用绘画加符号的方式表达出来，这种方式不仅有益于科学教育，而且还有益于培养幼儿对绘画的兴趣和对绘画的意义与作用的理解。允许幼儿把实物直接投入问题箱，并进一步询问和了解幼儿的问题。

第三，鼓励、引导幼儿通过自己的探究找到答案。面对幼儿提出的问题，在可能的情况下，要尽量让幼儿通过自己的探索获取信息和找到答案，而不是马上直接给幼儿答案。对于那些教师也不知答案的问题，作为一个平等的合作伙伴，教师应与幼儿一起寻求答案。

（二）支持幼儿的需求和想法，利用并实现其中的教育价值

幼儿有需求、感兴趣和想要做的事本身就已暗含着教育所要追求的某种东西。教师要善于开发和利用幼儿需求和兴趣中的教育价值。

【案例 2-6】

雪球去哪儿了（中班）

孩子们喜欢下雪。漫天大雪的日子，孩子们用雪做成大小不一的雪球，当老师要求他们回班里时，有一个幼儿将雪球带回班里，放在桌子上。

教师："你为什么把雪球拿回我们班里呢？"

幼儿："我想用它搭积木。"

教师："那你要好好照顾它。"

幼儿："好的。"

幼儿的需求和兴趣意味着此时正是对他们进行科学教育的好时机。

过了几分钟，教师又来到这个幼儿的身边，询问："你的雪球还好吗？"

幼儿："老师，雪球变小了，还流出来一些水。"

教师引导孩子们讨论雪球为什么变小，最终引导他们了解水具有三种形态，它的变化与温度有关。

这一活动对于这个幼儿来说，他（她）获得了：乐于探究、敢于探究的情感；探究、寻找答案的过程和方式；验证自己假设的经验。这些正是幼儿科学教育追求的核心价值。

(三)发现幼儿的需求和兴趣，开发和利用其教育价值的关键因素

1. 觉察幼儿的需求和兴趣

一般来说，幼儿关注和关心的、乐于去做的、想要去做的事物是幼儿有需求和感兴趣的事物。

具体表现有以下几种情况。

第一，幼儿较长时间地观察、注视和摆弄某种东西，以行动表现出他的兴趣和需求。

第二，对某种事物问长问短，有很多疑问和问题，想要知道是什么和怎么回事，可以用语言的方式表现出他们的兴趣和关注点。

第三，直接提出"我能不能看看（做做）……"这种要求，或由衷地感叹某事物真有趣。

上述三种情况应引起教师的重视，意识到幼儿当前的兴趣和关注点所在，并将此作为幼儿科学教育的契机，支持、引导幼儿主动发起探究活动。

2. 判断幼儿的经验水平

教师要根据幼儿当前的行为、动作、语言和表情来判断幼儿的原有经验和现在所处的发展水平。例如，幼儿想把迎春花泡在水里让它长大，这反映了幼儿在用"种子泡在水里能发芽长大"这一经验推出"迎春花泡在水里也能长大"这种假设。

3. 找出幼儿经验中可能实现的教育目标和价值

事实上，要实现一种观念的转变，教师要从关注目标和课程教材以及怎么把这些东西教给幼儿，转向更多地关注幼儿从当前感兴趣的事物中所反映出的经验可能实现哪些教育目标和价值，也就是找到幼儿兴趣、经验水平和教育目标的结合点。

【案例 2-7】

教师发现幼儿在试图用磁铁吸引一个小木块，吸引了几次都不成功，站起身要走。教师过来说："你爱玩捉迷藏吗？"幼儿点了点头。

教师："我和你一起玩好吗？我能帮你做点什么？"

幼儿："好，你帮我把宝藏藏起来，我来找。"

教师帮幼儿把回形针、螺帽、螺钉等藏在沙子下面，幼儿用磁铁摸索了一会儿，无意中吸引了回形针，这增强了他的信心，他又继续摸索，终于发现磁铁只吸引金属的物品，不能吸引木块、塑料。

教师只有敏锐地觉察到幼儿的需求和兴趣，准确地判断幼儿当前的经验水平，顺应幼儿的需求和兴趣，找到可实现的幼儿科学教育目标和价值，才是做到了开发和利用幼儿需求和兴趣中的教育价值，这是使教育目标需求化的重要策略之一。幼

儿科学教育的许多目标都可以通过这一策略得以实现。

将教育目标和内容转化为幼儿的需求，激发幼儿的学习兴趣和动机是幼儿教师及管理者需要了解和掌握的重要方面。如何把教育目标转化为幼儿的需求，激发幼儿学习和探索的兴趣和动机呢？具体做法是使幼儿原有经验与新经验之间的距离适当。把握新旧经验之间的距离是否适当，应考虑到两个条件：要解决的新问题、要获得的新经验与幼儿原有经验相关联、相类似易使幼儿发生学习兴趣；幼儿应当学习的新课题同幼儿的原有经验或是已习惯化了的思维方式与活动方式之间构成矛盾。

因此，将教育目标转化为幼儿的需求，教师要运用上述矛盾的观点，为幼儿提供易于引发幼儿主动探索和操作的，并且隐含着教育目标和内容的材料和条件，使幼儿在主动探究和操作时，教师有目的地投放材料，并且获得新旧教育知识经验的转换。在必要的情况下，教师要创设问题情境，引发幼儿的兴趣和探究的需求。

（四）具体化呈现教育目标与内容，易于满足幼儿的探究需求

1. 不断提供易于引发幼儿产生问题和探究行为的、物化教育目标和内容的新材料

例如，教师组织幼儿学习光、电、磁、力等现象及其关系，可能不容易引起幼儿的探究和学习兴趣，教师可以为幼儿提供他们喜欢的、反映这些关系的材料和物品，使幼儿在操作这些材料和物品的过程中产生问题，通过探究发现关系。

【案例 2-8】

升旗——滑轮与力的方向

升旗是每一个幼儿都感到无比光荣的事，也是每一个幼儿都感到好奇和有疑问的事。但是，每一个幼儿都需要很长时间才能轮上一次。教师利用幼儿喜欢做的这件事为素材，在科学活动室为幼儿制作了一套缩小的升旗装置。幼儿可以在操作自己感兴趣的材料和物品过程中，发现和感受到滑轮和力的方向的关系。

2. 创设问题情境，引发幼儿的探究兴趣和需求

有时即使教师投放了自认为幼儿感兴趣的材料，幼儿也可能因材料反映的关系过于隐蔽或其他原因，无法引起探究和操作的兴趣。这时就需要教师创设问题情境来引发幼儿的探究和操作的兴趣。

【案例 2-9】

教师为幼儿提供了电池、电线和小电灯泡，想让幼儿探究如何接亮小电灯。材料已经投放好几天了，却没有幼儿去探究和操作。

一位教师告诉了幼儿一个秘密："用上述材料可以接亮小电灯，谁愿意去试试？"在教师的引导下许多幼儿进行了探索。

另一位教师看到几个幼儿正在用小棍子当枪玩警察的游戏。教师以游戏者的身份代表居委会向这些"警察"求援："警察同志，我们桃园小区的电灯突然坏了，请你们快去帮我们接亮吧。""警察"们接受了光荣而紧急的任务，几个人一起探索和操作

了一段时间后，终于把灯接亮了。

3. 创设教育情境，使幼儿感受学习对自己的意义

在教育目标和内容中，还有一些目标和内容对幼儿有生存和社会意义，但幼儿往往意识不到，这样的问题一般不可能成为他们感兴趣或关注的事物。这就需要教师寻找适宜的教育时机，并创设相应的教育情境，使幼儿感到学习的意义。

【案例 2-10】

噪 声

中(一)班在二楼，最近老师发现幼儿上楼和走路时脚步非常重，搬动桌椅时声音特别大。为了让幼儿感受噪声对幼儿自身和他人的影响，老师特意创设了问题情境。老师让幼儿去自己楼下的小(一)班与弟弟妹妹一起听故事、讲故事，同时，故意让楼上的人制造噪声，混乱很响的脚步声、拉动桌椅发出的刺耳声……幼儿听不清好听的故事，觉得耳朵很难受，用双手捂住了耳朵……

此时，幼儿已经感受并体验到在楼上走路脚步太重、搬动桌椅声音太大对他人的影响。教育情境已经创设出来。如果再让幼儿听听自己走路和搬动桌椅时的录音，他们更能深切体会到噪声对他人的影响。教师再引导他们讨论噪声对自己的影响，以及如何避免噪声……科学教育活动就生成了。

幼儿园教师资格证考试·真题再现

2019 年上半年幼儿园教师资格证考试《保教知识与能力》活动设计题

最近，大三班许多幼儿用大大小小的纸盒制作小汽车等物品。马老师发现，幼儿制作的汽车装饰不太一样，但结构差不多，往往只有车厢、车轮、车灯等。马老师认为可以根据这种情况生成一个"汽车"主题活动，引发幼儿的深度学习。请帮助马老师设计"汽车"主题活动。

要求：

(1)写出主题活动的总目标。

(2)写出子活动的名称、目标。

答题思路：

(1)活动总目标：情感目标——喜欢观察生活中各种各样的汽车，萌发对于动手操作的兴趣。技能目标——能够采用多种形式、用自己喜欢的方式设计不同造型的小汽车。认知目标——知道生活中有不同种类的汽车，并了解各种各样小汽车的特征。

(2)子活动一：大班艺术领域美术活动《我的小汽车》

活动目标：情感目标——喜欢进行美术绘画活动，乐意与同伴分享自己设计的小汽车造型。技能目标——能够大胆想象，有创意地设计出自己喜欢的小汽车造型。认知目标——了解汽车有各式各样的造型，知道不同汽车的造型特点。

拓展阅读

《幼儿园教育指导纲要(试行)》之科学领域　　《3—6 岁儿童学习与发展指南》之科学

本章小结

本章论述了幼儿园科学教育目标的制定及科学教育活动的内容。在设计课程目标与组织课程内容的过程中，教育者要注意把握教育活动的价值取向及目标定位，并且适时调整教育活动的内容。但是由于各地区存在地域差异性，在教学活动目标的制定和教育活动内容的选择中要考虑幼儿不同年龄阶段特点，不能盲目制定，机械随从，绝对化理解。

关键术语

幼儿园科学教育目标　幼儿园科学教育内容　教育目标和内容需求化

思 考 题

1. 幼儿园科学教育目标制定的依据是什么？
2. 选编幼儿园科学教育活动内容的原则有哪些？
3. 分组讨论教育目标和内容需求化的途径有哪些？

实训练习

"空气是无色、无味、看不见、摸不着的气体。"请以"空气的秘密"为题，设计小班科学教育活动的活动目标。

拓展阅读

1. 由台湾亲亲文化事业有限公司编著，福建少年儿童出版社 2014 年出版的《亲亲自然》涵盖了动物、植物、地理、科学、天文等内容。

2. 由施燕主编，华东师范大学出版社 2014 年出版的《幼儿园科学教育资源库》可以为科学教育活动的内容选择提供参考。

3. 由刘占兰著，北京师范大学出版社 2008 年出版的《学前儿童科学教育》在学前儿童科学教育目标需求化方面有详细的论述。

第三章 幼儿园科学教育环境创设

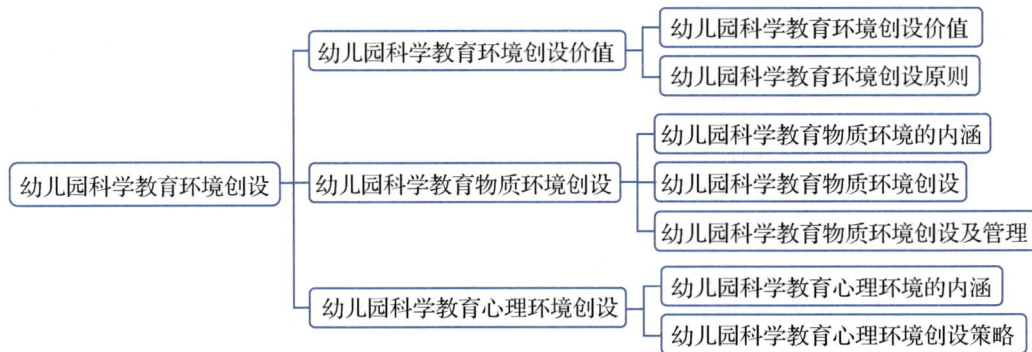

第一节 幼儿园科学教育环境创设价值

　　在当前幼儿园科学教育中，教育环境的创设是活动组织的具体表现，在环境创设方面确立正确观念尤为重要。科学教育环境不仅包括物质环境的创设，还包括对幼儿科学精神及科学道德培养的心理环境的准备，让幼儿在科学教育中努力实现"环境引导"与"自由探索"的和谐统一。

一、幼儿园科学教育环境创设价值

环境是重要的教育资源，良好的环境就好像一位无声的教师。幼儿园的环境是指幼儿园内幼儿身心发展所必须具备的一切物质条件和精神条件的总和。陈鹤琴先生说："儿童教育要取得较大的效益，必须优化环境。"良好的教育环境，在幼儿教育中发挥着重要作用，我们应该充分发挥环境创设在幼儿教育中的作用，以幼儿发展的需要为目标，紧紧围绕教育目标和教育内容，充分利用环境中的一切有效资源进行幼儿教育，通过环境这一载体让幼儿真正成为活动的主人，调动幼儿学习参与的积极性，共同创设幼儿喜欢的教育环境。幼儿的成长离不开环境，环境对幼儿发展的影响是极其深远的。幼儿园的班级环境创设更是作为一种"隐性课程"，在开发幼儿智力、促进幼儿个性发展等方面具有不可低估的教育作用。

我国古代对此就有精辟的论述，如"近朱者赤、近墨者黑"，就是强调环境对人的感染作用，又如典故"孟母三迁"中孟子的母亲就十分注重教育环境的创设。古代教育家颜之推认为，环境是通过潜移默化的方式对儿童产生影响的，而这种影响是深远而持久的。瑞士心理学家皮亚杰认为，人的潜力行为就是适应能力，环境是儿童发展的最重要的因素。所以，环境对幼儿的发展作用是重要的，不可替代的。环境既是幼儿的第三位老师，也是我们在教学过程中不可缺少的重要部分。在班级环境创设上，我们有主题环境的墙面创设与游戏区域环境创设。《幼儿园教育指导纲要（试行）》明确要求，幼儿园应为幼儿提供健康、丰富的生活和活动环境，满足他们多方面发展的需求，使他们在快乐的童年生活中获得有益于身心发展的经验。可见，在幼儿园，环境是重要的教育资源，良好的环境创设与环境利用能使幼儿在与环境的互动中获得各方面能力的发展。

（一）科学环境创设促进幼儿认知发展

马克思说："人创造了环境，同样环境也创造了人。"墙面、活动区等是课程实施环境中的一部分，它们以直观形象的方式记录下已经和正在实施的课程的种种，使课程不断地延伸。通过教师创设的环境，幼儿在活动中不断发现问题、解决问题，使旧问题得以解决并进而产生新问题。比如，在根据教学目标创设的"认识一年四季"这一主题中，可在墙体上布置四季的植物图片，幼儿通过参与采集植物叶子等活动，就生成了疑问："为什么有时候叶子是绿色的？有时候又是黄色的？"又如，幼儿和教师一起参与"小蝌蚪找妈妈"，老师画的小蝌蚪形象可人，幼儿被主题内容深深吸引，不但潜移默化地受到了教育，知道了蝌蚪从小到大的变化，而且通过交流，也很大程度地获得了认知上的发展和语言能力、动手能力的提高。老师进而把各种动物的成年图片和幼年图片放在科学区域，幼儿在环境和材料的相互作用中学习、探究，从而激发他们的学习兴趣和求知欲望。

【案例 3-1】

由环境改变引发活动

张老师准备开展"认识鼻子"主题活动。在活动开始之前，张老师在活动室内洒了一点香水，小朋友们一进房间，纷纷说道："好香！好香！"张老师接着问大家："你们闻到了什么气味？怎么知道的呢？"带着问题，张老师开始了她的活动。

案例中的张老师通过改变环境因素，为即将开始的认知活动做了很好的铺垫。

(二)环境创设可激发幼儿探索兴趣

幼儿的心理发展特点就是好奇、好动。教师在室内外提供大量的废旧物品供幼儿操作，可以激发幼儿学习的愿望和动手的欲望。在科学探索区配置多种多样的、适合幼儿发展的材料和工具，这些材料和工具能激起幼儿的好奇心，使他们轻松、愉快、主动地参与有趣的科学探索活动，如可以在班级科学活动区域放置放大镜、磁铁、自制电话等。在美工区，教师利用废弃塑料水管制作成刺绣架，提供五颜六色的棉线，促使幼儿与环境相互作用，以获得丰富的直接经验，寻找事物之间的联系，对科学产生浓厚的兴趣。综上所述，幼儿园、教师及幼儿对环境的创造性构建会激发幼儿探索的乐趣，为幼儿创造性思维的发展提供物质条件，让幼儿感受到创造的意义和价值，从而乐于创造、乐于探索。

(三)环境创设可培养幼儿小主人的精神

传统观点认为，幼儿园的环境一般由成人提供，以成人的思维方式创设环境，幼儿处于被动地位，几乎无法参与环境的布置，结果导致幼儿探索欲望不强烈、操作概率不高等现象。目前，幼儿园不断注重为幼儿提供获取新知识经验、锻炼双手技能的机会，使幼儿对自己动手、动脑布置的环境产生一种亲切感和满足感，从而更加爱护、珍惜环境，尤其活动区更是设计并提供了符合幼儿年龄特点、与教育课程要求相适应的操作材料。材料和工具经过合理摆放，以方便幼儿取放为目的，培养幼儿及时收存的好习惯。幼儿不仅参与活动，更需要参与布置，充分发挥他们的主体作用。例如，大班的幼儿在老师的帮助下，创设"漂亮屏风"的主题环境。教师提供废旧的大型包装纸箱，幼儿按照自己喜欢的形状改造纸箱，通过设计形状、动手改造、上色图画等环节，一个大型的屏风就完成了。将屏风摆放在活动室，成为划分活动区域的很好的工具。幼儿也在亲手参与环境布置的教育过程中，获取了新的知识经验，同时还培养了自己的能力。

(四)环境创设可引导幼儿有环保的意识

环境保护问题是全球关注的问题，生活在地球上的人类都有保护环境的责任和义务，包括幼儿也应该有环保的意识和行动。为幼儿提供以废旧物品为主的幼儿园科学活动环境创设的材料与作品，是他们参与班级环境创设的一个重要途径，也是十分重要且具有良好效果的教育过程，有助于他们从小培养变废为宝，不浪费任何资源的环保意识。例如，幼儿园教师呼吁幼儿从家里收集各种瓶、盒、罐、吸管、蛋壳等废旧材料，带到班级充当活动材料。这个行动让幼儿学会了勤俭，学会了珍惜和利用资源；也让幼儿学会了创造，通过观察、操作对废旧物品的利用，激发幼儿的创造欲望及活动兴趣。

（五）提高幼儿对美的感受

幼儿园环境创设不仅体现认知的价值，还具有发展幼儿审美能力的价值。在幼儿素质教育中，特别提出要"培养幼儿审美感知能力、审美想象力和审美创造力的活动"。由此可见，教师引导幼儿参与环境创设，不仅符合幼儿的审美趣味，还可引导幼儿结合教育和自己的意愿创造出不同的形象。比如，幼儿园中固定的部分由教师制作，作品内容由幼儿填充，幼儿通过比较、参照，发现别人的优点，弥补自己的不足，而且从中学会了欣赏。这些设计和创造不仅有美感，还蕴藏着知识，引导幼儿对色彩、形态美进行欣赏，让幼儿在不知不觉当中得到提高，也让家长能够更直接地了解幼儿的情况。环境创设是由教师和幼儿共同走进主题，在主题中共同发现美、表现美、创造美的过程。幼儿园科学环境的创设可以提升审美情感，促使幼儿通过环境主动表达出个人审美体验。

二、幼儿园科学教育环境创设原则

幼儿园是促进幼儿身心发展的重要场所。对于 3～6 岁的幼儿来说，他们还不具备成人对环境具有的那种选择、适应和改造等能力，对环境具有广泛的接受性和依赖性，因而创设一个科学的幼儿园教育环境，就显得尤为必要。在科学教育领域，环境对幼儿的操作探索有着更特殊的意义，发挥着更为重要的支撑作用。因此，在科学教育活动中能否为幼儿创设一个科学的物质环境和宽松的心理环境，将直接影响幼儿探索活动的深度和广度，进而影响科学活动的质量。为保证给幼儿创设一个良好的科学教育环境，教师应遵循以下几个方面的原则。

（一）科学性与趣味性

幼儿园科学教育活动的领域范围是科学，因此每一个环境创设都要考虑是否具备科学领域的教育意义。这里的"科学"具有两层含义：一方面指具有科学学科特征的幼儿园活动；另一方面是指活动设计上符合幼儿园课程特点、幼儿认知规律的科学编排。当然，从第一层含义理解，科学是指对事物普遍规律的应用，具有抽象性特点。为了迎合幼儿的认知特点，在活动设计上要考虑一定的趣味性，引导幼儿产生动手探索的兴趣。科学性与趣味性相结合是科学教育活动的主要特点。从幼儿认知发展水平出发，选择设计科学教育的内容及环境时既要符合科学原理，又要考虑到环境创设能吸引幼儿参与的主观能动性。

（二）主体性与选择性

树立幼儿是环境主人的观念，由幼儿和教师共同规划设计、布置管理班级的科学教育环境。不同年龄班幼儿在班级环境创设中的参与形式与程度不同。例如，小班可以组织幼儿收集材料，主要由教师负责完成科学教育环境的布局和设计；中班应让幼儿参与环境创设的整个过程，包括收集材料、如何布置、怎样调整，学习自己动手实现对环境的需求与愿望，教师给予指导、帮助；大班可以让幼儿参与自我设计、自我动手、自我决策、自我管理环境创设的方方面面，包括环境的内容、形式、材料的功能类型，通过教师的热情支持与幼儿自主协商实现合作共创。

(三)探索性与操作性

对环境的认识和探索是人类的本能，幼儿也不例外，喜欢主动地探索周围的环境。幼儿科学教育环境的创设应尽量多提供能让幼儿自己尝试着去探索、发现的内容和情境，尽量给幼儿提供一些可操作的材料，以便让幼儿能够按照自己的意愿，通过自己的实践活动去探索、去尝试、去寻求解决问题的办法，从而主动获得感性经验，形成自己的认知结构。[①]

比如，在磁铁实验中，准备若干块磁铁，投放塑料、泡沫、石头、铁片、铁钉、玻璃瓶、乒乓球、积木等不同性质、不同大小、不同形状、不同重量的材料让幼儿操作，看看什么东西能够被吸引，什么东西不能被吸引。这样材料的投放既体现了可操作性，又体现了可探索性，能有效鼓励幼儿主动探索科学的奥秘。

(四)互动性原则

科学教学的环境是幼儿具有发言权，可参与创建的环境，环境创设过程不是将物品简单摆放及展示即可，而是一种创建过程，需师幼、幼儿间互相启发，激发创作灵感，通过合作确保幼儿体验创造快乐的过程。幼儿园创设环境时，应遵循互动原则，动员幼儿家长参与环境创设工作，经多方交流，促使幼儿在科学教育互动中获得丰富体验。

(五)过程性原则

科学教育的着重点为促使幼儿亲身体验、经历与探究，而幼儿自身的认知特征决定其无法快速获取科学抽象概念。因此在创设环境时，教师应对创设环境的最终目的加以明确，过程予以激发并扩展，而非从成人角度对幼儿有环境类获取知识这一结果加以理解，更不可将幼儿自主探究时间随意缩短，向幼儿过度呈现抽象化、已固定的知识概念。

第二节　幼儿园科学教育物质环境创设

环境既是幼儿的第三位老师，也是我们在教学过程中不可缺少的重要部分。幼

---

① 李维金：《学前儿童科学教育(第二版)》，189页，北京，科学出版社，2012。

儿园科学教育物质环境的创设要考虑其环境创设的要素，包括室内外自然环境，并要注意在环境创设中易出现的问题，以起到事到功倍的效果。

一、幼儿园科学教育物质环境的内涵

科学教育物质环境包括自然环境的利用以及物质材料的开发与投放。

物质环境是幼儿进行科学探索活动的有力保障。俗话说，巧妇难为无米之炊，幼儿进行科学探索活动，同样离不开丰富的物质条件。因此，良好物质环境的创设就必然成为幼儿园科学环境创设的一个重要内容。

自然环境是科学活动所依赖的重要内容，自然环境中蕴含着丰富的科学奥秘，科学本身就是对自然的探索，现代科学教育观念提倡培养幼儿与自然的和谐关系，在自然环境中接受教育。

物质材料包括开展科学活动所需的各种教具、学具等材料。物质材料是幼儿学习科学的重要支柱和中介物，幼儿认识自然、学习科学不是单纯靠知识的传授，而是需要和认识对象进行直接接触，获取具体的科学经验。另外，许多科学现象的产生及其现象之间的联系需要一定的条件，要让幼儿认识这些现象及其联系，就必须创设、提供必要的条件。比如，幼儿认识"沉与浮"，需给幼儿提供水及能沉于水底和浮于水面的各种材料；认识"水的三态变化"，需要提供水及能引起三态变化的条件。所以物质材料是构成科学教育环境的要素之一。

幼儿园物质环境包括幼儿园自然环境的充分利用、活动空间的合理布置以及活动材料的科学投放等方面。科学物质环境的创设既能够为幼儿的操作探索提供有力的保障，又能调动幼儿参与科学活动的兴趣，还能提高科学活动的效果。

二、幼儿园科学教育物质环境创设

(一)科学教育物质环境创设的要素

1. 创设良好的室外自然环境

幼儿园室外自然环境是幼儿学科学的重要场所。要做好室外环境的绿化，树木、花卉、草坪是不可少的。比如，有的幼儿园在户外建一个小长廊，在上面搭上葡萄架；有的幼儿园建有喷泉、曲桥和风车，山石成景，幼儿户外活动时兴趣盎然。幼儿园园内应设置沙池、土坡、水池，供幼儿戏水、玩沙，水池中放养小鱼、虾、小蝌蚪等供幼儿观察。此外，在园内合适的位置还可以为幼儿开辟种植园地，面积不需要太大。在园内的僻静处设置饲养角饲养一些小动物，在适当位置创设活动展板，如天气记录板、动植物观察板等。总之，幼儿园应根据园舍条件创设良好的室外环境，为幼儿进行科学活动创设条件。

拓展阅读

在教育实践中，教师要逐渐形成独具特色的幼儿园生态环境教育内容体系。研究的初期阶段，要尽量选择充分体现自然界中生态关系的内容，利用某一线索，如从植物的多样性、变化和相互关系角度来设计教育活动，积累一些主题内容，如小草、竹子、鸟、树，等等。同时，还要将生态教育内容延伸到自然环境中，以生态要素为出发点，选择一些有代表性的内容，包括动植物和水、泥土等非生物。不仅如此，还要考虑到社会生活环境中也有很多内容可以帮助幼儿更好地认识人和自然的关系，也可从中选择一些内容，如声音、纸、木材等主题，从而形成以动植物、自然生态环境、社会生活环境为主的生态环境体系。

在利用这几方面进行教育实施时，应注意以下几点。

首先，注意三者之间的关系是相辅相成的，不可孤立看待。之所以构建这三方面教育内容为"体系"，是因为它们都不是孤立的，而是相互联系的。比如，纸的内容和木材、树、草以及植物生长的内容都是有关的。这种广泛的联系性源于自然界本身的广泛联系。所以我们对于内容范围的区分只是大致的。

其次，科学教育生态环境创设，应该立足于幼儿的生活经验，而幼儿的生活经验是随年龄增长不断拓展的，因此我们的内容体系也应力求体现幼儿经验的拓展性。具体地说，同一主题在不同年龄阶段的教育内容既是有区别的，也是有联系的，是逐步拓展的。比如，"水里的动物"主题，小班的教育内容是"各种各样的鱼"，中班则是"河里的动物"，大班则是"海洋动物"。

最后，还要注意向幼儿介绍现代科技条件下人类利用自然的新形式，如机械化饲养、大棚蔬菜等。值得一提的是，幼儿园生态环境教育内容的选择，应充分考虑幼儿园的自身环境，因地制宜。比如，我们设计的"竹子"主题，就充分利用了幼儿园得天独厚的自然环境，因而收到了较好的效果。

幼儿园生态环境教育还要通过参与性的方法培养幼儿对社会生活的关注。比如，水的污染、垃圾污染等问题，可以带领幼儿去实地调查，展开讨论，并付出力所能及的行动。比如，在大班"认识噪声"的活动以后，幼儿在幼儿园里的寝室、楼梯口等处贴了"安静"的标记，这正是他们保护环境的实际行动。

通过以上研究，我们认为，幼儿园生态环境教育应进一步综合化。它不应是作为科学领域课程的一部分，而是要成为整合幼儿园全部课程的基础。在这个污染日益严重的世界里，我们需要绿色的教育、绿色的幼儿，因为绿色代表着希望。

好的方法既要符合幼儿的心理特点，又要能实现我们生态环境教育的理念。如前所述，我们不仅要注重让幼儿对他们所生活的环境及其相互关系有真正的理解，而且也要关注幼儿的情感维度，注意让幼儿形成对自然、对社会的积极态度。这就决定了幼儿园生态环境教育的方法应该是综合化的，即既要坚持探索、发现的科学认识方法，又要具有一定的艺术性和社会性的成分。

在研究过程中，我们对"综合化"的生态环境教育方法进行了初步的探索和思考。我们认为：探究活动以及和它相关的感知、观察、操作等方法应该是生态环境教育的主要方法。它能保证幼儿通过自己的经验获得有关自然界中的事物以及相互关系的真正理解。但是幼儿对于自然界的探索活动也不应排斥艺术性，它有助于幼儿形成和自然界的情感联系。自然界为幼儿留下了丰富的想象空间，幼儿的探究过程不应排斥想象，而应和想象结合起来。比如，幼儿探索树根的秘密，可以先让幼儿想象，大树在地下是什么样的，然后再来验证。而竹子在地下是什么样的，它和树一样吗？幼儿同样可以先展开想象，再"刨根问底"。对幼儿已有的经验，我们也可激发他们去想象。比如，中班有一个"跟着声音去旅行"的活动，教师用手机放出自然界的各种声音，幼儿听着这些声音时而到农场、时而到海边，任凭想象，兴趣盎然。

到大自然中去，直接观察自然界的事物应该是幼儿园生态环境教育的最重要的途径。

教师指导建议：

＊在阳光下引导幼儿观察自己的影子，并鼓励他们尝试用各种方法让自己的影子消失。

＊注意引导幼儿探索影子和光源的关系。

拓展与替代：

＊引导幼儿在室内利用应急灯、手电筒、电灯、投影仪等作为光源玩影子游戏，看看影子的变化，并探索如何让影子消失。

＊让幼儿简单了解医院手术时用的无影灯。[1]

2. 创设良好的室内环境

室内环境包括走廊、楼梯和教室内的环境。

如图 3-1 是幼儿园走廊的环境创设，幼儿进出幼儿园班级时，都可以去观察这些植物。他们每天在不经意间就积累了关于植物的知识，潜移默化中培养了对植物关爱的情感。图 3-2 是楼梯间里的活动区角，幼儿在爬楼的过程中，忍不住要敲敲打打，激发了探索欲。

图 3-1　宁波市江北区甬港幼儿园环境创设示例

图 3-2　山东省寿光市文家中心幼儿园环境创设示例

---

① 董旭花：《幼儿园科学区（室）科学探索活动指导117例》，170页，北京，中国轻工业出版社，2011。

教室内既需要集体教学活动的环境创设，也需要区域活动的环境创设。区域活动的环境创设我们将在第七章中来做具体讨论。现在我们重点来看看集体教学活动的环境创设。集体教学活动是幼儿科学启蒙教育的一个重要环节，教师要充分发挥科学的魅力，巧妙地组织科学教育活动，引导幼儿用科学的探究方法去探究问题、解决问题，体验"做科学"的乐趣。在集体教学活动中创设良好的环境，教学器具的准备和选择是一个关键因素，如开展观察种子发芽过程的活动时，要为幼儿准备好花盆和种子；为帮助幼儿了解静电而开展的"跳舞的纸娃娃"，就要帮助幼儿准备好纸张、毛皮等实验器材。幼儿科学教育活动虽然必须具备求真的性质，但并无高、精、深的特点，限于幼儿的实际水平，在选择和准备教学器材时，教师要注意利用家庭资源，尽量采用低成本、随手可取的材料。比如，设计组织"变废为宝"教育活动时，就可发动家庭收集、提供各种废旧材料，引导幼儿利用废旧物品制作各种有趣的玩具和装饰品，使幼儿明白"变废为宝"的道理。又如，活动"美食节""拧瓶盖""我们的小鞋子"等，内容都是幼儿平时生活中最熟悉的，活动中所需的玩具、食物、鞋子等都可从家中带来。当幼儿面对自己带来的物品时就会产生亲切感，从而更大胆地探索、发现。

(二)幼儿园科学教育物质环境创设中存在的问题

1. 环境创设过于成人化，忽视幼儿的主体地位

环境创设只注重成人的提供，忽略幼儿的介入。为了环境布置的完美性，往往由成人自编、自导、自演。有些幼儿园教师在环境创设中，完全凭自己的兴趣、爱好、特长设置，很少让幼儿参与，只是让幼儿充当教室布置环境的观赏者，机械地接受成人的安排。这样的布置过程，不利于幼儿思维的发展，以及个性和创造力的培养。

2. 物质材料更新缓慢，利用率低

有些科学玩具被束之高阁，自然角、科技角成为一种摆设，只追求品种数量和美观。科学活动也片面重视活动材料的堆积，忽视了材料的使用效率，没有充分发挥材料的作用。有的活动区的内容和材料没有随着季节、活动目标等的变化及时更换，影响了幼儿参与科学活动的兴趣，从而降低了科学活动的效果。

3. 物质环境安全性不够

幼儿天生好奇、好动，对周围的环境充满了探究的愿望。但是由于他们年龄小、自我保护能力较差，使得安全问题在物质环境创设中成为需要重点解决的问题。解决这个问题不是简单地限制幼儿的活动，而是应该在环境创设过程中特别注意排除各种隐性的不安全因素，防患于未然。但是有些幼儿园对此却不太在意，环境布置拥挤，既不利于幼儿开展活动，又可能会造成幼儿的拥挤冲撞，存在不安全因素。有些幼儿园收集的废旧物品没有经过严格消毒，只是经过简单的冲洗就直接提供给幼儿，也容易导致幼儿被潜藏在这些废旧物品中的细菌病毒感染。有的幼儿园为幼

儿提供一些比较尖锐的物质材料，也容易造成意外伤害事故等。

4. 环境创设片面，缺乏系统性

环境创设片面、缺乏系统性主要表现在内容简单、零散，缺乏整体布局意识。只重视室内和墙壁的布置，忽视了幼儿园内其他空间对幼儿教育所隐藏的作用，使幼儿园环境教育的功能大打折扣，给人一种不完整、不系统的感觉。

(三)创设良好科学教育物质环境的策略

丰富的物质环境有利于幼儿科学经验的获得。幼儿学科学是通过和物质材料的相互作用过程，也就是操作过程进行的。如果没有可供幼儿直接操作的物质材料，只是单纯地听教师的讲解和演示，幼儿就不可能获取相关的科学经验，而只会在头脑中留下一些模糊的记忆。创设良好的物质环境可以从以下几个方面入手。

1. 数量足够，结构适宜

科学探索活动离不开丰富的物质材料，充足的物质材料为每个幼儿进行适宜的探索提供了条件和可能。给予幼儿充分的选择机会，在探究物体的相互作用和关系中起关键作用。

结构适宜是指物质材料既暗含着有价值的科学教育内容，又有能引起幼儿探究动机和兴趣的材料。幼儿通过操作和使用这些组织材料能够达到适宜的教育目标和内容。教师应该为幼儿提供具有开放性、层次性和多种组合可能性的材料，激发幼儿接近物质材料，能自由地用自己的方式进行操作、改变和重新组合，能用多种不同的方式进行研究探索，有不同的发展。

2. 合理布置，充分利用

合理布置是指创设环境时做到布局合理，从整体到局部都符合幼儿活动的需要。除了必须注意活动室光线、色彩、温度、湿度、通风等条件外，还要特别注意物品摆放的位置是否合适，安排的场地空间是否让幼儿感到拥挤，是否会导致幼儿的活动互相干扰。充分利用是指应该让幼儿与教师创设的物质环境充分互动，提高物质环境的利用率。

3. 安全卫生，保护健康

安全卫生是幼儿园创设物质环境的基本原则。安全卫生是指为幼儿创设的物质环境应该是安全、符合卫生要求并能促进幼儿健康发展的。一方面要保证为幼儿投放的活动材料是安全卫生的，不会对幼儿造成意外伤害，如制作的物品没有尖锐的棱角，制作物品的材料无毒，废旧材料要经过严格的消毒等；另一方面还要消除环境中存在的潜在的安全隐患，保证幼儿的安全，如活动空间充分，幼儿不会拥挤碰撞，电源插座、电线等设置要确保幼儿不易接触等。

4. 自然朴素，美观大方

自然朴素就是要充分利用自然物，充分体现自然环境的特点，还要做到因地制宜，综合利用。现代的科学教育观念尤其强调培养幼儿和自然的和谐关系，即让幼儿尽量在真实的、自然的环境中受教育，尽可能多地拥抱自然。物质环境的创设，无论是室外环境的创设，还是室内环境的创设都要体现自然的特点。在充分利用幼儿园自然环境的同时，还要想方设法把大自然搬到室内来，让绿色陪伴幼儿。幼儿更需要贴近其生活的环境，贴近自然的坏境。

美观大方就是指创设的物质环境应该给幼儿以美的熏陶。大自然本身是和谐的、美的，我们为幼儿创设的人工自然也应该是美的。要从审美的原则出发，进行整体的布局，做到整个自然环境内容丰富而不杂乱，色彩协调，陈列有序，疏密有致，给人以美的享受。在选择种植树种时，要尽可能做到丰富、多样，让幼儿园四季花香，年年有果。即使在寒冷的冬天，幼儿也能看到绿色，同时要注意保持空间环境的整洁。

5. 参与合作，体现主题

参与合作、体现主题是要调动幼儿的积极性主动参与物质环境的创设，增强幼儿的主人翁意识。物质环境是为幼儿创设的，幼儿是活动的主体，对于自己亲自参与创设的环境，幼儿比较熟悉，更容易激起他们参加活动的积极性和主动性，增强探索活动的效果。

三、幼儿园科学教育物质环境创设及管理

幼儿园科学教育环境不仅包括材料的提供，还需要不断进行材料更新和环境的管理，注意日常的材料布置和整理。教师应做到材料的定期更新和替换，把移动的材料恢复原位，照料有生命的物体等。一般来说，幼儿园的科学发现室有专门的人员来进行管理。教师在组织幼儿到科学发现室活动时，要制定必要的常规要求，如爱护有关材料、不乱拿乱放东西等。在活动过程中，及时提醒幼儿遵守活动规则。在进行空间管理时，为了便于维护，要考虑以下几点：动、静分区合理；同类的材料靠近摆放；要保证儿童进行桌面操作的空间；有的材料在布置时要考虑临近水源和光源；要考虑到室内和室外空间的有机结合和充分利用；要保证一定的存储空间，存放暂时不用的材料。

第三节　幼儿园科学教育心理环境创设

心理环境是相对物质环境而言的，是环境的另一重要组成部分。创设心理环境要考虑其创设要素，如家庭成员、人际关系。了解这些要素的基本内涵，有助于形成较为适宜的心理环境创设策略，有效引导幼儿在环境中游戏和发展。

一、幼儿园科学教育心理环境的内涵

心理环境是进行科学启蒙教育的前提。幼儿在进行科学探索活动时需要一个良

好的心理环境，只有在一种幼儿感到安全可靠、舒适自然的环境中，他们才能消除顾虑、大胆去尝试探索。幼儿的心理环境主要是指幼儿园的人际关系及形成的心理气氛，具体体现在教师与幼儿、教师与教师间交往方式等方面。心理环境虽然是无形的，但却直接影响着幼儿的情感交往行为和个性的发展。在心理环境良好的幼儿园里，幼儿能真实地感受到自己是被尊重和信任的。教师是他们的亲密伙伴，教师能够根据幼儿的需要和兴趣为他们提供适合他们水平的材料，并因材施教，注意激发每位幼儿的好奇心和求知欲，使他们每个人都获得参与活动的机会、获得表现自己能力的机会、获得提高和发展。

（一）家庭成员

幼儿教育是启蒙教育，科学启蒙要从小做起，家庭是幼儿的第一所"学校"，父母是幼儿的第一任"教师"。父母是幼儿的启蒙教师，对于幼儿来说，最重要的家庭成员便是父母，父母对他们的影响是最大的，是潜移默化的，而父母的陪伴与教育也是幼儿非常希望得到的。幼儿科学教育不仅仅要有好的家庭环境，家庭成员的配合也是十分重要的。

为了更好地开发利用家庭成员资源，最为关键的就是提高家长的自身素质，以下将从四个方面阐述家庭成员资源的开发利用。

1. 建立适宜的家长角色

家长在家庭中对子女负有法律道德上的责任和义务。在我国传统理念上家长始终是高高在上的，与威严相伴、与严肃为伍，孩子往往是不可能与家长平起平坐的，无论是从人格上还是从家庭成员间的交往上都是如此。孩子始终是家庭的附属品，处于从属地位，没有发言权，这是造成家庭代与代之间心理鸿沟的主要原因。所以，在家庭教育中，首先应该解决的问题是对"家长角色"进行科学的定位，改变家长们故步自封的"导师"地位，实施有效的角色调试与矫正。

家长对于孩子来说，生活上是关怀备至的保护者，品德上是循循善诱的引路人，学习上是知识渊博的指导者，心理上是洞悉入微的保健医生，精神上是心灵相通的大朋友，交流中是孩子情感倾诉发泄的倾听者。父母对孩子爱而不宠、严而不厉、严爱相济、情理有度，在这样家庭中成长的孩子往往宽怀大度、富有爱心、知情达理、善解人意、勤奋好学、上进心强。

2. 与子女沟通时要注意态度和行为方式

首先，父母应该注意自身修养，有耐心地倾听孩子的心声，孩子是天生的科学家，父母要特别呵护孩子爱问的天性；其次，在日常生活中要平等、民主，不能武断干涉子女，也不能一味地迁就子女；最后，尝试"鼓励教育"，用带有启发性的话语来鼓励自己的孩子，逐渐培养孩子的勇气和自信心，这对于他（她）未来的人生奋斗大有益处。

3. 培养构筑"独立文化"的氛围

现在家庭中，信息社会的影响，尤其是大众媒体宣传的影响，使得本来应该具有个性的家庭同一化、同质化，各家庭的独立文化被抹杀，这种现象非常不利于幼儿的成长，因此要在家庭内构筑属于自己家庭的"独立文化"，营造"芝兰之室"，远避"鲍鱼之肆"。通过独特的家庭文化的渲染，造就幼儿鲜明的个性。父母应该对孩子指出："我们家与别的家庭不同，这正是我们家的文化，对此应该拥有自信。"这才是真正意义上的家庭教育。

这种"独立文化"的家庭教育必须以家庭成员的彼此沟通为基础，以和睦的家庭氛围和健康的生活方式为保障。要做到这一点，并不在于父母受教育水平的高低，更重要的是父母社会阅历和社会体验的积累，高学历的家长未必就比朴实的农民更会教育自己的孩子。

4. 对孩子有合理的期望

皮格马利翁效应表明，一定的期望可以激发幼儿内在的成就动机，促使其更加努力向上。但是过高的期望不但起不到激励作用，反而使幼儿望而生畏，造成沉重的精神负担，严重影响其身心健康成长。

应试教育模式把教育变成了一种简单化、同质化的生产流程，已经把人视为一种为了实现某种既定目标的读书工具，严重违背了"人即目的"的教育理念。因此，家长在帮助孩子设计未来人生规划时，首先要从孩子的自身条件考虑；其次是时代和社会的需要及目标实现的可能性，要坚决摒弃急功近利的行为。

5. 稳固的家庭结构

近年来随着社会经济、文化的飞速发展，人们的价值观念急剧变化，家庭结构也随之发生变化。独生子女越来越多，单亲家庭不断出现，家庭结构的稳定性正接受着前所未有的考验，再婚率不断上升，伴随而来的是家庭的解体与重构。家庭结构的变化，对成年人来说是一次精神上的折磨，对幼儿而言则是一次心理上的煎熬，幼儿幼小的心灵受到的创伤，对其一生的发展都具有深远的影响。家庭的破裂使幼儿赖以生存的家庭乐园一下子被破坏，家庭给予幼儿内心的安全感和归属感一下子消失，伴随而来的是失去父亲或母亲，甚至是失去双亲的痛苦，幼儿成了父母的争夺对象、出气筒或是父母倾诉的对象或仲裁者，有的甚至成了双亲遗弃的"物品"，这些都给幼儿心灵造成了极大的创伤，使幼儿容易形成变态心理和怪僻性格，也很容易走上犯罪道路。他们爱亲生父母，很难与继父母相处。因此，他们或结伙离家出走，或宁可流落街头也不回家，甚至打架、偷、抢，以发泄内心的情绪。这都将严重阻碍幼儿健康心理的发展。

家长要提高责任意识，尽最大努力维系好家庭关系，只有稳固的家庭结构才能给予幼儿稳固的情感支持，才有利于他们的成长、成才。

6. 营造和睦的家庭氛围

和睦的家庭氛围主要是指家庭成员性格开朗，有乐观向上的生活态度；家庭成员之间关系融洽，彼此心意相通，团结互助；家庭气氛温馨，具有合理的学习、生活制度和必要的家规。在这样家庭中长大的孩子具有安全感，能形成良好的行为习惯。

作为家庭的主要经营者，父母应互相尊重、谅解、包容、彼此关爱，营造一种有利于幼儿身心健康发展的和谐、温馨的家庭生活氛围。对于幼儿来说，父亲的臂膀是最宽厚的远山，总是给予他们最坚实的承载；母亲的胸膛是最温暖的港湾，总是给予他们最温情的关爱。作为他们人生的第一任老师，父母更应培养他们坚定的生活意志、健全的精神人格，以求得最好的发展。

(二)幼儿园的人际关系

1. 幼儿园园长、教师及其他工作人员的关系

幼儿园园长、教师及其他工作人员之间的关系，应在平等、团结、互助的基础上，建立起和谐的幼儿园文化。园长与教师之间最基本的要求应是公平与信任，在此基础上，园长与教师才能形成一种相互尊重、相互扶持的良好关系。幼儿园所有员工之间良好的人际关系，有利于加强凝聚力，形成积极向上的园所文化。身处良好的园所文化中，教职工会产生极大的满足感、幸福感，这将最大限度地激发所有职工的工作积极性和热情，从而推动园所更好地发展。

2. 幼儿园园长、教师及其他工作人员与学前儿童的关系

教师在正确的教育观、儿童观和师幼观的指引下，才能真正理解尊重幼儿、也才有可能致力于将先进的教育理念落到实处。教师首先要在尊重的基础上与幼儿交往，耐心倾听他们的想法，同时要激励他们大胆探索和表达，同时还要多与幼儿进行目光、身体和语言上的接触与交流，尊重幼儿在个体发展水平上的差异，给他们以亲切感、信赖感和温暖感，从而建立起平等和谐的师幼关系。

3. 教师

教师是教育方面的多面手，多面手是指具有适应不同环境的能力，也就是说，教师不管是独立工作还是集体工作，他不应该是某一门学校课程的专家，而应该是教育幼儿的专家。第一，教师是教育幼儿的专家，在教育机构中教师的首要任务是教育学习者，因此在科技教育中学校开设各种互相补充、相互联系的科学课程都有利于学习者的品格和知识的建构。第二，具有有效利用各种社会资源的能力，这里所指的社会资源是教师集体、家长和培训者、科学家、地方企业家等，家长和培训者可以起到帮助教师集体的作用，如教师与家长保持必要的联系是很重要的，因为只有家长和教师同样重视科学教育，幼儿学习效果才会更加明显。

教师是幼儿科学活动的引导者，是帮助幼儿克服对科学的恐惧感和神秘感的人物。人们对科学常有一种恐惧感，认为它太抽象和专业，处处都是数学符号，教师的角色就是一个好的陪伴者，陪伴幼儿在他们可以发现的道路上行走。科学探究就是要人们注意发生在自己周围的事情，发现许多既好接近又有丰富含义的问题。科学就在普通人的身边，它不是科学家的专利，而是引导幼儿观察、发问和推理的能

力，科学教育主张幼儿对这个世界的最初认识不需要方程式，也不需要复杂的语言和玄妙的表达，只需要幼儿有好奇心、简单的观察力和细腻的感觉。教师的职责就是让幼儿在他熟悉的日常现象中观察，采取如同游戏般简单但又设计奇特的方式，引导幼儿发问和推理，使幼儿在步步追问推理的过程中明白、发现、辨别和懂得科学中的基本概念、原理、规律等。

教师是幼儿探究世界的陪伴者。在传统的教育中教师的角色是知识的传递者、拥有者、代言者和传授者，掌握知识的多少则成为幼儿学习与发展的重要指标。科学教育的一个突出特点是教师不是某一学科的专家，而是可以陪伴幼儿对这个世界进行探寻的陪伴者。当然教师必须具备以下几个方面的认识和能力：第一，鼓励幼儿辩证地提出问题；第二，与幼儿一起寻找答案；第三，探索适宜的教学策略。

教师是幼儿支架构建科学问题的协助者。在这里，教师应引导幼儿在探索发现中建构知识，实现教师引导与幼儿自由实验相结合。

教师引导幼儿进行非游戏性的调查研究时，幼儿的动手实验并不是让幼儿把一些常见的杂乱的东西拼装起来进行简单操作，也不是去做无意义的游戏性的操作，而是带着问题进行研究，其中包含了调查研究和寻找证据，这样才能获取知识。教师在这里像一个指挥家，首先为幼儿提供各种材料，然后提出相关的若干问题，把幼儿分成几组让他们能区分这些材料并能较为熟练地使用。这时教师会向每一个人提出问题，引导他们找出一条思路，把一个想法具体化。教师通过一系列的问题让幼儿比较他们的实验，这时幼儿可能就会行动起来进行观察、模仿、质疑和讨论，从而发现事物的现象、属性、差异，并会用自己的语言阐述思想，指出事物之间的关系。总之，整个过程是充满挑战的，需要幼儿专心并付出辛苦。这是一个真正的调查研究的过程。这与幼儿看电视、玩游戏或者用有趣的实验证明教师说的和课本上写的真理是截然不同的。实施者为幼儿创设获取知识的时机和机会。在科学教育中，幼儿通过摆弄物品和装置进行力所能及的调查研究，从中找到问题和答案，从而达到方法与内容的和谐统一。教师的作用不仅是使幼儿学到知识，还要让他们学会获取知识的方法以及如何在实践中运用，更重要的是培养幼儿的科学精神和态度，这样才能达到内容和方法的和谐统一。

二、幼儿园科学教育心理环境创设策略

(一)谅解幼儿的错误与过失，给予幼儿出错的权利

1. 每个人都会犯错，特别是幼儿，要给予幼儿出错的权利

因为幼儿正处于认识世界的初级阶段，由于生活经验不足和认识水平较低等原因，在科学活动中出现错误是难免的。科学过程本身就是一个探索的过程。对于幼儿来说，有时候出现错误，也是一种经验的获得。虽然有时幼儿的行为从结果上来说看似可笑，但是或许从已有的经验和认知结构上看却是合理的、可以理解的。教

师应该尝试着从幼儿的理解水平出发，谅解幼儿的错误并给予幼儿出错的权利。

2. 鼓励幼儿相互学习、踊跃交流、大胆表达、营造和谐融洽的活动氛围

良好的群体学习氛围，有利于激发幼儿活动的积极性，满足幼儿展现自我的要求，并形成互帮互助的良好风气。经常性地开展小组合作活动，加强合作交流，还能帮助幼儿建立良好的同伴关系，让他们生活在一个轻松愉快的群体环境中并形成良好的心理状态，促进科学教育活动的顺利进行。

3. 尊重接纳每个幼儿，用幼儿的眼光看世界

教师的指导能够帮助幼儿更好地学到科学知识，但如果应用不当就会成为一种限制，从而阻碍幼儿自主性和创造性的发挥。尊重幼儿的观点和兴趣、尊重幼儿不同的意见、利用不同探究方式和发现方法就会使他们产生安全感。如果幼儿感觉到教师是自己身后的一个安全的心理基地，对自己没有任何束缚，那么他就能大胆地去尝试和创造，就能更积极主动地投入科学探索活动中。

4. 多给幼儿有针对性的和激励性的评价

幼儿园的孩子来自不同文化背景的家庭，他们具有独特的学习特点和成长速度，有各自不同的优点和不足，所以他们在科学探究活动中的水平必然存在着较大的差异。教师应该认真观察幼儿的科学活动，对其进行细致的分析并结合幼儿的实际水平开展有针对性和激励性的评价。幼儿通过自由操作材料，探索活动得到强化，这样每个幼儿都能体会到成功的快乐和进步的喜悦，从而使每一位幼儿都能在自己原有的水平上得到发展。

真诚地赞赏和鼓励幼儿的好奇心和探索欲望，保护幼儿的自尊心。幼儿可能会有很多的疑问，如大海为什么是蓝色的？直升机为什么能够直升直降？月亮为什么会发光？幼儿急切地想知道世界为什么是这样，生活中为什么有这些现象。教师要让幼儿真切地感受到老师重视他们所提的问题并根据幼儿的发展水平投放一些恰当的材料，让幼儿进行自主探索。比如，在"沉与浮"这堂课中，让幼儿通过实际操作知道哪些物体是浮在水面上的，哪些物体是沉在水底的。可能还会有幼儿提出："铁是沉在水底的，但船是铁做的，为什么不沉在水底呢?"就他提出的问题，教师要鼓励幼儿思考并通过查找资料等多种形式找到问题的答案，从而使这次科学教育活动的内容得到升华。

(二)教育环境的创设应当符合幼儿年龄特点与心理特点

小班幼儿年龄小，生活经验少，观察目的性较弱，直观性比较强，不会有意识地识记某些事物，只有色彩鲜明、形象生动的人和事物才能引起他们的注意。环境创设中应多运用色彩鲜艳和生活中常见的事物形象，这样容易使幼儿产生亲切感，简单又不失吸引力。在对小班幼儿进行常规教育时，环境创设中可以用幼儿熟悉的卡通人物来吸引幼儿，从而达到培养他们良好习惯的目的。中班幼儿随着能力的发展，好奇心会不断增强，他们见到了新奇的东西总想看一看、摸一摸，自己了解和探索新鲜事物。环境创设应该多从幼儿易于理解、便于操作的角度考虑，运用多种操作材料，让幼儿参与动手过程。随着抽象逻辑思维的发展，大班幼儿能根据事物的属性进行简单的概括分类，语言表达能力也有明显提高，表现欲强烈，愿意与同伴合作游戏，他们会用多种方式表达自己的想法。教师就应根据这些特点为大班幼儿创设主题情境，使幼儿能在设定的情境中发现问题、解决问题，提高他们的问题解决能力和动手能力。

教育环境与幼儿的年龄、心理特点有着密切的联系。教育环境的设置也应根据幼儿的年龄进行具体设置，教师应考虑环境对幼儿的情感、能力和知识的提高是否有推动作用。如果教育环境的创设超出了幼儿的年龄认知特点，幼儿会迷惑不解、无所适从。教育环境的创设要让幼儿获得对美好事物的体验，教育环境不仅是幼儿开阔视野、增长见闻、获得认知的桥梁，也是融合了绘画、雕塑、平面构成、抽象艺术等表现形式的一种综合性艺术，其中色彩和造型是重要的语言和表现手段。幼儿与教育环境创设要采用丰富协调的色彩和活泼亲切的造型，教师可多让幼儿通过讨论交流的方法来提高其审美能力。对于能力比较强的大班幼儿来说，教师可以组织幼儿讨论教育环境创设方案并根据讨论结果提供相应教材，引导幼儿根据自己的想法，大胆设计具有个性及美感的作品来参与教育环境的创设。

教师通过让幼儿参与教育环境创设，引导幼儿开动脑筋，让幼儿在动手的过程中感受美，使幼儿获得审美体验，扩大幼儿的审美范围，促进幼儿对环境的审美能力。

(三)结合教育教学主题活动内容进行活动区环境创设

教育环境应结合教育教学主题活动的内容进行创设，结合主题活动下设的分体活动内容进行布置。当主题活动中涉及认识货币的内容时，教师可以创设超市、蛋糕店等活动区域，在活动区内提供玩具货币，配合主题活动的开展。幼儿可以在模拟的情境中认识并学会使用货币，扮演超市工作人员的幼儿也可以一同协商为商品定价。教育环境的创设要随着主题活动开展的需要随时更换环境的内容，或者根据主题相关内容的生成内容进行不断补充和调整。教育环境要与幼儿进行互动，我们与幼儿一起创设的墙面环境最好能与幼儿的视线持平，这样会更加便于幼儿之间的讨论、交流，相对幼儿视线过高过低，都不利于互动。在主题教育教学活动之后幼儿可以在各个活动区内操作相应材料，来进一步巩固相应的知识，培养他们的交往能力、动手动脑能力和探究能力等。

(四)教育环境创设是教师与幼儿共同参与的过程

教育环境创设的过程是幼儿与教师共同参与、共同合作的过程。幼儿园的教育环境是静态的，但教师通过对幼儿的教育，把静态变成了动态的过程。在幼儿园教育环境创设中，教师与幼儿的关系既是师生，也是合作伙伴。教师设定活动内容，幼儿参与教师所设定的内容。教师的主导作用体现在将幼儿的意识朝着符合教育意图的方向引导，当幼儿参与其中时教师就由知识传授者转变成了活动的观察者、引导者、合作者。这时幼儿就变成了活动的主体、教育环境的主人，制定目标、讨论如何分工合作、遇到问题如何解决，培养了幼儿的主人翁精神和参与意识。同时，教师还可根据活动内容和幼儿的动手能力来增加一些活动内容，启发幼儿充分想象和自由表现。这样，他们才能真正融入环境中，按照自己喜欢的方式参与活动，寻找乐趣，获得发展。幼儿与教育环境互动的过程也是教师了解幼儿的途径。在活动中教师观察幼儿对哪些事物感兴趣，提出了什么问题，这些成了教师设计主题教育环境的依据，由此生成了主题。在生活中教师、幼儿和环境进行互动，教师与幼儿共同探索，并把握时机，适当引导，让幼儿在环境中游戏、在环境中学习，让每个幼儿都在原有的经验基础上不断向更高的目标发展。

幼儿园教师资格证考试·真题再现

2017 年下半年幼儿园教师资格证考试《保教知识与能力》论述题

什么是幼儿园环境？为什么幼儿园教育中要强调创设良好的幼儿园环境？请联系实际说明。

答题思路：从广义上说，幼儿园环境包括与幼儿园共同实施教育作用的家庭、社区等大环境，狭义上的幼儿园环境则是指幼儿园内部的物质环境和精神环境，如室内外的物质环境、教师与幼儿的人际关系等。幼儿园教育中，强调创设良好的幼儿园环境是因为：①良好的幼儿园环境能促进幼儿身体健康成长；②良好的幼儿园环境能促进幼儿的认知发展；③良好的幼儿园环境能促进幼儿社会性的发展；④良好的幼儿园环境能提高幼儿感受美、欣赏美的能力。

本章小结

本章讨论了幼儿园科学教育环境创设的基本常识及常规方法，利用具体实例介绍各科学教育活动中应具备的环境要素，以及如何利用环境有效组织科学教育活动，最终促进幼儿科学认知的全面发展。

关键术语

环境创设　环境创设价值　物质环境　心理环境

思考题

1. 幼儿园科学教育环境创设价值是什么？

2. 幼儿园科学教育环境创设原则有哪些?

3. 试运用具体实例说明科学教育活动中应具备的环境要素有哪些。

实训练习

1. 请以"四季的变化"为主题,进行班级环境创设方案的设计。

2. 中班的张老师今天设计组织了以"各种各样的叶子"为主题的教育活动,请以此主题,在班级的科学区进行整体设计。

拓展阅读

1. 由李红雨主编,北京师范大学出版社 2013 年出版的《幼儿园环境创设》介绍了幼儿园环境创设的基本原理。

2. 由董旭花等编著,中国轻工业出版社 2014 年出版的《幼儿园自主性学习区域活动指导 生活操作区·美工区·益智区·科学区》介绍了比较实用的科学区活动指导实例与策略,建议阅读。

第四章 幼儿科学探究的内涵及过程

学习目标 ▶

1. 了解并领会幼儿科学探究的内涵。

2. 了解幼儿科学探究的一般程序，掌握每个程序的教师指导要点。

3. 在《3—6 岁儿童学习与发展指南》的指导下，理解各个年龄段科学探究的特点，并能在实践中灵活运用。

学习导图 ▶

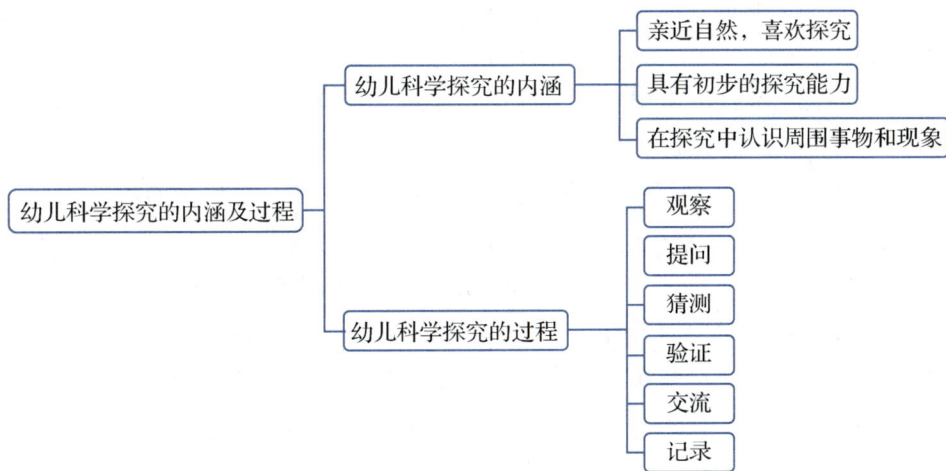

导入案例 ▶

在一个日托中心里，有一个长满青草的小山坡，这个山坡有许多不同的用处。幼儿喜欢骑着自行车冲下山坡，有时候他们还两脚腾空地骑车往下冲，就好像自行车的脚踏板是自己在那里转动似的！幼儿更喜爱玩手推车，因为在小山坡上，他们不用别人帮忙就可以自己把手推车拉下坡去。幼儿还在小山坡上用玩具车进行赛车比赛。在这里，教师有很多机会可以让幼儿思考，比如怎样想办法让玩具车跑得又快又好(可以鼓励幼儿在不同的地面上试车,如在凹凸不平的草地上、光溜溜的泥地上,或者铺了模板的斜坡上)。就算幼儿只是在斜坡上跑上跑下,也比他们在平地上跑动时有更多的机会获得不同的体验。这些体验丰富了幼儿关于斜面的物理知识。当然,幼儿也可以通过滑雪等活动获得基本的关于斜面的物理知识,从而提高实践能力。①

科学是反映客观世界(自然界、社会和思维)的本质联系及其运动规律的知识体系。对自然的认识是科学的重要内容。自然是幼儿科学学习的主要对象,自然界中蕴含着的丰富的科学现象会激发幼儿的探究行为。科学探究是幼儿学习的重要途径。科学探究帮助幼儿成长,为幼儿建立与物质世界的关系提供了一个极好的机会。探究中的科学教育,否定了过去的灌输式教学、接受式学习、对标准答案的追求,鼓励幼儿实践自己的想法,这正是创造力的源泉。爱因斯坦曾把科学定义为一种"探求意义的经历"。从幼儿自身的发展来看,探究本身比直接获得知识更为重要。科学探究能激发幼儿的好奇心、求知欲,让他们体验探索的艰辛、追求的刺激、发现的兴奋、成功的快乐,培养他们初步的创造力及批判思维,使他们不仅学科学,而且做科学、用科学、爱科学,这对他们的终身发展更有意义。

探究式科学教育起源于美国,在 20 世纪 60 年代,苏联载人航天卫星的成功发射震撼了美国,美国把苏联成功的经验归根于教育,于是决定进行教育改革,尤其是科学教育领域改革。其中最成功的是 20 世纪 90 年代初,美国物理学家诺贝尔物理奖获得者利昂·莱德曼(Leon Lederman)提出的"Hands On"("动手做")的学习模式。1994 年,法国的科学家受法国国民教育部派遣,参观了美国的"Hands On"的学习模式,回国后介绍了美国经验,并进行了科学教学实验计划——"La Main a la Pate"(意为"动手和面团"),实验取得了巨大成功。同年,国际科学理事会组建了科学能力建设委员会,专门研究如何在世界范围内推广探究式科学教育。2001 年 8 月,我国教育部和中国科学技术协会共同倡导和推动这项具有划时代意义的科学教育改革项目(Inquiry based science education),取名"做中学"。教育部成立"做中学"科学教育领导小组,由中国工程院院士韦钰教授任组长。"做中学"探究式科学教育是一项继承传统、强调科技实践,结合近几十年教育科研成果并充分运用近年来发展起来的各种新的教育技术,由科学家和教育工作者联合推动,动员全社会参与的科学教育改革,特别适用于幼儿园和中小学阶段的孩子进行科学教育,目标是为了给 21 世纪提供合格的公民。

本章将从科学探究的内涵和科学探究的过程两个方面来阐述幼儿的科学探究活动。

---

① 朱家雄:《幼儿园课程(第二版)》,270 页,上海,华东师范大学出版社,2011,有改动。

第一节　幼儿科学探究的内涵

科学探究是幼儿对自然界中的事物和现象进行探索并形成解释的过程。科学探究是幼儿在科学领域中学习与发展的最重要和最基本的方面。《3—6岁儿童学习与发展指南》中指出："幼儿的科学学习是在探究具体事物和解决实际问题中，尝试发现事物间的异同和联系的过程。幼儿科学学习的核心是激发探究兴趣，体验探究过程，发展初步的探究能力。"下面基于《3—6岁儿童学习与发展指南》对科学探究的内涵进行阐释。

一、亲近自然，喜欢探究

党的二十大提出："中国式现代化是人与自然和谐共生的现代化。""我们坚持可持续发展，坚持节约优先、保护优先、自然恢复为主的方针，像保护眼睛一样保护自然和生态环境，坚定不移走生产发展、生活富裕、生态良好的文明发展道路，实现中华民族永续发展。"《3—6岁儿童学习与发展指南》中科学领域教育的首要目标是亲近自然、喜欢探究（表4-1），这说明了自然在幼儿科学教育中的地位。自然是科学认识的源泉，科学讲述的是关于自然的故事。纵观历史，人类的很多科学知识的产生都是从自然中获得的灵感。当人与自然亲密接触的时候，自然的广阔能给人们开阔的胸襟；自然中的水声、鸟叫声，给我们内心深处的宁静，这是自然给我们陶冶性情的力量。同时自然还可以启迪心智，在欣赏自然的过程中，也会伴随着理性和创造性的思维活动。

表 4-1　"亲近自然，喜欢探究"目标

3～4岁	4～5岁	5～6岁
喜欢接触大自然，对周围的很多事物和现象感兴趣。 经常问各种问题，或好奇地摆弄物品。	喜欢接触新事物，经常问一些与新事物有关的问题。 常常动手动脑探索物体和材料，并乐在其中。	对自己感兴趣的问题总是刨根问底。 能经常动手动脑寻找问题的答案。 探索中有所发现时感到兴奋和满足。

幼儿园教师资格证考试·真题再现

2013年下半年幼儿园教师资格证考试《综合素质》材料分析题

一天，一位老师给学生上科学课，主题是"寻找有生命的物体"。老师安排学生去校园里甚至校外的大自然里寻找有生命的物体，并做记录。走出课堂的孩子们显得很兴奋。不久一位同学跑过来说："老师，我捉到一只蚂蚱。"其他同学也围过来看，突然，一个同学说："这是只公的。"围观的同学哄堂大笑。老师问道："你怎么知道的？""我观察的，公蚂蚱有劲，跳得高。"他自信地说。这是孩子最直接的推理，确实是难能可贵的！老师及时表扬道："你真是一位小生物学家，科学就是提出问题、研究问题、解决问题，希望你能认真研究一番。"孩子认真地点点头。就在这时，一位同学跑过来告状："一个同学把蚂蚱踩死了。"老师很快意识到这是一个绝好的教育机会。他走过去，几个同学正在气呼呼地责备那个同学。这位老师说："蚂蚱也是有生命的物体，我们应该爱护每一个有生命的物体。我相信，这位同学一定是无意踩死的。这样吧，老师提一个建议：不如挖一个坑，把它安葬了吧！"于是，在学校的草地上举行了一场特殊的"葬礼"。可以说在这潜移默化中，学生对生命的理解和珍惜，会比多少遍说教都来得有效！

试从教师职业理念的角度，评析这位老师的教学行为。

答题思路：此题考核了本部分所涉及的科学探究的问题。从教师的评价内容来看，教师对于科学探究的程序非常了解，并能给予学生信息性的表扬，既鼓励了进行探究的同学，也教育启发了其他同学。同时，此案例中教师在进行科学教育的同时，也进行了人文主义的教育，这也是本章所要论述的。最后还想强调，科学研究中的人文主义情怀在幼儿园教师资格证考试中不止一次考过。

名人名言

儿童就其天性来讲，是富有探索精神的探索者，是世界的发现者。

——苏霍姆林斯基

发展儿童的逻辑思维和逻辑语言方法，我们再也不能选出比自然历史事物更为有用的东西了。对儿童来说，自然逻辑是最容易了解的——是鲜明的、无可反驳的逻辑。各种新事物都能够使思考力练习着去作比较，都能够将新的概念引入已经获得的概念中，都能够将所研究的各个种归于一个类之下。各种物理现象也都可作为儿童的绝妙的逻辑练习。这时候儿童就可以清晰地实际地掌握概念：原因、后果、目的、用途、结论、推理等等。

——乌申斯基

好奇心和探究兴趣是幼儿学习最强大的动力，保护与发展幼儿这一宝贵的学习品质，是该领域教育的重中之重。有人对科学家的自传进行研究，发现成功的科学家之所以能够成功，并不在于小时候获得了多少冷冰冰的科学知识，也不在于小时候就懂得多少科学的大道理，而在于从小便发现了大自然的美妙神奇，经历过源于自然的激动人心的探究，在幼小的心灵深处种下了进行智力探究的内在兴趣和欲望，在脑海里形成了一系列可能令其终生都魂牵梦绕的问题。

情感态度的目标是幼儿科学教育中的首要和前提性目标。幼儿学习科学不能像传授知识一样直接"教"给他们，不能以牺牲兴趣为代价来求取能力的发展和知识的掌握。自然的、身边的、熟悉的、生活中的事物是幼儿最感兴趣的，对这些事物进行探究最能激发他们亲近自然、喜欢探究的热情。应让幼儿经常接触大自然，为他们提供一些有趣的探究工具和材料，保护幼儿的好奇心和探究兴趣，既为幼儿探究提供精神上的支持，又为幼儿提供物质上的条件，从而通过日积月累，让幼儿感受、体验与内化。

回归自然的科学教育重视科学教育与人文精神的融合，唤起幼儿快乐、善良的情感。培养幼儿对生物和美好事物的爱护态度成了教育中的一大任务。在我们的教育理念中必须确立教育生态伦理观，即教给幼儿尊重生活和自然界的态度，确立自然界的价值与权利，其基本原则是：尊重生命和发展生命就是善，妨碍生命和毁灭生命就是恶。当幼儿在实验室中，用小刀把蚯蚓切成一段又一段进行观察时，很难联想到对生命的尊重与珍视。再想想幼儿在自然中去认识蚯蚓的场景：翻开松软潮湿的泥土，看到蚯蚓，明白了蚯蚓的生活环境，明白了它和土地的关系，间接明白了它和人类的关系。而无意中切断了蚯蚓，看到蚯蚓的挣扎，看到了生命的顽强，幼儿的体验应该有内疚、同情和对生命力量的赞叹。科学技术和人文精神，是人类进步的双翼——哪一翼太弱都无法顺利起飞，哪一轮太小则不能平稳行驶。没有人文情怀关照的科学技术是盲目和莽撞的，没有科学融入的人文精神是蹩脚和虚浮的。解决二者分裂的根本就是要从教育入手，从娃娃抓起。

二、具有初步的探究能力

《3—6岁儿童学习与发展指南》中"科学"目标2是使幼儿具有初步的探究能力（表4-2），这一目标强调幼儿探究周围事物、自然界和学习科学的方法，及在运用方法进行探究中形成的各项能力。科学方法是人们获得科学认识所采用的规则和手段系统，是科学发展的一个重要的内在因素。科学能力指人们从事科学研究活动中必须具备的、并直接影响科学研究效率的各种生理、心理和行为条件，是完成一项目标或者任务所体现出来的综合素质。科学方法与能力总是和人完成一定的实践联系在一起的，离开了具体实践既不能表现人的能力，也不能发展人的能力。幼儿正是运用不同的探究方法，在经历了发现问题、分析问题和解决问题的过程中而获得探究能力的。例如，3~4岁幼儿"对感兴趣的事物能仔细观察，发现其明显特征"；4~5岁幼儿"能对事物或现象进行观察比较，发现其相同与不同"；5~6岁幼儿"能通过观察、比较与分析，发现并描述不同种类物体的特征或某个事物前后的变化"。教师通过有意识地引导幼儿观察周围事物，学习观察的基本方法，培养了幼儿的观察与分类能力。

表 4-2 "具有初步的科学探究能力"目标

3～4岁	4～5岁	5～6岁
对感兴趣的事物能仔细观察，发现其明显特征。 能用多种感官或动作去探索物体，关注动作所产生的结果。	能对事物或现象进行观察比较，发现其相同与不同。 能根据观察结果提出问题，并大胆猜测答案。 能通过简单的调查收集信息。 能用图画或其他符号进行记录。	能通过观察、比较与分析，发现并描述不同种类物体的特征或某个事物前后的变化。 能用一定的方法验证自己的猜测。 在成人的帮助下能制定简单的调查计划并执行。 能用数字、图画、图表或其他符号记录。 探究中能与他人合作与交流。

具有初步的探究能力是学前儿童科学探究的重要目标或称关键性目标。儿童有了初步的探究能力，就具备了基本的探究未知、寻求答案和获取知识的方法和能力，也就在一定程度上具备了主动学习、自主学习的能力。所以，应积极鼓励和支持幼儿在动手动脑、积极探究解决问题的过程中，不断通过有意义地运用与学习相关的方法，提升相应的能力。

具体的科学方法和能力可以归纳为以下方面：能够运用各种感官，动手动脑、探究问题，如3～4岁幼儿"能用多种感官或动作去探索物体，关注动作所产生的结果"；能用适当的方式表达、交流探索的过程和结果，如5～6岁幼儿"能用数字、图画、图表或其他符号记录"，具体包括观察、分类、预测、推断、记录、交流和解决问题等方法，以及发展相应的观察能力、思维能力、创造力、动手能力和初步解决问题的能力。

三、在探究中认识周围事物和现象

《3—6岁儿童学习与发展指南》中"科学"目标3——在探究中认识周围事物和现象——被认为是载体目标或产物性目标（表4-3）。幼儿对事物和现象的认识是在感知、体验、探究和发现的过程中获得的，是幼儿探究过程的必然结果。这里所指的事物和现象涉及动植物、物质与材料、天气与季节、科技和环境等。这一目标可以被认为是科学知识的目标。

表 4-3 "在探究中认识周围事物和现象"目标

3～4岁	4～5岁	5～6岁
认识常见的动植物，能注意并发现周围的动植物是多种多样的。 能感知和发现物体和材料的软硬、光滑和粗糙等特性。	能感知和发现动植物的生长变化及其基本条件。 能感知和发现常见材料的溶解、传热等性质或用途。 能感知和发现简单物理现象，如物体形态或位置变化等。	能察觉到动植物的外形特征、习性与生存环境的适应关系。 能发现常见物体的结构与功能之间的关系。 能探索并发现常见的物理现象产生的条件或影响因素，如影子、沉浮等。

3～4岁	4～5岁	5～6岁
能感知和体验天气对自己生活和活动的影响。 　初步了解和体会动植物和人们生活的关系。	能感知和发现不同季节的特点，体验季节对动植物和人的影响。 　初步感知常用科技产品与自己生活的关系，知道科技产品有利也有弊。	感知并了解季节变化的周期性，知道变化的顺序。 　初步了解人们的生活与自然环境的密切关系，知道尊重和珍惜生命，保护环境。

在科学知识体系中，存在着不同层次和水平的科学知识：科学事实、科学概念、科学原理、科学理论及科学模型。由于幼儿思维发展水平的限制，他们可以通过直接感知了解零散的科学事实，也可以了解具有概括意义的科学事实，即概括事物特性的初步类概念，能达到第二层次（科学概念）的初级阶段。我们首先有必要了解什么是"概念"。人类在认识过程中，把所感觉到的事物的共同特点抽出来，加以概括，就成为概念。概念是世世代代经验的反映。我们在感知现实环境的个别对象时，从来都不是将它们和其他对象完全孤立来看，而是常常将各种对象相互对照、互相比较，找出它们间的异同之处，并且根据这种对照、比较而将一个对象归入一定的类群中。我们用一定的词语来表示各种类群相似的对象。例如我们就用"书"这个词语来表示许许多多、各种各样的书籍。书有大的、有小的，有装订的、有没有装订的，有不同的内容，有用各种语言写成的……但是，既然书有这么多的样式，有这么大的差别，那么为什么我们总能把这种对象归入叫作"书"的一定类群中而不出错呢？我们之所以能够如此，不过是因为在所有这一切不同的对象中，有着某种共同点而已。如果我们把之前的"常识教育"①看作科学事实教育的话，它注重基本科学知识的传递，那么今天的科学教育更注重为核心概念做准备。核心概念是指反映某一学科领域本质特点的关键经验。2013年颁布的美国《新一代科学教育标准》改变过去从学科门类的角度（如物质科学、生命科学、地球与空间科学）描述教育内容的方式，而以"学科核心概念"取而代之。即使在幼儿园阶段，也强调通过具体的学习内容帮助幼儿获得对力和相互作用、能量、有机体、地球系统、地球与人类活动的关系等学科核心概念的最初理解。以"力和相互作用"这一概念为例。在幼儿阶段，他们不可能说出什么叫力，也不可能概括地说出力和运动的关系，但是他们可以获得一些具体的科学经验（或者可以说是一些低层级的概念），如推和拉的动作所产生的力量可以有不同的大小和方向；推或拉一个物体可以改变这个物体的速度或方向，也可以让它动或让它停等。这些经验对于幼儿今后在更高层次上理解力和运动的关系是必要的。从这个意义上说，虽然幼儿的学习是很具体的（如玩小汽车），但其中却蕴

---

① 1981年中华人民共和国教育部颁布的《幼儿园教育纲要（试行草案）》中，没有"科学"部分，而是"常识"部分。

含了"大概念"。①

从幼儿概念形成的特点来看，在绝大多数情况下，幼儿没有真正意义上的科学概念。所以，幼儿科学教育不应追求科学概念的建立。但是，教师必须了解把握各领域的核心概念。只有教师把握了核心概念，才能为幼儿选择居于核心概念范畴内的、具有代表性的探究活动，使幼儿的探究不仅仅停留在表面，而是能进行更进一步的思考，为概念的形成积累感性的经验。所以，从幼儿活动开始之初教师一定要清楚

3～6岁幼儿适宜的
科学领域关键经验

幼儿科学探究背后的概念是什么，同时还要根据幼儿的年龄特点，在探究的过程中进行适当的提升。南京师范大学的张俊老师对3～6岁幼儿适宜的科学领域关键经验进行了很好的梳理，对学前教育专业的学生和幼儿园一线教师很有启发，可以扫描二维码阅读。

以探究蜗牛为例，幼儿会提出一系列关于蜗牛的问题：蜗牛住在哪里？蜗牛有嘴吗？蜗牛吃什么？它爱吃树叶吗？蜗牛怎样生宝宝？……如何来判断哪些问题是适合幼儿探究的呢？一般来说，我们可以从三个方面加以判断，符合这三个方面的要求，它们就是适宜的探究主题和内容：第一，应该是某一领域的关键概念；第二，应该是幼儿感兴趣的问题或内容；第三，这些主题和内容是幼儿通过自己的主动探究能够建构和理解的知识经验与科学概念。上述关于蜗牛的问题来源于幼儿，正是幼儿的关注点和兴趣所在。而就学科本身而言，蜗牛属于生物范畴，其上位概念是建立生物与非生物的本质区别这一概念，而生物区别于非生物的最主要特征是：生物能够生长变化，能够新陈代谢，能够适应环境，能够繁殖后代。围绕着生物的这些本质特征，我们可以确定以下两个幼儿能够通过自己的主动探究建构的关键概念和经验：一是蜗牛的生活习性，它喜欢住在什么样的地方？它喜欢吃什么？二是蜗牛的繁殖，蜗牛是怎样生小宝宝的？

第二节　幼儿科学探究的过程

科学探究的过程包括观察、分析与比较、猜测、收集信息、验证、记录、合作与交流。在幼儿科学教育中不能对幼儿进行观察、分析与比较等方法的单独训练。这些能力的培养是在科学探究的一般过程之中进行的。幼儿在观察的基础上提出问题，在确定了要探究的问题后，受到教师的鼓励进行猜测与假设，并说明理由。教师鼓励和引导幼儿按照自己的计划进行客观而细致的观察、实验和验证，帮助幼儿

---

① 张俊：《生活化与科学性：幼儿科学教育内容选择的两重标准》，载《幼儿教育》，2013（C4）。

形成尊重事实、重视证据的意识。教师通过提问、提建议的方法进行指导。经过教师与幼儿之间、幼儿与同伴之间的讨论，得出自己或小组有依据的预测，并尽可能用不同的方式记录下来。幼儿园科学探究的过程可以概括如下：观察、提问、预测、验证、合作和交流与记录。这些过程是幼儿建构自己基础知识的前提，同时也培养了幼儿的各种能力。

一、观察

观察是智慧的来源，是人类认识周围世界的第一步，是一切科学活动的基础，没有观察，就没有科学。大量的科技史料证明，人们的创造发明和科学研究离不开成功的观察。达尔文系统观察物种 40 年创立了进化论；富兰克林冒着生命危险在雷雨中放风筝，用自己双手发麻的亲身感受证实了雷电就是电；伽利略认真观察教堂里随风摆动的大吊灯，发现了钟摆定理；细菌学家弗莱明细心观察盖子已破裂的细菌培养器皿，通过观察从外界侵入的绿霉附近没有葡萄球菌这一现象，从而发现了青霉素的杀菌能力。因此，俄国生物学家巴甫洛夫说："学会观察，观察。不学会观察，你就永远当不了科学家。"

观察能力的培养对于幼儿更为重要。观察不仅提高了幼儿的观察力，而且锻炼了幼儿的思维、注意、记忆、想象等能力。《3—6 岁儿童学习与发展指南》指出："学习观察的基本方法，培养观察与分类能力。"

我们先来了解观察和分类的类型。

(一)观察的类型

1. 个别物体的观察

个别物体的观察是指儿童对特定的某一自然物、自然现象或科技产品进行观察，通过他们有目的地运用各种感官，与周围事物的直接接触，了解事物的外形、特征、属性和习性等。

个别物体的观察要求幼儿获得有关物体的以下信息。

①物体的形状、颜色和大小；物体发出的声音高低；物体散发的不同气味；物体的软和硬、粗糙和光滑、轻和重以及弹性、黏滞性、广度、湿度等不同特性；某些物体的味道。

②个别物体的外部结构、功能及两者的关系，如植物的根系等。

③个别物体相对的静止状态和运动状态，如鸟的休憩和飞翔状态等。

④个别物体的存在与周围环境的关系，如仙人掌和沙漠等。

2. 比较性观察

比较性观察是指幼儿对两种或两种以上自然物或自然现象、科技产品进行观察和比较，从而在比较中更正确地认识自然物，并进行分析和比较，为概括分类奠定基础。乌申斯基曾说，世界上的一切东西，都不外乎是通过比较来认识的，如果我们面前出现了一种新的东西，而且你既不能找到和它一样的东西，又不能找到和它不同的东西(如果可能有这样东西的话)，那么我们对于这个东西就既不能有一点想法，也不能说出一句话来了。

比较性观察要求儿童了解物体的以下情况

①学会对两种物体的相应部分和环境进行比较观察，如观察仙人掌和水培植物的根系。

②以某种认识过的物体与新的观察对象进行比较观察，如认识了鸟类，再比较观察哺乳类动物。

③对两种自然物或科技产品进行比较观察，如比较橘子和柚子、自行车和电动自行车。

④在比较观察中，挑选出同类物并进行分类。

3. 长期系统性观察

长期系统性观察是指在比较长的时间内对某一物体或现象进行观察。通过这种观察，幼儿可以了解事物的生长过程，发现事物的变化、事物之间的相互关系和因果关系。长期系统性观察并不是天天去观察某一自然物，而是根据具体活动的目标确定观察的时间。如观察桃树，按照开花——发芽——花落——结果——果实成熟——落叶来确定观察的时间。

个别物体的观察、比较性观察和长期系统性观察，在具体的科学教育活动中是密切联系的。有时对个别物体往往要进行长时间的观察，而在长期系统观察中又往往需要把观察对象做前后对比，因此在观察活动中可结合使用，不可机械分割。

(二)分类的类型

1. 按内容来划分

动物类：家畜、家禽、野兽、鸟类、昆虫类、爬行类、鱼类等。

植物类：花草、树木、水果、蔬菜、粮食作物等。

常见物品：交通工具、家用电器、玩具、服装、食品等。

2. 按分类方法来划分

①挑选分类。这是一种简单的分类活动，要求幼儿根据某种要求，从各类物品中选出所需的物品。这种分类方法多用于小班，如从许多盘子、勺子、碗中将小碗挑出来，在各种玩具中将小汽车挑选出来。

②按一定的标准分类。这是指幼儿根据活动的特定要求进行分类。这种形式的分类可根据一个或几个特征进行，是幼儿园运用较多的分类形式。常见的有以下几种：一是按物体的外部特征分类，如颜色、形状、大小、长短等。二是按物体的用途分类，如餐具、玩具、文具、交通工具等。三是按物体的材料分类，如木制品、塑料制品、玻璃制品等。四是按事物之间的联系分类，如兔子和萝卜、猫和鱼、狗和骨头等。五是按事物的基本特征分类，如家禽、家畜、鱼类、昆虫类等。

幼儿园教师资格证考试·真题再现

2015下半年幼儿园教师资格证考试《保教知识与能力》材料分析题

为了解中班的幼儿分类能力的发展，教师选择了"狗、人、船、鸟"四张图片，要求幼儿从中挑出一张不同的。很多幼儿拿出了"船"，他们的理由分别是：狗、人和鸟常常是在一起出现的，船不是；狗、人、鸟都有头、脚和身体，而船没有；狗、人，鸟是会长大的，而船是不会长大的。

问题：

(1)请结合上述材料分析中班幼儿分类能力的发展特点。

(2)基于上述材料中幼儿的发展特点，教师如何实施教育。

答题思路：此题一方面指向学前心理学中的关于思维发展的知识点，另一方面也涉及科学教育中分类的知识点。

(1)材料中幼儿的分类能力体现出以下特点。①依据生活情境分类，即把日常生活情境中经常在一起的东西归为一类。材料中幼儿将狗、人和鸟分为一类是因为它们常常在一起出现。②依据感知特点进行分类，如根据颜色、形状、大小或其他特点分类。材料中幼儿会将狗、人、鸟分成一类，是因为它们最突出的特点是都有头、脚、身体。③依据事物最简单的属性进行分类。材料中幼儿把狗、人、鸟分为一类是因为它们会长大，而船是不会长大的。

(2)幼儿分类能力的培养应该在不同的环境中进行，根据幼儿身心发展的阶段性和连续性的特点，由易到难、由浅入深地进行有意识的培养。①在日常生活中丰富幼儿的生活经验，随时随地培养幼儿的分类能力，如在日常生活中让幼儿学习垃圾分类，渗透环境教育和良好的生活习惯教育。②在教学活动过程中，教师多提供可操作的玩具，让幼儿动手感知事物的属性、颜色、大小、形状及其他特点，潜移默化地渗透关于分类的经验。③在游戏活动中培养幼儿的分类能力，通过游戏教幼儿分类，激发幼儿对分类的兴趣。

③根据自己确定的标准分类。这是指幼儿自己根据自然物的各种特征和自然属性进行分类，是一种运用较多的分类形式。例如，提供多种树叶，让幼儿自己确定按大小、颜色、形状来分，或者按常绿树和落叶树分；或者根据运动方式给动物分类；根据生长环境给植物分类。[①]

教师要重视幼儿观察、分类能力的培养，不仅要在集体教学活动设计中包含观察、分类的内容，而且在日常生活中也要注意培养幼儿的观察、分类能力。《3—6岁儿童学习与发展指南》指出，要"有意识地引导幼儿观察周围事物"。比如。今天浩浩的衣服很特别，看看特别在哪里？看看今天你手上的饭勺与昨天的一样吗？（前提

---

① 贾洪亮：《学前儿童科学教育》，96 页，上海：复旦大学出版社，2012。

是幼儿园的饭勺是多样的)今天我们吃了几种菜？有生长在水里的菜吗？我每次是怎么切水果的，每次你看到了什么？今天我们来做一种果汁，用哪几种水果呢？果汁会变成什么颜色呢？会是什么味道呢？你们注意到今天老师有什么变化吗？刚才老师看到有人在吃瓜子，问他要了几颗，瓜子可以种吗？我们来试试。①

二、提问

科学作为一种思维方式：开始于问题和假设、借助于事实的证据及寻求事实的规律。牛顿发现万有引力、爱因斯坦提出失重理论，这些重要的科学发现都始于普通人看似天真的问题。提问、好奇和惊讶的态度是科学创造的必要条件，创新迸发于天真之中。为什么夜晚的天空是黑色的？为什么太阳不会失去光辉？为什么孩子长得像他的父母？许多这样简单的问题开辟了科学发现的新天地。

问题与探究紧密相连，幼儿在探究的过程中会发现物质世界充满了疑问，值得去探究。所以，幼儿的科学探究不能只满足于观察和操作，还要在教师的指导下，以提问的方式学习。幼儿真正的主动探究和学习，是从意识到有"问题"开始的。幼儿有了疑问并产生想寻求答案的愿望，主动探究才进入真正的准备状态。教师要营造能够激励幼儿提问的氛围，让幼儿感到他们可以提问、有权利提问、能够提问。教师要尊重、鼓励和赞赏幼儿的提问，要帮助幼儿理清思路，组织问题，清晰地表达自己，同时要善于引导幼儿提出问题。《3—6岁儿童学习与发展指南》中指出："鼓励幼儿根据观察或发现提出值得继续探究的问题，或成人提出有探究意义且能激发幼儿兴趣的问题。如：皮球、轮胎、竹筒等物体滚动时都走直线吗？怎样让橡皮泥球浮在水面上？"探究让幼儿从一个被动的观察者转变为一个积极的实践者：通过自己的活动，逐渐形成对世界的认识，为自己的疑问寻求答案。例如，幼儿对植物或动物的呼吸提出问题，看见院子里的影子能移动且变换长度，等等。在这种情况下，幼儿要提出自己的问题，并能够用经验或探究行为来回答问题。

三、猜测

在确定了要探究的问题后，教师要鼓励幼儿进行预测与假设，并说明理由。进行预测，是幼儿调动自己原有经验的过程。幼儿针对所遇到的问题和所面临的任务，在探究操作之前，运用已有的经验猜想可能的情况、可能的结果和将要发生的事情，这对于幼儿的主动学习和建构具有重要的意义。这便于幼儿不断将原有的想法与操作的结果相比较，丰富和调整原有的认识，为幼儿认识的主动建构提供了可能。幼儿对事物可能发生的情况及其关系的猜想，表明他们在用原有的认知结构和经验解决问题，操作的结果将强化或调整他们原有的认知结构。这是探索研究的重要环节，

---

① 虞永平：《教学活动中幼儿自然观察者智能的培养》，载《早期教育》，2006(10)。

是幼儿真正动脑深入思考、解决问题的过程。

幼儿的猜想需要教师的支持和鼓励，需要教师的引导。

(一)教师避免急于说出自己的想法

教师要充分尊重与保障幼儿的讨论自由，学会当一名安静的旁观者，管住自己的嘴，耐心倾听，要给幼儿充分的时间、空间、材料的支持和帮助，鼓励幼儿猜想可能发生的情况、几种不同的结果或关系等。如果教师急于提出自己的想法，幼儿就会认为老师的看法更权威，会挫伤讨论的积极性。

(二)教师要基于幼儿发展水平引导幼儿进行猜想

猜想本身就是一种思考。需要特别注意的是，教师要引导幼儿有依据地进行推论，而不是瞎猜乱想。教师要追问幼儿"你为什么这样想"，这样做的目的是引导幼儿进行有根据的猜想。在教师正确的引导下，幼儿会主动地运用已有的经验来思考当前的问题。

(三)教师要接纳幼儿的不同想法

教师要重视幼儿的各种想法，并启发鼓励幼儿去证明。教师对任何回答都应始终保持一种听取的态度，不急于表明自己的观点，否则幼儿常常为了附和教师而说出教师认为正确的答案，而不是靠在与客观物质世界的相互作用中主动构建自己对客观世界的认识；对于幼儿错误的想法，也不要急于评判幼儿的对错，不要告诉幼儿正确的答案。教师要听取从成人的逻辑看似错误的回答，如幼儿想把小花泡在水里让它长大，这是幼儿根据他看到"种子泡在水里能长大"这一已有经验做出的假设和推论。这种假设和推论在成人的逻辑看来是错误的，但在幼儿的经验水平上却是合理的，合乎他的逻辑，如果教师纠正并告诉他正确的答案，即使教师以善意、温和的方式告知，也会导致幼儿探索的终止，并会为自己的无知而感到羞愧。他可能会从此失去探索的兴趣和信心，担心自己再失败。教师要明白错误的回答对于幼儿的发展水平来说是正常的。这种态度可以为幼儿提供一种自由的气氛，能够真实地表达出幼儿的感受和看法。换言之，教师的认可可以使幼儿进行非成人的思维；对于无法证明的回答，教师可以采取中立态度，不肯定也不否定。

(四)教师要善于从不同角度引导幼儿进行猜想

当老师提出"雨后小坑里的水哪儿去了"时，幼儿可能会说到地下去了，老师可以提出矛盾的事实：泥土地上的水渗到地下去了，水泥地上的水渗不下去，怎么过一段时间也没有了呢？当幼儿发现晒太阳多的苹果长得大，教师可以引导幼儿看到晒太阳少的苹果怎么也有大的呢？摆出矛盾的事实，可以引导幼儿关注到更多的相关因素和可能性，进行充分的猜想。充分的猜想为幼儿建立已有认知结构、经验与操作结果之间的联系提供了可能，为幼儿的内部思维操作和新的思维方式的重建提供了可能。

(五)教师要鼓励幼儿说出并记录自己的猜想

讨论是科学探索活动的主要环节之一，通过讨论可以增加交流机会，幼儿会在相互讨论、碰撞中构建新的知识经验，同伴间的相互质疑可能会引出新的问题，从而激发探索精神。教师应根据讨论问题的难易程度把握好时间，保证讨论的目的性和有效性。讨论的作用在于促进幼儿语言和思维的相互作用。活动中教师要给予每个幼儿充分讲述的机会，参与到讨论中，倾听幼儿的看法，鼓励幼儿表达。当讨论出现僵局时，教师应适时介入，引导幼儿更深入地思考和概括，不断提升自己的经验。教师要鼓励幼儿对自己的猜想进行图画的表征，为自己的思维留下痕迹，与探究之后的结果进行比较，这也培养了幼儿的前书写能力。

四、验证

《3—6岁儿童学习与发展指南》中指出："支持和鼓励幼儿在探究的过程中积极动手动脑寻找答案或解决问题。""支持和鼓励幼儿大胆联想、猜测问题的答案，并设法验证。如：玩风车时，鼓励幼儿猜测风车转动方向及速度快慢的原因和条件，并实际去验证。""支持、引导幼儿学习用适宜的方法探究和解决问题，或为自己的想法收集证据。如：想知道院子里有多少种植物，可以进行实地调查；想知道球在平地上还是在斜坡上滚得快，可以动手试一试；想证明影子的方向与太阳的位置有关，可以做个小实验进行验证等。"

如果幼儿只有猜想，没有亲自尝试解决问题的过程是无法获得主动学习和发展，所以对幼儿的任何想法，教师都要引导幼儿通过事实来验证。对于小班的幼儿来说，观察是最直接的获取事实的途径；对于较大的幼儿来说，实验则能更有力地证明自己的猜想。无论事实和幼儿预测的是否一致，对幼儿来说都是有意义的。如果幼儿发现探究后的事实证明了自己的预测，他们会有一种惊喜、自豪的感觉；而当他们发现和预测相反的事实时，就会感到很意外，且这种意外会给他们留下深刻的印象，并冲击其固有的想法。教师在此过程中要不断地强化幼儿这样的价值观：相信事实。

除此之外，教师还应做到以下几点。

（一）教师要给幼儿犯错误的机会，鼓励幼儿自主探究或是同伴协作解决问题

幼儿的科学探究是不断试错的过程，失败的概率很大，但是在此过程中会激发幼儿思考的动力。因为幼儿对世界的认识是在不断地看到自己对客体作用的结果，靠这种结果的反馈来不断得到调整、扩展和深化的。与此同时，按照维果茨基的理论，同伴学习是幼儿发展的重要推动力，要鼓励幼儿尝试用同伴协作解决问题的方式。当幼儿想知道兔子吃什么时，每天给兔子喂不同的食物，看看兔子吃什么、不吃什么，这是幼儿按自己的想法解决问题的方式。幼儿尝试用老师提供的颜料配"猕猴桃汁"时，试了几次都不成功。他看看旁边的同伴用蓝色和黄色的颜料配出了绿色的"猕猴桃汁"，他自己试了试也成功了，这是幼儿尝试着用他人的方式解决问题。幼儿自己动手、多次尝试的过程，正是配合思维活动排除无关因素、找到关键因素、

最终解决问题的过程，这也是幼儿不断"修正"原有认知结构的过程。幼儿通过自身的操作活动验证自己的设想是否与事实结果一致。结果一致，将强化和扩展幼儿已有的经验和认知结构；结果不一致，将调整幼儿原有的认知结构和经验，达到新的认识。[①]

(二)教师要为幼儿操作验证创造相应的物质条件

对于幼儿学习者来说，材料既是引发他们主动探究的刺激物，又是他们主动建构对周围物质世界的认识的中介和桥梁。皮亚杰的相互作用论告诉我们：儿童的认知发展是在其不断地与环境的相互作用中获得的。幼儿的年龄特点决定了幼儿对周围物质世界的认识还是感性的、具体的、形象的，思维常常还需要动作的帮助；他们对物质世界的认识还必须以事物和材料为中介，在很大程度上要借助于对物体的直接操作。物质环境和材料是幼儿学习和探究的刺激物。对于教育者来说，材料应该是教育目标和内容的物化形式。因为材料本身就反映着某种事物间的关系，当幼儿想知道小兔子吃什么时，教师应该为他提供各种食物和记录工具，让他通过实验验证自己的想法。

(三)教师对幼儿的操作要给予适时的指导

教师指导的重点在于要让幼儿明显地看到操作的结果或获得直接的体验。例如，在幼儿提出要把花瓣泡在水里就能发芽时，教师要不断引导幼儿观察花瓣的变化，幼儿只有明显地而且亲眼看到花瓣泡在水里会烂掉，才会相信花瓣泡在水里不能发芽。此外，幼儿思维的具体形象性注定了他们难于理解和发现隐蔽的、间接的事物关系。那些对成人来说很明显的物体之间的关系(大小、轻重、快慢等)，对幼儿来说并非如此，更何况科学所反映出的事物关系常常很隐蔽。所以，在许多情况下，教师要创造条件使不明显的关系直观化，让幼儿能够直接觉察和体验到。如教师为了让幼儿明白植物的根的功能，把带根的植物放在滴了紫药水的水中。

教师还要提供类似的经验，使幼儿注意到当前事物之间的关系。在幼儿经过不断的尝试和探索仍未发现事物的关系，教师评估认为幼儿用已有经验已无法解决问题，即产生认知矛盾的时候，可以给幼儿提供类似或相关的经验，实际上是为幼儿提供一个"台阶"，使幼儿尝试用新经验解决问题。

【案例 4-1】

一个幼儿探索让橡皮泥浮起来的过程[②]

他把橡皮泥团成球放进水里，沉下去了。

他把橡皮泥压成薄薄的饼状，又沉下去了。

他把橡皮泥搓成细长条，还是沉下去了。

---

① 刘占兰：《学前儿童科学教育》，143 页，北京：北京师范大学出版社，2008。

② 刘占兰：《学前儿童科学教育》，145 页，北京：北京师范大学出版社，2008。

他停下来，开始思考……

他这次把橡皮泥扯成一粒一粒的，结果还是沉下去了。

他茫然环顾四周。教师注意到了这一切，以同伴的身份与幼儿一起试。

教师：你真会动脑筋，不简单。我也来试试。

教师用的不是橡皮泥，而是用一张纸折成盒子放在水里，盒子浮在水面上。

幼儿摆弄了一会儿水里的纸盒子，突然说："我有办法了。"

他把橡皮泥作成碗状，结果，橡皮泥浮起来了，他高兴得跳了起来，从而，他悟出了"中空"能浮起的道理。

在这个案例中，教师用折成的纸盒作为"台阶"，支持了幼儿让橡皮泥浮起来的想法。

当幼儿的想法不断得到教师的支持和帮助后，他们开始把教师看成能对他们的思想和行动提供帮助与支持的人。幼儿也开始把自己看成有思想、能根据某种思想来行动的人，他们逐渐意识到自己能控制发生在他们周围的事件，是影响环境的人。幼儿的自我价值感和独立性也得到了增强。

五、交流

《3—6岁儿童学习与发展指南》中指出，要支持幼儿与同伴合作探究与分享交流，引导他们在交流中尝试整理、概括自己探究的成果，体验合作探究和发现的乐趣，如一起讨论和分享自己的问题与发现，一起想办法收集资料和验证猜测。交流的过程是幼儿学习表达自己的想法和倾听他人的想法的过程。《3—6岁儿童学习与发展指南》在语言领域的一个重要目标是"愿意讲话并能清楚地表达"，发展幼儿语言表达能力是幼儿园教育的核心问题，幼儿期是学习语言最敏感、关键的时期，也是储存词汇最迅速的时期。因此，幼儿期语言的训练值得重视，教师要有意识、有目的地鼓励幼儿同伴间的交流。探究中的交流是一个很好的学习语言的机会，因为幼儿有具体的语境，有丰富的语言素材可以加工。从科学教育的角度讲，语言是思维的工具，是思维的表现方式，人类的思维成果是靠语言的帮助得以巩固、发展和传递的。知识是在幼儿的实验之后，在讨论中形成的。教师要让每个幼儿都表达自己的观点，无论他的观点正确与否；要让幼儿掌握科学的语言，描绘他们亲自经历的、丰富而复杂的实际科学探究过程，这可以有效培养他们的书写和口头表达能力。同时，倾听是一种能力，幼儿学习语言，首先要学会倾听，在科学探究中幼儿都是聚焦同一个感兴趣的问题，会听得更认真、更投入。

此阶段教师指导的要点如下。

（一）教师要鼓励幼儿表达

教师要让每个幼儿都能表达自己的观点，无论其观点对与错；对自己的想法和表达有愉悦的情绪体验，而不是害怕、羞愧、紧张、被动；敢于在不同人面前、不同情景之下表达自己的想法；能对自己的想法做出解释与说明。

(二)教师要当好主持人

在幼儿讨论交流时，教师要像一个主持人，不仅要认真倾听，对幼儿的想法做出积极回应，而且要协调幼儿间不同观点的碰撞。这要求教师要鼓励并重复幼儿的关键陈述；发现并引导幼儿关注自身探究结果的矛盾和不一致；教给幼儿倾听他人见解，发现并引导幼儿关注同伴间表达的差异、矛盾，知道别人的想法有时和自己不一样，能倾听和接受别人的意见，不能接受时会说明理由，并养成尊重事实、尊重他人的良好品质；当别人误解自己的想法时，或当别人提出质疑时，引导幼儿能够作进一步的解释和说明；给幼儿充分表达的机会；使幼儿懂得每个人都可以对同伴和老师提出质疑，但争论必须以观察到的事实为依据，因为争论能够引起幼儿更深入地思考、更仔细地观察和更严谨地实验。

(三)教师要引导幼儿把最后的结论和自己最初的想法进行对比

教师要帮助幼儿回顾自己的探究过程，讨论自己做了什么，是怎么做的，结果与计划目标是否一致，分析原因以及下一步要怎样做等；引导和帮助幼儿通过回顾探究过程看到自己的发展和进步，从而感受到发现和探究的乐趣；综合幼儿的观点，可以选择幼儿的表述方式作为对结论的描述，也可以以幼儿的实验和经验为背景，使用比较准确的、幼儿能够理解和接受的语言描述概念和原理；要注意，不能用成功来评价幼儿的探究行为。

六、记录

记录是为幼儿的探究服务的。记录的运用能更好地引导幼儿细致观察探究过程和事物的变化，把抽象的信息变成具体的图表，记录获得的信息使幼儿关注探究过程和事物的变化，建立事物之间的联系。它有助于幼儿在尊重客观事实的基础上得出结论，并将原有的认识与当前的操作结果相比较，调整原有的认识；帮助幼儿逐渐把零碎的知识、经验系统化，逐步实现自我建构科学知识与经验，最终形成科学的概念；有助于幼儿同伴间的交流记录。记录可以在有意义的情景中运用数学，将数学作为解释自然现象及其关系的工具。

要使记录真正能为探究服务，教师必须做到以下几点。

(一)教师要培养幼儿记录的意识与能力

鼓励幼儿用自己的方式记录探究的过程和结果，切忌要求幼儿整齐划一地记录。"孩子有一百种语言，一百双手，一百个想法，一百种思考、游戏、说话的方式，一百种倾听、惊奇、爱的方式，一百种歌唱与了解的喜悦。"[1]可用一些实物、简单形象的图片、照片或符号标记(有时选择一些幼儿公认的自己设计的符号标记)来吸引

---

① 赵孟主：《幼儿科学教育与活动指导》，45页，成都，电子科技大学出版社，2017。

幼儿的注意，帮助幼儿理解、接受，暗示、提醒幼儿正确地记录，提高幼儿记录的目的性。

（二）记录方式要考虑幼儿的年龄差异，要多样化

小班幼儿使用的记录方式应该更生动、直观、具体，可以运用纸工粘贴、图片粘贴、情境照片呈现等方式，也可以用实物记录或是教师引导下进行全班记录。中大班则可运用符号、图画等记录方式，当然不同年龄的完整细致程度和深入程度不同，必要时教师帮助幼儿画出适宜的表格，为幼儿记录提供方便。同时，还需要根据幼儿的年龄特点和活动内容灵活选用集体、小组、个别记录等不同的记录方式，并将其有机结合。

（三）记录内容要有选择性

要根据每次科学活动的特点，选择最关键、最有意义的环节和现象进行记录。在实验活动中，记录通常贯穿于探究的整个过程。在实验之初，和幼儿共同制定调查计划，讨论调查对象、步骤和方法等，也可以和幼儿一起设法用图画、箭头等标识呈现计划。在实验的过程中，教师要指导幼儿把握好记录的时机和内容，以免错过重要信息。在实验结束后，幼儿要尝试着将记录的信息进行整理。有些探究活动可能只需要活动后的记录而不需要活动前和活动中的记录。总之，鼓励和引导幼儿做记录时要注意方式、方法，力求简单、便捷，不要让做记录成为幼儿的负担。既要使记录既简单、方便易行，又能对幼儿的探究有支持和促进作用。

（四）要把记录与分享交流紧密结合起来

在幼儿的每一次记录活动中，都要给他们充分的时间和机会去描述、说明自己的记录内容，鼓励幼儿用准确、连贯的语言去讲述记录的意思，以促使幼儿回顾、比较、梳理，从而深化记录活动，以提高幼儿总结、概括的能力。教师要鼓励幼儿用不同的形式记录下全班最终的结论。把获得的信息数据进行整理和分析，归纳出现象后面存在的规律，这是科学研究中很重要的步骤。

本章小结

本章从科学探究的内涵和过程来探讨幼儿园的科学探究活动。首先是基于《3—6岁儿童学习与发展指南》对科学探究的内涵进行了分析，然后介绍了科学探究的一般程序，即观察——提问——猜测——验证——交流，以及贯穿整个探究过程的记录，同时在每个阶段都指出了教师指导的要点。

关键术语

科学探究　内涵　过程　自然　探究能力　观察　提问　猜测　验证　交流记录

思 考 题

1. "我们的时代是科技高度发展的时代，幼儿是否与自然接触无所谓。"这种看法对吗？

2. 幼儿科学探究有哪些程序？教师该如何指导？

3. 根据《3—6岁儿童学习与发展指南》，请说一说5～6岁幼儿在科学探究中有哪些典型表现？

4. 分类活动有哪些类型？请举例说明。

实训练习

1. 运用个案研究的方法，对幼儿在户外活动中进行的针对自然的探究行为进行记录、统计，并分析作为教师能为幼儿提升的关键概念是什么？

2. 幼儿园某班在科学区投放了蚕卵，教师经常会喂桑叶，但孩子们对于蚕的认知仅仅局限于是"毛毛虫"，"以前是小的，现在长大了""黑色的东西是毛毛虫的粑粑"，如果你是这个班的老师，你会怎么做？

拓展阅读

1. 由刘占兰著，北京师范大学出版社2008年出版的《学前儿童科学教育》对学前儿童探究式科学教育的特点及步骤有很详尽的论述，建议阅读。

2. 由洪秀敏编著，北京师范大学出版社2015年出版的《学前儿童科学教育》对学前各年龄段幼儿的探究特点做了较好的概括，建议阅读。

3. 由乔治·夏尔帕主编，黄颖等译，人民教育出版社1996年出版的《动手做——法国小学科学教学实验计划》中描述了法国如何组织低年龄段儿童的科学探究活动，建议阅读。

4. 由张俊等著，教育科学出版社2015年出版的《幼儿园科学领域教育精要——关键经验与活动指导》对学前儿童科学教育的关键经验进行了梳理，建议阅读。

第五章　高结构化幼儿园科学教育活动

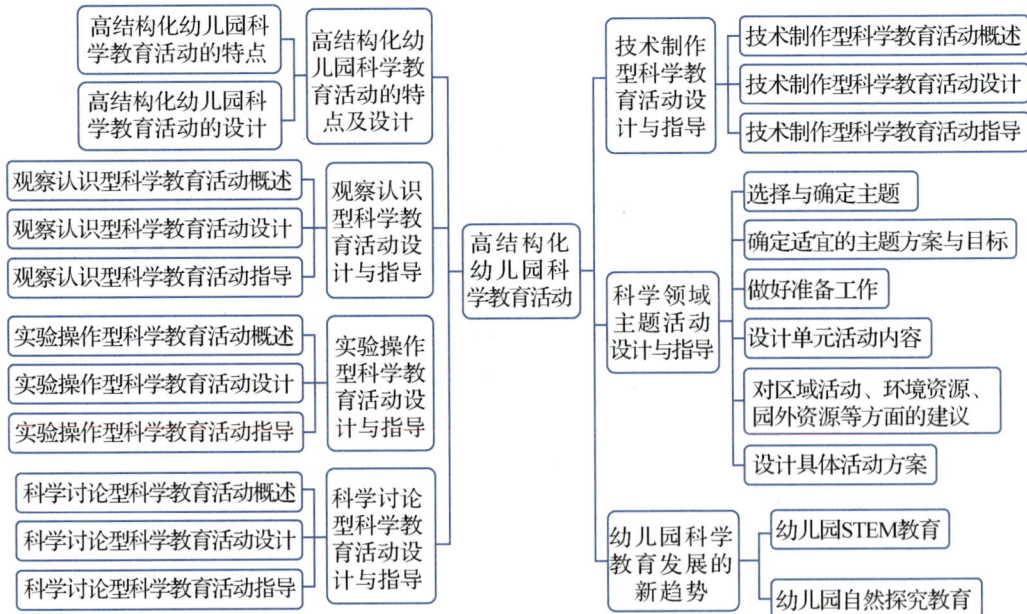

导入案例 ▶

　　周老师给每个幼儿提供了两种不同的材料：圆柱体的薯片筒和两端粗细不同的塑料杯子，要求幼儿分别滚动圆筒和杯子去击打不远处的物品。幼儿很快发现：薯片筒容易击中目标，而水杯难以中靶。这是为什么？"因为薯片筒滚得比较直。""杯子爱拐弯，不走直路。"幼儿说出了自己的观察发现。那么，"为什么薯片筒能直着滚，杯子不能直着滚呢？"老师请幼儿做出自己的解释。"因为杯子轻。"几个幼儿这样认为。"那我们来试一试这个重点儿的杯子。"老师拿出一个同样形状的玻璃杯，请幼儿小心地推动它，玻璃杯仍然不走直路而拐起弯来。看来，轻重不是主要原因。"因为薯片筒长，杯子短。"有幼儿这样认为。"好吧，让我们再试试这个！"老师又拿出几个预先准备好的和杯子差不多长短的圆柱形物体，让大家滚动它们。结果幼儿发现物体的长短也不是影响滚动路线的主要因素。那是不是和粗细有关呢？老师继续提供材料让幼儿操作、实验……这样，借助材料和实验，老师一步一步引导幼儿发现，影响物体运动轨迹的重要原因是物体的形状。"杯子一头粗一头细，薯片筒两头一样。"是这样的吗？形状不一样的物体滚动的路线就一定不一样吗？为了验证幼儿的结论，老师又拿出一个圆锥体，轻轻推动一下，它竟然绕着自己的尖儿（圆锥的顶）转起圈儿来了！幼儿拍起手来，看来，形状真是影响滚动路线的原因！①

第一节　高结构化幼儿园科学教育活动的特点及设计

　　幼儿园科学教育是通过教学活动、游戏活动及生活活动来实施的，其中教学活动是高结构化活动，而游戏活动和生活活动是低结构化活动。虽然在欧美现代学前教育理论与实践的影响下，我国学前教育界越来越重视低结构化科学教育活动，但是我们不能否认高结构化科学教育活动仍然在我国的大多数幼儿园中发挥着重要的作用。

一、高结构化幼儿园科学教育活动的特点

　　高结构化幼儿园科学教育活动是指教师根据幼儿科学教育的目标和任务，有计划、有目的地选择课题，决定学习内容、学习方法与技能，并提供相应的材料以达到教育目标的活动。高结构化幼儿园科学教育活动一般以集体（全班或小组）的组织形式开展。它有如下特点。

（一）学习的目标主要由教师预定

　　活动目标的设计是高结构化幼儿园科学教育活动的初始环节，教师在《幼儿园教

---

　　① 冯晓霞：《幼儿园课程（第2版）》，256页，北京，北京师范大学出版社，2001。

育指导纲要(试行)》及《3—6岁儿童学习与发展指南》的基础上，根据幼儿身心发展的特点、本班幼儿的实际发展水平，并结合本次活动的具体特点，对幼儿提出全面的、恰当的要求。从理论上讲，活动结束时全体幼儿都应达到这些要求。

(二)学习内容统一、固定，由教师选择并发起

对全班幼儿来说，每次高结构化科学教育活动学习的内容都是固定的、统一的，每个幼儿学习的内容都是相同的，这些内容是由教师事先选择和确定的。

(三)学习过程中教师的直接指导较多，时间和空间受限制

在高结构化科学教育活动中，教学的时间和地点是固定的，并且教师规定了全班幼儿要到达的目标。所以，教师的指导会围绕教学目标进行，努力使每个幼儿达到这些目标。

虽然是高结构化教学活动，但是它不等同于被动接受的灌输式教育，它仍是幼儿主动探索的学习活动。

1. 在高结构化活动中强调幼儿自己的主动活动而不是被动接受

在高结构化活动中，要避免教师讲解、幼儿被动接受的模式，要尽可能给幼儿操作的机会，让幼儿在与材料互动的过程中学习。

2. 在高结构化活动中注重幼儿对内容的理解而不是机械地记忆

在高结构化活动中，幼儿可以在自己的操作中发现问题、寻找答案，而不是追求固定的结论，教师要避免让幼儿通过机械记忆掌握一些科学术语和原理。

3. 在高结构化活动中教师是活动的主导者而不是主宰者

在高结构化活动中，虽然活动的设计是由教师事先确定的，但在活动中仍要给幼儿充分的自由，尤其是要让幼儿通过自己的操作活动来学习。教师的主导作用表现为指导、帮助幼儿学习，并根据实际情况来调整教学计划，但不能代替幼儿学习，更不能主宰幼儿的活动。

【案例5-1】

在一次被教师称为探究性科学教育活动的课堂上，其教学内容为"沉浮经验"。教师将幼儿分为五组，并为每位幼儿提供了如下材料：小块石头、铁钉、塑料片、玻璃弹珠、木质纽扣、一小盆水和记录表格等。活动开始时教师向幼儿介绍每种材料，然后请幼儿进行预测和实践操作，并要求幼儿将结果记录在表格上。幼儿按照教师的要求一步步地操作起来，并忙碌地在表格上记录着，教师在各组之间穿梭指导。突然，教师在一名幼儿身边停了下来，指着幼儿在纽扣一栏画的上升符号(表示浮起来)说："这里错了，纽扣应该沉到水里，要画向下的箭头。"幼儿迷惑地看着教师，然后顺从地拿起橡皮擦掉了原来的符号，画上了一个大大的向下的箭头，教师满意地转身离去……

在高结构化探究活动中也强调手、脑、材料三者之间的互动。在探究过程中强调幼儿的自主发现和创造。在上述案例中,教师虽然提供了操作材料让幼儿动手做,但当幼儿诚实地记录自己操作结果时,却被教师要求改为与教师预想中一致的答案,这样的教学过程完全失去了探究"求实"和"质疑"的精髓,幼儿仍然是教师手中操纵的小木偶,是一个被动的学习者。

4. 在高结构化教学活动中并不排斥个体差异及个别化学习

因材施教、尊重个体差异是任何教育活动都应遵循的原则,幼儿园的科学教育活动更是如此。教师必须依据不同幼儿的已有经验、水平及理解能力给予个性化的指导,促进其个别化学习质量的提升。

二、高结构化幼儿园科学教育活动的设计

幼儿园科学教育活动的设计就是对科学教育活动的各个要素进行处理,从而形成特定的相互关系的过程,即对科学教育活动的基本要素(包括目标、内容、教材、学习活动、媒介、时间、空间和环境、教学方法等)按一定的方式进行编制和处理。科学教育活动设计根据其操作性和具体化的不同,可以分为不同的层次。[1] 高结构化幼儿园科学教育活动设计包括活动目标的设计、活动内容的设计、活动材料与环境的设计、活动过程的设计等方面。

(一)活动目标的设计

关于制定幼儿园科学活动目标时需要注意以下几点。

1. 针对幼儿的身心发展特点,确立活动总目标和分目标

首先,根据能力对幼儿教授不同的学习内容。以种植活动为例,小班幼儿缺少对比能力,在该活动开展时只需让他们了解植物简单的生长过程和典型外部特征;中班则宜增加对植物多样性的了解,这是因为中班幼儿已经具备简单对比的能力;大班幼儿则需增加植物生命周期性或植物生长条件等内容。其次,围绕某一个科学概念,根据幼儿年龄特点分层设计活动目标,其目的在于体现教学内容的层次性。例如,对种植活动中"周期性"的概念,教师可引导小班幼儿通过观察植物的生长和发展,建立有关"植物生命周期"的初步概念;中班教学则宜定位在"让幼儿了解植物生命周期的不同阶段",通过活动让幼儿了解植物的生长是从种子到发芽、开花、结果又回到种子的过程;大班幼儿则涉及植物周期性发展过程中的不同生命阶段,比如发芽期、花期及植物生长过程中的发展变化,让幼儿进一步了解植物生命周期的普遍性。

2. 根据核心经验的内涵,使活动目标明确化和具体化

教师在考虑科学探究活动的目标时,要明确其核心经验,并准确理解概念的内涵和意义。以"植物生长的周期性"为例,如果教师不能明确植物生命周期的阶段性

---

[1] 施燕:《学前儿童科学教育与活动指导》,123 页,上海,华东师范大学出版社,2014。

和普遍性，其教学就不能突出重点，会使教学活动流于形式，难以取得实质性效果。因此教师在设计活动时，在目标上涉及的概念应尽量单一。将目标细化、具体化，才能使各项活动易围绕活动总目标展开，活动过程中材料的选择、环境的创设及教师在活动中的组织引领与总目标之间也才能相辅相成。

3. 根据活动内容，明确幼儿探究能力和情感态度目标

开展科学领域教学活动是为了培养幼儿的科学探究能力、科学态度和科学精神，最重要的是培养幼儿的好奇心。教师发现幼儿感兴趣和有探索需求的事物，就应引导他们把好奇心转化为探究兴趣，促使幼儿主动建构认知，帮助他们认识外部世界。总之，在确立幼儿科学探究活动目标时，教师应考虑幼儿的年龄及经验水平，处理好总目标与各个二级目标的关系，教学目标准确，且层次分明、前后一致。这样教师在组织活动时才有可能选择适合的材料教学，引导幼儿深入探究，并实现教学目标。

幼儿科学教育的总目标包括三大方面和若干具体内容。一次的活动中不必也不可能包括所有方面和所有内容。不同类型的活动中活动目标应该有所侧重，如观察类活动重在培养幼儿的观察能力和对科学现象的好奇心和探究欲望；实验类活动重在培养幼儿的好奇心和探究能力；讨论类活动重在幼儿表达能力和资料收集能力的培养；制作类活动重在幼儿操作能力的培养。

(二)活动内容的设计

1. 要选择最基本的科学经验

高结构化活动是幼儿集体参与的活动，所以选择内容时要照顾到所有幼儿。选择那些最基本的、最具代表性的科学知识，也就是从幼儿已经具有的某类自然经验中找出可以"开发"的做深入探讨的内容，找出可以作为系统化知识"核心"的概念或经验，以它们为中介帮助幼儿整理、提升其经验。例如，物体的运动是幼儿天天接触的现象，但车轮为什么是圆的，方的行不行？为什么？物体的形状与运动之间有什么关系？幼儿并不见得都关注过这个重要的物理学问题，他们或许已经熟视无睹。这类存在于幼儿身边的、人人都有不少经验的科学问题不是一个极好的教学内容吗？本章的导入案例"滚动"①，通过"滚动打靶"游戏使幼儿探索并逐渐发现物体形状是影响其滚动"路线"(轨迹)的关键因素。

2. 要贴近幼儿的实际生活经验

高结构化活动要注意贴近幼儿的实际生活经验。不能为了吸引幼儿的注意而一味地求新，应该选择那些具有适度新颖性的，又和幼儿的实际生活相联系的活动。例如，在热带地区，开展"认识雪"的高结构化活动，或是在边远的农村地区组织"认识立交桥"的高结构化活动，都是脱离幼儿实际生活经验的。

---

① 冯晓霞：《幼儿园课程(第 2 版)》，252 页，北京，北京师范大学出版社，2001。

相关链接

水最容易观察[①]

比如说，水是一种取之不尽的观察资源，水可以用来做一些简单的，却很有意义的实验。

我们每天都会接触到各种"形态"的水：雨水、自来水、锅里的蒸汽、冰冷的玻璃窗上冒出水汽、冰箱里的霜、杯子里的冰块，等等。

在我们熟悉的其他日常现象中也可以看到水的作用：它湿润、可蒸发；能将盐和糖溶解；可以稀释水粉颜料；可顺着纤维管湿润海绵；添加洗衣粉后，它可以清洗衣服，有时会产生泡沫；高压喷水可以除垢；它可以使某些物体漂浮起来；它导热，当有杂质时还导电；它传播声音；它可以破坏一切，也可以成为巨大能源的储存库……

无论是对人还是对其他生物，水都是生命体中必不可少的主要成分。

3. 选择适合开展集体学习活动的内容

有些内容虽然很重要或者很有趣，但不适合高结构化教学活动，如观察月亮的变化更适合在家庭中进行。

(三)活动过程的设计

高结构化科学教育活动一般由以下几个环节组成：开始部分(导入环节包括指令导入、情境导入、情境表演导入、音乐导入、操作导入、游戏导入、故事导入、展示教具导入、直接提问导入等)，进行部分(引导幼儿参与活动、积极探究、逐步思考)，结束部分(教师小结并引导幼儿交流讨论)，活动延伸(活动延伸指在教育活动后，教师继续设计一些与此相关的辅助活动，使教育内容渗透到一日生活中，使教育目的能够更好地实现。活动延伸的形式可以是家园共育、领域渗透、环境创设、区角活动、游戏等)。

1. 活动导入环节的设计

高结构化科学教育活动的活动目标是由教师确定的，活动是教师发起的，要引起幼儿对活动的兴趣，导入环节就很重要。下面我们来看看不同的活动导入方式。

第一，通过简短的指令导入活动。例如，在小班科学教育活动"认识五官"中教师一开始便说："小朋友，看看老师在桌上放了什么？""小镜子。""请小朋友照照镜子，看看自己的脸上有什么？"短短几句话，教师带幼儿进入了主题。

第二，利用幼儿已有的经验，通过提出问题导入活动。"马路上有各种各样的标志，你认识哪些？"

第三，通过材料操作直接导入活动。例如，各种各样的发条玩具。

第四，通过演示现象导入活动。例如，变色魔术。

---

① ［法］乔治·夏尔帕：《动手做——法国小学科学教学实验计划》，30～31页，黄颖等译，北京，人民教育出版社，2003。

第五，通过谜语、儿歌、故事导入活动。例如，利用谜语"远看像只鸟，近看像只猫，晚上捉老鼠，白天睡大觉"，来导入认识猫头鹰的活动。

第六，利用情境表演导入活动。例如，活动开始，由几名幼儿表演一段情境，引出一个疑问，或提出一个问题，然后由全班幼儿针对这个问题进行假设、讨论、实验、观察，来解决或回答这个问题。

第七，利用环境设置导入活动。例如，案例 3-1，教师通过在教室喷香水，引出"认识鼻子"这一主题。

第八，利用手偶或拟人化的语言来导入，这种方式一般适用于小班幼儿。

2. 教师提问的设计

高结构化活动中，教师是通过问题来引导幼儿思考和探索的。我们按不同的标准对教师的提问进行分类，因为只有在理论的层面上理解这一问题，在实践中才能做出更恰当的选择。

（1）开放性问题和封闭性问题

开放性问题是指问题的答案具有发散性，一个问题可出现多种答案，且答案不是固定的、唯一的。例如，"你怎么发现的？""石头有什么用？"在科学活动中开放性问题的功能表现在以下几个方面。[①]

①提醒探索发现："蜗牛吃什么东西？"

②诱发预测："如果……你想会怎样？"

③引导深入探索："为什么你认为天平那边会低下去？"

④促进推理："说说看，为什么会这边感觉干，那边感觉湿？"

⑤鼓励另一种尝试："想一想，你可以用什么办法，使蚯蚓从那一边爬出来？"

⑥激发创造性思考："如果……将怎么样？"

⑦流露感情和价值："这项活动，你们最喜欢的是什么地方？"

封闭性问题和开放性问题正好相反，正确答案是固定的、唯一的。在科学探究中鼓励教师多用开放性的问题，让幼儿能充分、开放地思考，但适当地使用封闭性问题也是必要的。在科学活动中封闭性问题的功能表现在以下几个方面。

①引导注意焦点："哪一杯水最热？"

②协助回忆所学："你刚才最先做什么？""这些材料中，哪些被磁铁吸住了？"

③回忆先前的观察："豆子泡水一天后，和昨天一样吗？""哪一棵树比较高？"

（2）理论性问题和操作性问题

理论性问题是一种需要高度理论来解答的问题，或者说是它的答案相当复杂，对幼儿来说理解起来不是那么容易。这类问题通常以"为什么"开头。例如，"为什么现在地球上没有恐龙？"所以，教师在设计"为什么"的问题时，要考虑幼儿是否有能

① 钟圣校：《自然与科技课程教材教法》，200 页，台北，五南图书出版有限公司，2000。

力回答。

操作性问题是一种通过幼儿自身的操作来寻找答案的问题。这类问题直接或间接地指出，应该怎样用科学材料去得到问题的答案。例如，"如果把纸放到水里，会发生什么事情？"①

（3）尖峰式策略和高原式策略②

尖峰式策略，指教师提出一个问题并指名回答后，陆续提出较深入的问题并由同一个人回答，直到某一阶段后才指明他人回答另一系列问题。高原式策略，指教师在提出一个问题并由多人回答不同答案后，再提出深入一层的问题。

【案例 5-2】

尖峰式策略

教师：小朋友，请说出自行车有哪些零件？

幼儿甲：轮子。

教师：轮子有什么功能？

幼儿甲：省力，行走方便。

教师：自行车一定要有轮子吗？没有它能不能骑？

幼儿甲：一定需要轮子。

教师：好！还有哪些零件？

幼儿乙：链子。

教师：链子的功能是什么？

幼儿乙：带动轮子。

教师：通过什么带动轮子？

……

【案例 5-3】

高原式策略

教师：小朋友，请说出自行车有哪些零件？

幼儿甲：轮子、把手、坐垫……

幼儿乙：链子、刹车。

教师：还有吗？

幼儿丙：踏板、后架。

幼儿丁：车条、反光灯。

教师：共有9种零件，它们各有什么用处呢？

幼儿乙：轮子可以转动，方便行走而且省力。

---

① 施燕：《学前儿童科学教育与活动指导》，140页，上海，华东师范大学出版社，2000。
② 刘占兰：《学前儿童科学教育》，94页，北京，北京师范大学出版社，2008。

幼儿甲：轮子还可以……后架可以……

显然，高原式提问能使更多的幼儿参与对问题的思考。在集体教学中，应该多进行高原式提问。

第二节 观察认识型科学教育活动设计与指导

捷克著名教育家夸美纽斯说，一个人的智慧应从观察天上和地下的实在的东西中来，同时观察越多，获得的知识越牢固。通过前一章的学习，我们了解到观察是科学探究的第一步，是幼儿应该掌握的技能。本节我们来介绍以观察作为课程组织基本形式的幼儿科学教育的类型——观察认识型科学教育活动。

一、观察认识型科学教育活动概述

(一)观察认识型科学教育活动的定义

善于观察、有好奇心，是幼儿的突出特征。观察认识型科学教育活动就是以观察为主要认知手段，让幼儿探索客观事物和现象的特征，发展幼儿的科学认知，培养其科学情感，帮助他们形成科学态度及训练其科学方法的一种科学启蒙教育活动。

(二)观察认识型科学教育活动的价值

观察作为复杂的心理活动的类型，是建立在幼儿情绪意志之上的不同的感知和思维的过程。观察是经验、是知识、是能力。

1. 观察是幼儿认识世界的基本方式

感官在幼儿认识世界的过程中起着非常重要的作用，观察正是幼儿运用各种感官了解客观事物的特点，获得最直接、最具体的科学经验的过程。

2. 观察激发幼儿的探究兴趣

幼儿在观察过程中，会接触周围世界中的事物和现象，事物和现象的多样性会引起幼儿的探究兴趣。所以说，探究活动的起点一定是观察。

3. 观察促进幼儿智力的发展

观察力是智力的重要组成部分，是智力的基础，也是思维的起点。科学研究证明一个正常的人从外界接触到的信息，有80%以上是从视觉和听觉的渠道传入大脑的，人类获得的知识绝大多数都要通过听觉和视觉来进行。人们常用"聪明"二字来概括人的智力。聪明就是耳聪目明的意思，顾名思义，聪明首先应当包括观察力。观是看，察是想。我们观察问题，不仅要知道事物是什么样的，而且还要知道为什么是这样的。人们认识一个事物，总是从观察开始的，有了观察，便开始有了注意、记忆、想象和思维等，如果我们把观察比作蜜蜂采花粉，那么思维等心理活动就好比将花粉酿成蜜，没有花粉就酿不出蜂蜜。没有良好的观察，思维就会因缺少材料而得不到良好的发展。有所创造的人都是观察力很强的人。

4. 观察力直接影响幼儿今后的学业成绩及工作能力

观察力是掌握知识、技能的重要条件。幼儿学习汉字，需要观察汉字的结构；如果想要学好数、理、化等自然学科，就要认真地观察各种具体事物和各种自然现象及变化，这样才能认识它们的外部形态、各个组成部分及它们的特点、特性；写作时，如果观察力强，就可以抓住现实生活中的大量素材，写出生动的文章；任何技能的训练，都需要随时观察自己的动作是否符合标准，不断巩固、不断纠正，从而形成相应的技能。

(三)观察认识型科学教育活动的类型

1. 物体观察活动

物体观察活动包括单个物体观察、同类物体观察及比较观察。教师可引导幼儿在观察的基础上进行表达和交流，并通过指向性问题引导其认识物体的显著特征，或比较两个物体间的异同，或总结同类物体的共同特征。例如，比较不同水果的种子、比较水培植物、比较仙人掌类植物、比较不同动物的耳朵等。

2. 展示观察活动

展示观察活动一般用于观察认识物体的多样性。展示活动中的观察分别渗透在幼儿收集展品、布置展览和参观展览的环节中，其中前两个部分是渗透性的自由观察，第三部分在是教师引导下对各类物品的集中观察。例如，让幼儿收集各种食品包装盒或生活中的各种瓶子，布置展览、参观展品，按自己的标准分类并总结。

3. 现象观察活动

现象观察活动的重点是观察变化的发生。因此，教师可将观察、指导和交流相结合，还可根据实际情况在观察后引导幼儿对观察到的现象加以讨论。例如，糖怎么不见了、蚕宝宝的蜕变、蓝黄色颜料混合后的变化等。

4. 户外观察活动

户外观察活动既有物体观察又有现象观察。其特点是户外活动人员分散，难以组织。在活动设计的环节上应尽量减少集中指导，注意个别指导和个人体验。例如，春天来了，幼儿园里开满了各种各样的花，可以组织"幼儿园里的花"观察活动，要求幼儿画下自己最喜欢的花。

二、观察认识型科学教育活动设计

(一)制定观察认识型科学教育活动目标

1. 制定观察目标时应注意的问题

第一，目标任务要明确、具体(可以认识事物的属性、构造、外部形态、变化及发展的原因)。

第二，目标应该具有鼓励认知的特点，能使幼儿积极思考，能充分调动各种感官参与，促使幼儿找到问题的答案，并且每一次的观察都应该让幼儿形成初步的概念。例如，在"幼儿园里的花"活动中，可设置这样的目标：感受花的多样性，知道花的基本构造。

第三，观察能激发幼儿的探究兴趣。通过这一活动，幼儿希望知道得更多。例如，"幼儿园里的花"通过对花的观察，幼儿希望知道为什么有些植物开花，有些植物不开花。

第四，让幼儿也参与制定观察的目标。

2. 观察认识型科学教育活动的核心教学目标

观察认识型科学教育活动的核心教学目标主要包括观察技能、表达技能、有关观察对象的科学认知等。

以下是不同年龄段幼儿观察认识型科学教育活动的目标设计(见表 5-1 至表 5-3)。

表 5-1　小班幼儿(3～4 岁)观察认识型科学教育活动设计的目标[1]

教学目标		糖怎么不见了(小班)
观察技能	运用多种感官感知事物特征	运用多种感官——看、摸、听、闻、尝等感知西瓜的特征
	观察事物的变化和现象的发生	观察糖在水中溶解的过程以及所发生的变化
表达技能	运用语言大胆讲述自己在观察中的发现	运用语言大胆讲述自己对西瓜的认识
有关观察对象的科学认知	认识观察对象的明显特征	了解西瓜的外形、结构及味道
	认识观察对象的多样性	通过案例"水果的核"认识水果核的多样性

表 5-2　中班幼儿(4～5 岁)观察认识型科学教育活动设计的目标[2]

教学目标		幼儿园里的花(中班)
观察技能	对不同的对象进行比较观察	观察幼儿园里正开着的花，比较各种花的不同
	观察事物的变化和现象的发生	组织"花的一生"的观察活动
	有顺序地观察事物的特征	对花的各个部分进行有序的观察
	对事物进行系统长期的观察	开花的过程
表达技能	运用完整的语言讲述并交流自己在观察中的发现	能运用完整的语言讲述自己观察到的花
	用图画、数字等多种方式记录自己观察的结果	用照片或图画记录观察到的花
有关观察对象的科学认知	认识到各个观察对象的不同和相同	能总结概括各种花的不同和相同

① 张俊：《幼儿园科学教育》，174 页，北京，人民教育出版社，2004。
② 张俊：《幼儿园科学教育》，174 页，北京，人民教育出版社，2004。

表 5-3　大班幼儿(5～6 岁)观察认识型科学教育活动设计的目标①

教学目标		案例
观察技能	对不同的对象进行比较观察	通过观察，比较火车和高铁的不同
	观察事物的变化和现象的发生	下雨前的天空
	有顺序地观察事物的特征	观察兔子的各个部分及其特征
	对事物进行系统长期的观察	学习观察并记录小蝌蚪身体的变化
表达技能	运用完整的语言讲述并交流自己在观察中的发现	
	用图画、数字等多种方式记录自己观察的结果	学习用图画表现种植园地中蚕豆的生长变化
有关观察对象的科学认识	认识到各个观察对象的不同和相同	观察各种水生动物的特点，知道它们都是生活在水里的
	探寻观察对象的变化规律	在观察的基础上探寻种子发芽和水分的关系

(二)观察认识型科学教育活动内容的选择

我们可以选择生活中常见的物体、动植物及一些现象变化作为观察内容，选择观察内容时要注意以下几点。

第一，要考虑本班幼儿的水平。所选内容应该是幼儿还没有掌握，但是和以前的经验有联系的。

第二，室内观察时，观察对象要人手一份，小组一份，或是只有教师一份(考虑怎样能让幼儿都看清楚，教师自己也可以随意地展示)。教师在选择观察的内容时要考虑怎样保持一个安静的观察环境，最好不要将吵闹的小动物作为观察的对象。

(三)观察认识型科学教育活动过程的设计与组织实施

第一，观察前教师要充分调动幼儿的观察兴趣。例如，在观察鱼之前，让幼儿洗鱼缸、喂鱼等，同时还可以通过启发性问题引导幼儿观察。

第二，观察需要有意的参与，教师要根据幼儿的年龄特点及观察对象的特征控制时间、内容及容量。

第三，先给幼儿自由观察的时间，给他们表达的机会，根据他们的表达，教师把握幼儿的现有观察水平。引导幼儿运用多种感官参与观察，且鼓励幼儿动手操作、摆弄，将观察和操作相结合。要尽可能地让幼儿有自己动手操作的机会。

第四，鼓励幼儿用语言表达观察中的发现。语言是思维的工具，幼儿表达的过程是回忆观察对象，整理观察结果，并使之系统化的过程，同时可以促进幼儿间的交流。教师在不挫伤幼儿主动性的前提下，注意纠正幼儿语言表达和观察与事实不符的地方。

---

① 张俊：《幼儿园科学教育》，174 页，北京，人民教育出版社，2004。

第五，指导幼儿用各种记录方法记录观察的结果。通过幼儿的观察记录，可以反映出幼儿的观察水平和对观察对象的认识程度，所以记录是教师评价的重要资料。

三、观察认识型科学教育活动指导

(一)小班幼儿(3~4 岁)观察认识型科学教育活动的指导

第一，教师一定要考虑到小班幼儿的心理发展水平，要慎重地选择观察对象，小班幼儿往往容易被色彩鲜明、活动的物体吸引。因此，教师可以组织幼儿先观察动物，再观察植物。

第二，对于这个年龄段的幼儿要多次提醒他们记住观察目标、观察计划，从开始观察时教师就要吸引幼儿的注意力，可以给幼儿一个惊喜。例如，在案例 5-4 中，教师把西瓜变成超人，或在幼儿毫不知情的情况下带一只兔子来班里，告诉幼儿邀请兔子来做客，或者是使用手偶，总之要让幼儿对要观察的对象产生兴趣。

第三，在观察过程中，教师要根据观察对象的特征引导幼儿观察。以观察小动物为例，幼儿注意的往往先是动物的行为。教师要尝试用各种方法鼓励幼儿与小动物互动，如喂兔子时用纸逗它，之后问幼儿："兔子会发出什么声音?"老师提出问题，引导幼儿的探索。同时观察的方法也非常重要，教师可以引导幼儿调动感知觉观察动物的特征。幼儿想知道小猫有怎样的毛，用手摸一摸，感受毛的光滑柔顺。教师也可以模仿动物的动作和声音，使幼儿的观察更深一步。案例 5-4 中的观察对象是植物，教师也是充分调动了幼儿的各种感官来认识它。

第四，小班幼儿下半年可以使用比较观察，教师放上两种动物或者植物让幼儿观察。观察动物时也可以对其图片进行观察。此时幼儿观察的最基本任务是区分所比较对象的特征。幼儿看到动物从大小、颜色和动作上都有所区别。教师在指导的过程中应该提出明确的问题，使幼儿的注意力放在比较的特征上，如比较麻雀和鸽子哪个大，它们的羽毛都是什么颜色? 3~4 岁的幼儿在观察中可以有单一的探究性活动。比如，在喂小狗的时候给它不同的食物：肉、鱼和蔬菜，在观察之后可以问幼儿："小狗更喜欢吃什么?"在观察结束后，为了加强幼儿的感受，可以选择一些与观察对象有关的诗歌、歌曲，或游

橘子和橙子视频
扫一扫，看活动视频

戏。对于动植物的观察在小班要重复，如果能和游戏或艺术活动整合最好。案例 5-4 就把观察和美术活动进行了结合。

【案例 5-4】

认识西瓜(小班)

活动目标

1. 认知目标：了解西瓜的外形、结构及味道。

2. 技能目标：能运用多种感官——看、摸、听、闻、尝等感知西瓜的特征，能

运用语言大胆讲述自己对西瓜的认识。

3. 情感目标：喜欢西瓜，对西瓜有探究的兴趣。

活动准备

一个西瓜。

活动过程

1. 教师在活动室出示西瓜，教师配音说："我是西瓜超人，想和你们做朋友，先请大家从外到里地认识认识我吧！"

2. 教师请每个小朋友摸一摸、闻一闻西瓜。

3. 教师切开西瓜，保证每个幼儿有一块西瓜。请幼儿把西瓜放在桌上，从下往上看都有什么颜色，然后请幼儿品尝西瓜。

4. 请幼儿谈谈他们对西瓜的认识，教师小结。

认识西瓜视频

扫一扫，看活动视频

活动延伸

画出或用黏土捏出自己心中的"西瓜超人"。

(二)中班幼儿(4～5岁)观察认识型科学教育活动的指导

第一，中班幼儿已经有了关于自然的很多概念，教师在教学过程中，要注意适当的概念提升，科学教育中主张给到儿童大概念，因为这有利于学习的迁移，对于中班的幼儿来说，教师可以给到稍微上位的概念。如案例5－5中，教师通过认识葫芦，给到幼儿藤蔓植物这一概念。

第二，中班幼儿的观察能力有了进一步的提升，可以进行观察的时间更长，观察的方面更多，对于事物的认识更加全面。教师在进行指导时，要教给幼儿观察的方法，引导幼儿更加全面地认识观察的对象。案例5－5中，教师引导幼儿调动各种感官，从颜色到形状，从外部特征到内部特征进行有序观察。

第三，中班幼儿的语言表达能力已经有了明显提升，在科学观察活动中，引导幼儿把观察的结果进行描述，是幼儿在头脑中建构观察对象的形象的过程。案例5-5中，教师引导幼儿对观察对象进行语言表征，符合中班幼儿语言发展的特点，不足之处在于，中班幼儿已经可以运用图画表征来进行观察记录，但是此案例中，教师没有提供相关的绘画材料及要求。

【案例 5-5】

探索葫芦宝宝

活动目标

1. 观察葫芦的特征，初步知道葫芦是一种藤蔓植物，了解其用途。

2. 通过动手操作，发现葫芦内部的结构，能用连贯的语言表达葫芦宝宝的基本特征。

3. 体验集体品尝活动的乐趣。

活动准备

1. 葫芦种植园地。

2. 葫芦做成的菜

活动过程

1. 师生散步来到葫芦架下，引起幼儿观察探索兴趣。

教师引导：架子上都挂满了什么？葫芦都长在什么地方？（引导幼儿观察）

教师小结：葫芦是一种藤蔓植物，它需要攀爬在架子上，长在茎上。

2. 观察葫芦的外形特征。

教师引导：小朋友看一看、摸一摸，葫芦长什么样子？它像什么？（葫芦是绿色的；葫芦有各种各样的形状，有棒状、瓢状、海豚状、壶状等；摸上去有绒毛，硬硬的）

3. 通过实验，了解葫芦的内部结构和价值。

教师引导：请你们猜一猜，葫芦里面有什么。我们将葫芦切开看一看。

（幼儿动手切葫芦，引导幼儿说说葫芦的内部结构）

教师引导：你发现葫芦里有什么？（葫芦里面有葫芦籽、葫芦瓤、葫芦肉）

教师引导：葫芦有什么用？（葫芦嫩的时候可以食用，成熟后壳硬，可以做瓢、勺等用具）

4. 品尝葫芦，进一步了解葫芦的用途。

请幼儿尝一尝葫芦做成的菜，并回忆葫芦还可以怎么吃。（葫芦可以炒着吃、蒸着吃、烧汤吃等）

请幼儿说说葫芦除了可以吃，还有什么用处。（葫芦还可以做工艺品如鸟巢、小装饰品、灯具、乐器等）

活动延伸

请幼儿和家长一起收集各种不同形状和颜色的葫芦，参与美工制作活动；装饰葫芦；在葫芦上作画；制作葫芦脸谱。

(三)大班幼儿(5～6岁)观察认识型科学教育活动的指导

第一，大班幼儿可以对动植物进行长期系统性观察。教师要引导幼儿保持持续的观察兴趣，同时，对观察对象的变化要敏感，能进行持续的比较。比较观察在中班已经可以进行，但幼儿最初的比较只能发现事物的不同之处，随着年龄的增长，幼儿逐渐能发现事物的相同之处，因为发现相同之处，对于幼儿的抽象概括能力要求更高。案例5—6中，大班幼儿对于蚕宝宝能进行长期的观察，教师能引导幼儿在持续的观察中，进行比较。

第二，在探究的过程中培养大班幼儿的基本数学技能。"你能把科学至于数学之外，但你不可能把数学置于科学之外。"数学是探究过程的有机组成部分。尤其在大班的科学探究中，一定要注意把数学工具自然而然引入到科学探究中来。案例5—6

中，教师把时间工具引入到科学探究中来，蚕宝宝从孵出来到吐丝一共生长了多少天？它在茧子里一共生活了多少天？

第三，在大班幼儿的观察过程中，注重引导幼儿对事物之间的关系进行思考。幼儿思维的发展从孤立地认识事物的外在特征，到认识事物之间的联系。案例 5-6 中，幼儿观察蚕宝宝吐丝，教师把活动延伸到我们生活中的丝绸制品，能使幼儿明白动植物和人类的关系。

【案例 5-6】

蚕宝宝的一生

活动目标

1. 能通过讨论交流自己喂养蚕宝宝的经历和感受，认识蚕宝宝的生长、活动过程。

2. 观察记录，能够借助观察记录，清楚地表达自己的观察结果。

3. 对喂养活动感兴趣，爱护小动物，体验收获的快乐。

活动准备

1. 幼儿喂养蚕宝宝并连续观察、记录蚕宝宝的生长过程。

2. 教学挂图：《蚕的一生》。

3. 幼儿记录单。

活动过程

1. 出示蚕宝宝产的卵，引发幼儿讨论的兴趣。

教师：这是什么？是从哪里来的？

2. 出示教学挂图《蚕的一生》，教师引导幼儿交流蚕宝宝的生长变化。

教师：蚕宝宝刚孵出时是什么样子的？

教师：后来蚕宝宝是怎样长大的？它吃什么？是怎样吃的？蚕宝宝是怎样爬的？它有多少条腿？蚕宝宝长大时有什么变化？（引导幼儿根据自己的观察进行记录并介绍和相互讨论）

教师：蚕宝宝长大后会怎样？蜕了几次皮？蚕宝宝从孵出来到吐丝一共生长了多少天？

教师：它是怎样吐丝的？结的茧子是什么样子的？它在茧子里一共生活了多少天？最后它变成了什么？你还发现蚕宝宝有哪些有趣的事情？

3. 教师引导幼儿交流各自的喂养经历，体验收获的快乐。

教师：蚕宝宝到我们班和我们做朋友后，你为它做了哪些事情？你是怎样做的？为什么要这样做？

教师：当你为它做这些事情时，你是怎样想的？

教师：当你看见蚕宝宝产的卵时又是怎样想的？

4. 请幼儿用身体动作表现蚕宝宝的生长、活动过程。

教师：请小朋友以小组为单位，用表演的形式来表现蚕宝宝生长、活动的过程，看哪组小朋友合作得好，表演的内容丰富。

请幼儿先商量，再进行表演，鼓励幼儿大胆用身体动作进行表现。

活动建议

活动延伸：将蚕宝宝产的卵分发给幼儿保管，请幼儿明年春天再孵。还可给幼儿观看丝绸织品，引导幼儿认识蚕丝的作用，如举办丝织品展览会。

区角活动：让幼儿在图书角阅读有关蚕宝宝的书，制作蚕宝宝生长、活动过程介绍图。

环境创设：在活动室展示幼儿观察蚕宝宝的记录及收集的关于蚕宝宝的资料片。可将教学挂图《蚕的一生》张贴在活动室墙面上供幼儿进一步认识。

家园共育：帮助幼儿将发放的蚕宝宝的卵收放好。

领域渗透：结合艺术领域的活动，鼓励幼儿用绘画的形式表现蚕的生长过程。

第三节 实验操作型科学教育活动设计与指导

如果说观察是科学探究的起点和基础，那么实验操作型科学教育活动则更接近科学探究。在实验操作型科学教育活动中，幼儿能经历科学探究的完整过程，体验科学发现的乐趣，同时还可以培养实验意识。在幼儿园中，可进行的实验涉及生活事件、动植物、物质材料及科学原理等众多方面。

一、实验操作型科学教育活动概述

(一)实验操作型科学教育活动的定义

科学实验是在人工控制条件下，利用一定的仪器或设备，通过操纵变量来观测相应的现象和变化的方法。它是人类获得知识、检验知识的一种实践形式。科学实验可以重复进行，是揭示事物因果关系的一种最好的研究方法。

幼儿在生活中也会有自发的科学实验，包含了科学实验的基本的程序：提出问题、做出假设、进行验证和得出结论。

【案例 5-7】

配制魔水[①]

宏宏听说芦柑皮的水喷到欢乐球上会使球爆炸，就进行了实验，欢乐球果然爆炸了。于是她想配出一种使欢乐球爆炸的"魔水"。

第一次假设与实验：想到芦柑皮是酸的，滴醋，欢乐球无反应。

---

① 刘占兰：《学前儿童科学教育》，16页，北京，北京师范大学出版社，2008。

第二次假设与实验：想到芦柑皮有甜味，放糖，发现欢乐球以极慢的、不易察觉的速度缩小。

第三次假设与实验：醋和糖混合，欢乐球的变化结果与糖水类似。

第四次假设与实验：想到喷的速度要快，拿喷壶。把醋糖水放到壶中喷，结果欢乐球的变化与糖水类似。

第五次假设与实验：使劲儿闻橘子皮，有酒味，拿出红葡萄酒，欢乐球无反应。

实验进行两个多小时，晚上 11 点，她在妈妈的劝说下睡觉了。第二天，奶奶问结果，宏宏回答："不能算成功，也不能算失败，我发现欢乐球爆炸肯定与糖有关系。"

在以上案例中，幼儿做出了五次假设，实际上是五次改变自变量（加醋、加糖、醋和糖混合、改变速度、加酒）来看因变量的变化（球的变化），最后得出因果关系（欢乐球变化的原因）。

幼儿的自发性实验活动和实验操作型的科学教育活动，都包括通过改变自变量后观察因变量的变化，得出因果关系。幼儿自发的实验活动与实验操作型的科学教育活动的区别是，实验操作型科学教育活动是在教师的引导下进行的有目的、有计划的活动，实验的因果关系主要通过材料的预设性来实现。

幼儿的科学实验是指幼儿通过动手操作改变变量，以发现客观事物的变化及其因果关系的方法。实验操作型科学教育活动是幼儿园科学教育组织形式，是教师按照预想的目的，提供适当的材料，用简单的方法进行演示操作或幼儿自由操作，对周围常见的科学现象加以验证，从而发现客观事物之间的因果关系及变化过程等的教育活动。[1]

幼儿的科学实验和一般科学实验是有区别的。由于幼儿的操作和思维等能力有限，幼儿的科学实验的操作都较为简单，并且实验所要达到的目的、揭示的结果等也都较明显。它强调的是幼儿自己动手操作、自主探索的过程。具体可以从以下几个方面来看。

第一，幼儿科学实验的形式较灵活，科学活动内容趣味性较浓，自变量都是生活中形象直观的物体，实验多是为了激发幼儿的探索兴趣。一般科学实验的形式讲究标准化，实验的过程、结果等都要求严谨。

第二，幼儿科学实验所要揭示的结果都是明显的、可见的、表面的，均是已经被探索出来的、成熟的事物现象及关系等。但是一般科学实验所要研究的大多是还未成熟或已经成熟但还可以进一步扩展的或验证的实验研究。

第三，幼儿科学实验的内容大多是跟幼儿的日常生活息息相关、较浅显、有趣的生活小科学。一般科学实验的内容也跟生活相联系，但大多是较深奥的、揭示规

---

① 张俊：《幼儿园科学教育》，183 页，北京，人民教育出版社，2004。

律性的、需要较丰富的专业知识的科学性实验。

第四，幼儿科学实验的材料以及工具跟一般的科学实验也是存在很大差别的。幼儿科学实验所使用到的材料以及工具是在我们日常生活中就可以得到的，不像一般的科学实验所使用到的工具是需要一定专业操作技能的。

第五，幼儿科学实验的目的更注重幼儿的科学探究兴趣、动手操作能力以及自主探索的能力培养，而一般科学实验则更加注重研究方法和结果的呈现。

第六，幼儿科学实验是一种教育性、启蒙性、科学性相结合的科学教育活动，而一般科学实验是一种实验性、论证性的研究方法。

(二)实验操作型科学教育活动的价值

第一，通过实验操作型科学教育活动，幼儿获得了关于实验对象的知识经验和概念，获得了事物之间相互关系的概念。实验操作丰富了幼儿的记忆，使整个思维的过程更加积极主动，幼儿在实验的过程中常常自然而然地用到分析与综合、比较与分类、归纳与演绎等方法，以及为达到特定的结果而改变自变量的能力。俄罗斯教育学家认为，如果没有观察和实验，幼儿获得的任何概念都是枯燥、抽象的。

第二，培养幼儿学科学的兴趣。多数的实验操作型科学教育活动是教师精心选择的，在短时间内改变自变量就可以看到明显的变化，可以使幼儿感受到科学的神奇，从而激发幼儿对科学的兴趣。

第三，培养幼儿动手操作的能力。科学实验重在幼儿动手操作，鼓励幼儿积极尝试。美国学者希尔伯曼曾在《积极学习——101种有效教学策略》中提到，我们所能学到的东西是所读东西的10%，所听到东西的20%，所看到东西的30%，视听结合能理解的50%；与人探讨有70%的效果；亲身体验有80%的收获。

第四，培养幼儿的创造力。幼儿科学实验的过程是在同一种情境下不断改变自变量的过程，这实际上是培养幼儿发散性思维的过程，而发散性思维是创造力的精髓。在这里强调，鼓励幼儿运用教师准备之外的材料进行探索。比如，在"沉与浮"的实验中利用除了教师准备的材料进行探索外，幼儿把生活中的常见物品也投入水中进行探索(如蜡笔、雪糕棒等)，教师要鼓励幼儿这种自发的探索行为。

第五，从幼儿语言发展的角度看，实验操作型科学教育活动为幼儿的语言表达提供了丰富的素材，同时幼儿也逐渐懂得学习语言的意义和重要性。在解释"怎样"和"为什么"的时候以及与别人讨论和争辩的时候都需要语言。由于有亲身的经历和体验，幼儿会乐于交流和表达自己的想法，通过不同观点的相互碰撞，构建明晰的科学知识与经验，逐步形成准确的表达方式。

(三)实验操作型科学教育活动的类型

实验操作型科学教育活动按操作主体分，可以分为教师演示实验和幼儿操作实验。

1. 教师演示实验

教师演示实验顾名思义就是由教师演示操作实验的全部过程，让幼儿观察实验的过程、现象、变化和结果的一种设计形式。教师演示实验一般是在幼儿年龄太小无法独立进行探究时，或是当幼儿不理解实验材料的操作方式时，教师给幼儿展示实验的神奇变化，引起幼儿的操作兴趣。比如，教师演示把鸡蛋放入清水中，看到鸡蛋沉入杯底，教师不停地往清水中加盐，可看到鸡蛋慢慢浮起来。通过教师的演示，幼儿看到了神奇的变化，知道了材料的用途。教师演示实验会限制幼儿探究的思路，往往只是重复教师的探究过程，所以一般情况下不鼓励教师演示实验。

2. 幼儿操作实验

幼儿操作实验指幼儿亲自动手操作并参与实验的全过程。教师需要引导他们有目的、有规划地进行探究活动，并在幼儿自由探索后，组织幼儿交流讨论各自的经验。幼儿操作实验能够将幼儿的自由探索和教师的科学指导有机地结合起来，并且教师的指导是建立在幼儿自由发现的基础上的，更加凸显出了幼儿自主探索发现的重要性。

幼儿在亲手进行实验操作时，教师需要为幼儿的操作实验提供必要的用具和材料。首先，幼儿操作实验的用具和材料要求要简单、方便幼儿使用，而且要保证数量，以确保人手一份或各组一份，从而使每个幼儿都能参与活动。其次，要为幼儿创设宽松、和谐的活动氛围，营造鼓励幼儿独立思考、亲自动手操作的氛围。教师还需要指导幼儿正确使用工具和材料并学习操作技能，但教师的指导方式应多采用猜测、提问法，教会幼儿科学探究的基本过程和方法，让幼儿亲历科学知识获取的过程。再次，就是要给予幼儿充分的实验时间，以保证幼儿能反复进行实验活动。最后，就是讲解实验规则并保证幼儿的安全。

二、实验操作型科学教育活动设计

(一)制定实验操作型科学教育活动目标

1. 制定实验操作型科学教育活动目标时应注意的问题

第一，目标要具体，避免过空、过大(如"培养幼儿对科学的兴趣")。

第二，目标的制定要有针对性，活动目标依靠具体活动去实现，什么操作让幼儿获得什么能力，什么过程带来怎样的情感体验。

第三，目标要体现实验操作型活动的特点，使幼儿亲历探究的过程，掌握探究的方法，养成探究的习惯。

2. 实验操作型科学教育活动的核心教学目标

无论选择采用什么样的设计思路，在进行设计时还必须考虑活动的目标设置。在设置实验操作型科学教育活动目标时，首先要考虑到科学教育活动的普遍性目标，其次要考虑到实验操作型活动的特殊性目标。一般来说实验操作型活动的核心教学目标主要有以下两点。

第一，科学好奇心。培养幼儿对科学的好奇心是科学实验的重要价值，所以在制定目标时，作为情感目标的"科学好奇心"是首要目标。

第二，科学探究能力。培养幼儿的科学探究能力是科学实验的核心，是能力目标的体现。

除以上两个核心目标外，知识经验目标一般也不应缺失，即获得有关周围事物及其关系的经验，并有使用的倾向。

以下是不同年龄段幼儿实验操作型科学教育活动的目标设计。

表5-4　小班幼儿(3～4岁)实验操作型科学教育活动设计的目标[①]

教学目标		我们来建动物园(小班)
科学好奇心	注意到新异的事物或现象	注意到是否拓出小动物和沙子是干是湿有关系
科学探究能力	能通过自己的观察操作获得发现	通过操作观察改变沙的湿度，拓出自己想要的动物
知识经验	获得有关周围事物及其关系的经验，并有使用的倾向	通过实验发现沙的湿度和模具拓出的模型的稳固性有直接的关系

表5-5　中班幼儿(4～5岁)实验操作型科学教育活动设计的目标[②]

教学目标		沉浮(中班)
科学好奇心	愿意探究新异的事物或现象	发现物体在水里会出现沉浮现象，愿意用不同的物体来实验
科学探究能力	能对问题做出假设并用自己的经验来加以检验	能根据自己的经验预测不同物体在水中的沉浮变化，并通过实验加以检验
	能根据已经获得的资料进行合理推断、得出结论	在实验的基础上总结哪些物体在水里是沉的、哪些是浮的

表5-6　大班幼儿(5～6岁)实验操作型科学教育活动设计的目标[③]

教学目标		我们和空气做游戏(大班)
科学好奇心	对新异的事物或现象提出问题并进行探究	对和空气做游戏感兴趣，感受空气的存在，明白空气对人类的意义
科学探究能力	能根据过去的经验或逻辑推断对现象进行解释和预测	能运用所提供的材料进行积极主动的探究。预测袋中装的是空气，并戳破塑料袋来验证
	能根据已经获得的资料进行合理推断、得出结论	在实验的基础上了解空气的属性(无色、无味、流动)

---

①②③　张俊：《幼儿园科学教育》，184～185页，北京，人民教育出版社，2004(有改动)。

(二)实验操作型科学教育活动设计的内容选择

第一，动物实验和植物实验，如小兔子吃什么、种子发芽的条件等。

第二，物理实验，让幼儿感受物理现象并使用主要的感官进行尝试性的探索，达到关注、感受、探究身边物理科学现象的目的。通常包括力(如沉与浮、小汽车在什么路面上跑得快、怎么让天平保持平衡等)，声(如传声筒)，光(如影子)，电(如小灯泡怎么才能亮)与磁(如磁铁能吸什么)。

种大蒜

扫一扫，看活动视频

第三，化学实验，应该选择幼儿能直接看到、感受到的一些化学实验，要求实验的工具、材料等是安全的、易操作的，如除水垢实验。

(三)实验操作型科学教育活动过程的设计与组织实施

第一，为幼儿的科学实验营造氛围，要引导幼儿产生探究的兴趣。良好的活动氛围可以很好地带动幼儿参与实验的积极性，增加实验的趣味性，从而激发幼儿科学探究的动力，达到科学教育的效果。教师通过出示材料引起幼儿对活动的兴趣；或是通过问题使幼儿说出已经积累的生活经验，引出操作任务；或是教师演示实验的过程，引起幼儿对实验的兴趣。比如，在"有趣的磁铁"活动中，教师用"会跳舞的小人"(在小人偶脚下固定铁块，放在玻璃板上，教师一手拿玻璃板，另一手拿磁铁在板下面不停地运动)引起幼儿对磁铁的兴趣。

第二，让幼儿根据已有经验猜想可能的结果，然后再进行实际的探究活动，获得实际的发现结果后，来验证原来的猜想是否正确。具体说，猜想就是针对幼儿所面临的一些问题，教师可以让幼儿在现有经验基础上对解决问题的策略进行猜想，即可能解决问题的方式或者途径。然后鼓励幼儿在自己的猜想上进行简单的具体实验操作，进而来解决自己所面对的问题，看看是否能够解决问题，即验证自己的猜想是否正确的过程。这种思路依赖于幼儿的知识经验和思维发展水平，因此提供给幼儿探究的活动内容一定是幼儿能够理解的，或是能够用已有的经验去解释的。

第三，确定实验的规则。实验的规则主要从安全角度出发，对幼儿的探究行为不做过多限制。

第四，动手操作，动脑思考。如果幼儿只是动手，却没有动脑思考的操作不能称为探究。幼儿只有边动手边思考，才是真正意义上的探究。这就要求教师在实验内容、材料和程序的选择上要在幼儿的最近发展区内。

第五，活动结束后，可以通过幼儿的讨论交流对活动进行自我评价和小结；或提出要求，让幼儿将获得的经验用于生活中；或提出类似的问题情境，让幼儿思考。

2016年上半年幼儿教师资格证考试《幼儿保教知识与能力》活动设计题

请根据下列素材设计一个大班科学活动，要求写出活动名称、活动目标、活动准备、活动过程。

大班的胡老师为幼儿提供了各种吹泡泡的工具，有吹管、铁丝绕成的圈、塑料吹泡泡棒等，让幼儿在户外活动时自己吹泡泡玩。幼儿在吹泡泡的时候，有的能吹出很大的泡泡，有的只能吹出小泡泡，有的能一次吹出好多个泡泡，有的一次只能吹出一个泡泡。结果有的幼儿得意，有的幼儿沮丧。针对上述现象，胡老师打算组织一次科学教育活动，以引发幼儿深入探究的兴趣，并使幼儿了解不同吹泡泡工具与吹出的泡泡之间的关系。

答题思路： 此题所考知识点是实验型科学教育活动的设计与组织，也是本节的主要内容。活动目标既要体现对幼儿好奇心或科学兴趣的培养，又要重视科学探究的能力，也就是"提出猜想（假设）—进行验证—得出结论"的能力，还要有知识经验的目标，也就是泡泡形状和吹泡泡工具的关系（不论什么形状的工具，吹出的泡泡都是球形的）。活动准备时，教师要注意准备充足的材料，吹泡泡溶液和各种形状的吹泡泡工具保证人手一份。在实施中教师注意适时地引导，先通过演示吸引幼儿的注意力，并观察吹泡泡工具的形状，引导幼儿进行假设并验证，鼓励幼儿得出结论。

三、实验操作型科学教育活动指导

（一）小班幼儿（3~4岁）实验操作型科学教育活动的指导

第一，实验内容贴近生活，并且幼儿有相关经验的积累，如常见的物体（沙、水、空气、纸、玩具、交通工具等）及常见的现象（水的三态变化、常见植物的生长变化）。小班的幼儿正处于从直觉行动思维向具体形象思维过渡的发展阶段，他们喜欢用手去接触事物。因此，教师提供的实验对象应知觉特征明显，能启发幼儿调动多种感官来认识。

瓶子吹气球

扫一扫，看活动视频

第二，为小班幼儿提供充足的材料和工具。小班幼儿心理发展具有"自我中心"的特点，这个时期的幼儿还不能很好地分享，应尽量保证幼儿人手一套或一组一套，使活动顺利进行下去。

第三，小班幼儿能够明白简单的因果关系，所以实验设计要浅显易懂，要具有直观性。

第四，小班幼儿的目标意识较弱，在操作的过程中会忘了自己最初的目标。例如，糖在水中溶解的实验，幼儿关注到不同的人手中用来搅拌的筷子不同，可能最终变成换筷子的游戏。这就要求教师在材料选择上注意选择不易让幼儿分心的材料，或是在集体活动前先在区域活动中投放新材料。同时，小班幼儿注意力还很不稳定，教师要通过各种途径使幼儿的注意力放在被实验的物体上，如教师在引导小班幼儿时可以采用提问法或其他有趣的引导策略(如手偶之类)。

第五，小班的幼儿已经可以完成一些简单指令，但还不具备独自完成实验的能力。所以，教师要敏锐观察，为幼儿提供必要的帮助。同时，教师还要多提醒幼儿关于安全的注意事项，如案例5-8中，提醒幼儿不能扬沙，沙子不能吃，沙子不能进眼睛等。

第六，对于科学实验来讲，记录是重要的组成部分，但小班幼儿的书写能力有限，可以以教师引导下的集体记录或是图片的粘贴方式进行。粘贴的图片可以是平时在美工活动中剪好的。同时，还要注意记录要量力而行，不能成为幼儿的负担。

【案例 5-8】

我们来建动物园(小班)

活动目标

1. 认知目标：知道沙的湿度和模具拓出的形状的稳定性有直接的关系。

2. 技能目标：能通过加一定量的水，改变沙的湿度，拓出各种动物模型。

3. 情感目标：对沙的湿度变化感兴趣。

活动准备

在日常活动中幼儿已有玩沙的经验。每人一盘干沙，几个动物模具，一瓶水(教师做过预实验，沙和水的比例适当)。

活动过程

1. 教师：小朋友们，我们要建一座动物园，可是现在还没有小动物呢，你们能不能用沙子变出一些小动物呢？(导入环节)

2. 给幼儿自由探究的时间，幼儿发现干沙拓不出小动物。(进行环节)

3. 教师提示幼儿："看看桌上，老师还给你们准备了什么？"教师根据幼儿的反应，指导幼儿把沙水混合后，再用模具试一试。(进行环节)

4. 让幼儿把沙盘聚在一起，展示自己的作品。让幼儿说说动物园里都有什么动物。(进行环节)

5. 教师带幼儿一起来总结，什么样的沙子才能做出小动物。(结束环节)

活动延伸

回家后与爸爸妈妈一起做沙雕。

(二)中班幼儿(4～5岁)实验操作型科学教育活动的指导

第一，4～5岁的幼儿对周围世界的兴趣处于最高峰，所以中班幼儿的问题有增多的趋势。幼儿通过实验得到答案的需求变得更加迫切。由于已经积累了较多的生活经验，幼儿的探究更具方向性及探索性，幼儿的探究风格也在逐渐形成。教师应创设一个安全的探究环境，让幼儿自由地进行实验探索。

第二，中班幼儿的目标意识增强。为中班幼儿提供一定的主题和充足的材料，幼儿可以独立进行探究活动或开展一部分的探究。4～5岁的幼儿开始以具体形象思维为主，探究的视野从点扩大到面。教师在中班幼儿进行探究时，应给予幼儿充分的自主探究的实验时间，鼓励幼儿多尝试，不断积累经验。但教师关于安全方面的口头指导是有必要的。

第三，教师的鼓励和表扬对这个年龄段的幼儿有重要的意义。教师要对这一时期幼儿的主动性行为进行激励。根据美国著名的发展心理学家埃里克森的社会心理发展阶段理论，3～6岁的幼儿正处于主动性形成阶段，如果幼儿表现出的主动探究行为受到鼓励，就会对他将来成为一个有责任感、有创造力的人具有重要的意义。如果成人讥笑幼儿的独创行为和想象力，那么幼儿就会逐渐失去自信心，这使他们更倾向于生活在别人为他们安排好的狭窄圈子里，缺乏自己开创幸福生活的主动性。

有趣的密度

扫一扫，看活动视频

【案例 5-9】

沉浮（中班）

活动目标

1. 认知目标：知道哪些物体在水里是沉的、哪些是浮的。

2. 技能目标：能积极主动地参加探索沉浮现象的活动，学习预测和验证的科学方法。

3. 情感目标：对物体在水里的沉浮现象感兴趣，愿意用不同的物体来进行实验。

活动准备

1. 铁夹子、饮料瓶、橡皮泥、积木、石子、玻璃弹子、海绵等；水盆、抹布；记录纸人手一张。

2. 活动前教师提供水箱及玩水用具，指导幼儿参加玩水游戏，激发他们对玩水活动的兴趣，丰富有关物体沉浮的经验。

活动过程

一、观察材料，激发幼儿的兴趣

请小朋友看看，桌上有什么？你们猜猜看，如果把这些材料放在水里会怎样呢？

（幼儿自由表达）

二、出示记录纸，讲解记录的方法

1. 看看记录纸上有什么？（前面是这些东西的标记，＿＿表示水，＿＿的上面表示水的上面，＿＿的下面表示水的下面）

2. 石头放在水里会怎么样？怎么记？记在水的下面还是水的上面？

3. 记好以后，把这样东西放在水里做实验，看看有什么发现？跟你刚才想的是不是一样？再把它记下来。

三、幼儿操作、记录，教师指导

每次只能拿一样东西，先猜想记录再实验。

四、小结，引导幼儿继续探索

刚才你玩的是什么？发现了什么？小朋友发现了这些材料在水里有的沉、有的浮，有的东西很大，猜它是沉下去的，可是一试发现却不是这样的，所以任何事情只有自己试试才知道。这里还有许多东西，它们放在水里是沉还是浮呢？你们想不想猜一猜、试一试？这次我们就不用记录了，你可以先在心里想想，再去试试，也可以和好朋友一起猜，玩过以后告诉你的好朋友。

活动延伸

活动后可将沉浮游戏所用的材料放于科学区中让幼儿继续进行活动，巩固对沉浮的认知。

（活动设计：南京市珠江路小学附属幼儿园　钱国兴）

（三）大班幼儿(5～6岁)实验操作型科学教育活动的指导

第一，大班幼儿能够发现问题、提出问题，通过探究寻找答案。教师要鼓励幼儿创新，鼓励幼儿自己得出结论，活动结束后让幼儿自己收拾材料。如果分组进行，要确定小组负责人，鼓励幼儿自我管理。大班幼儿的自主性提高，教师要始终记住：幼儿自己能完成的事情，在保证安全的前提下，教师就放手让幼儿自己去做。

第二，提供有层次、有目标的操作材料——引发幼儿积极参与活动。在操作材料中，大班的幼儿开始逐渐对有一定挑战性的内容或问题表现出探究兴趣，喜欢关注事物的变化和奇特的现象，以及事物的细节特点和功能等。同时，大班的幼儿开始表现出个性化倾向，个体差异更为明显。

第三，这一时期的幼儿抽象思维有所发展，幼儿可以看到不明显的因果关系。所以，教师应设计些需要一定的深入探究才能发现的现象、关系等以满足幼儿探究的欲望。

第四，运用适当语言引导，并让幼儿明确在做什么。用适当的语言引导幼儿理解科学实验所揭示的关系，并鼓励幼儿用语言表达，交流实验过程、方法、结果，利用各种方法记录实验结果。

【案例5-10】

我们和空气做游戏(大班)

活动目标

1. 认知目标：感受空气的存在，形成空气的概念，了解空气的属性(无色、无味、流动)。

2. 技能目标：能运用所提供的材料进行积极主动的探究。

3. 情感目标：对和空气做游戏感兴趣，明白空气对人类的意义。

空气在哪里

扫一扫，看活动视频

活动准备

每位幼儿配一个塑料袋(尽量窄一点且长度适当)、一个盛有半杯水的水杯和一根吸管。

活动过程

1. 教师空手抓一把空气后提问：小朋友，你们猜一猜，老师在干什么呀？你们也试试吧！(吸引幼儿的注意)

2. 教师出示魔法袋，请小朋友去抓空气，同时说明安全规则，不能把塑料袋蒙在自己或他人脸上，牙签用后放在桌上规定的位置，等教师收回。

提问：塑料袋有东西吗？为什么是鼓起来的？你的空气是在哪里抓到的？它是什么颜色和味道的？

小朋友们用牙签在塑料袋上扎个小洞，把小洞对着脸，感受空气并闻闻空气是什么味道的？

幼儿交流讨论，教师小结。

活动延伸

和爸爸、妈妈、爷爷、奶奶一起玩找空气的游戏。

第四节　科学讨论型科学教育活动设计与指导

科学讨论型科学教育活动以幼儿的讨论为活动的组织形式，但讨论要以幼儿的经验为基础。经验可以来自日常生活的积累，或是活动之前专门开展的实地的参观考察、科学阅读，或是教师在科学讨论型科学教育活动前组织的观察认识型活动、实验操作型活动等。科学讨论型科学教育活动的信息收集可能是一个较长的过程，同时来源也较广泛，如家庭、幼儿园的各种活动。同时，它有较大的信息量，需要用单独的时间来进行专门讨论。

一、科学讨论型科学教育活动概述

(一)科学讨论型科学教育活动的定义

科学讨论型活动是指幼儿在亲自探究与收集资料、整理资料的基础上，通过集体的交流讨论等手段获取科学知识的一种科学教育活动。科学讨论型活动需要幼儿进行讨论，所以对表达能力有一定的要求。因此较适合中班、大班的幼儿。

(二)科学讨论型科学教育活动的价值

第一，科学讨论型活动中的信息量大，能充分满足幼儿旺盛的求知欲。在活动中，每个幼儿介绍他通过各种渠道收集到的信息，并在活动结束后让每个幼儿讨论自己的感受、体验和发现，在此基础上产生一种交流讨论的潜力和倾向。交流讨论有利于梳理幼儿头脑中的信息，帮助幼儿明晰所发现的事物特征及关系。

第二，有利于培养幼儿获取信息的能力，特别是有助于幼儿获得间接经验的能力。因为此类活动通常都是在事先收集资料的基础上进行的，所以有利于培养幼儿的信息意识及收集信息的能力。

第三，有利于培养幼儿的语言表达能力。由于科学讨论型活动是采用集体讨论的方式，能使幼儿用自己的语言有条理地解释现象，表达自己的探究过程，从而让幼儿在使用语言的过程中感受到获得科学知识的乐趣，逐渐懂得学习语言的重要性。

第四，有利于发展幼儿的思维发展。在集体讨论的过程中，幼儿需要去理解别人的思维，这能有效地促进幼儿思维的社会化。

第五，能使幼儿学会倾听，尊重他人的意见。

(三)科学讨论型科学教育活动的类型①

1. 实验操作——交流讨论式

这类活动是指幼儿在家中进行的实验活动，或是在区域活动中进行的实验活动，又或是在一系列集体开展的实验活动后，在幼儿积累了大量信息的基础上开展的交流讨论活动。例如，"捂柿子"：柿子成熟的季节，幼儿对怎么能使柿子熟得更快感兴趣，教师可以鼓励幼儿在区域活动中或是在家里做实验，他们有的把柿子和香蕉放一起，有的把柿子和苹果放一起，有的把柿子放在

旋转的东西
扫一扫，看活动视频

盒子里，有的放在太阳底下，有的放水里……教师请幼儿自己记录实验的过程和结果，等实验都结束后，开展交流讨论活动。

2. 观察参观——汇报交流式

这类活动是让幼儿观察探索的对象，获取直接经验，再进行汇报交流，分享经验。在这类活动中要注意照片和录像等资料的收集。例如，自来水是怎么净化的？

3. 收集资料——共同分享式

有些活动，教师可以事先提供一些收集资料的途径和方法，如查阅图书、互联网搜索或采访当事人等方法，然后在集体活动中和大家分享。例如，恐龙为什么会消失？

---

① 夏力：《学前儿童科学教育活动指导》，77页，上海，复旦大学出版社，2009。

4. 设疑提问——相互讨论式

对于幼儿自己感兴趣的问题，教师可以先引导幼儿自己进行讨论，然后通过集体研究使不同观点进行"碰撞"。例如，我们怎么保护自己？

5. 科学阅读、文艺——交流讨论式

幼儿的科学读物，往往通过形象生动的语言或直观的图画等幼儿喜欢的形式呈现，通过科学阅读可引发幼儿认知的改变，激发幼儿思考、想象和求知；科学阅读使幼儿超越科学的"真实"，在艺术、审美的层面丰富其对科学的理解和体验。例如，科学绘本《肚子里有个火车站》，讲主人公茱莉娅吃得太多、太快，所以她的肚子出事了！饭菜一大块一大块地掉进肚子火车站，堆得像小山一样高。这可害惨了肚子里的小精灵们……绘本带幼儿参观肚子火车站，以一种极其有趣的方式使幼儿了解自己的消化系统，从而帮助幼儿养成健康的饮食习惯。教师可以以此绘本为基础展开科学讨论活动——"我们怎么保护我们肚子里的小精灵"。同时，我们还可以通过讲故事、猜谜语、念童谣与诗歌、唱歌等活动，为幼儿学习科学提供大量机会。但要注意这些活动的选择要以幼儿的经验积累为基础，活动内容起到抛砖引玉的作用。

二、科学讨论型科学教育活动设计

(一)制定科学讨论型科学教育活动目标

科学讨论型教育活动是在收集资料的基础上以幼儿间的信息交流为手段，达到培养幼儿表达能力、资料收集能力和分享知识经验的目的，因此科学讨论型活动的核心教学目标有以下三点。

第一，表达交流技能。

第二，资料收集与整理技能。

第三，科学知识和经验。

表 5-7　中班(4～5 岁)科学讨论型科学教育活动设计的目标①

教学目标		动物的尾巴
表达交流技能	运用语言大胆讲述自己的观点	幼儿能够大胆地表达自己对动物尾巴的想法和观点，提高口头表达能力
	倾听、理解和评价他人的观点	幼儿在倾听、交流分享中了解动物尾巴的不同特征及作用
	在表达交流过程中能借助图画、表格、动作、形象等方式	活动前请幼儿家长和幼儿一起完成调查表，鼓励幼儿去观察动物尾巴的外形特征，并反映在调查表中
科学知识和经验	丰富有关讨论主题的科学经验	动物的尾巴有不同的用处，不同动物的尾巴也不一样

---

① ② 张俊：《幼儿园科学教育》，194 页，北京，人民教育出版社，2004(有改动)。

表 5-8　大班(5～6 岁)科学讨论型科学教育活动设计的目标②

教学目标		我们该怎样保护自己
表达交流技能	运用语言大胆讲述自己的观点	大胆讲述自己所知道的自我保护的科学知识
	倾听、理解和评价他人的观点	养成良好的倾听习惯，学会从别人的讲述中积累有关自我保护的经验
	在表达交流过程中能借助图画、表格、动作、形象等方式	尝试做图示、标记
科学知识和经验	丰富有关讨论主题的科学经验	丰富有关自我保护的科学经验
	学习在收集和借鉴信息的基础上建构自己的科学知识	对自我保护的知识进行分类

(二)科学讨论型科学教育活动的内容选择

科学讨论型活动不同于其他的科学探究活动，它是一种建立在幼儿直接或者间接经验基础上的科学交流活动。因此，应该把幼儿的科学讨论型活动和他们获得经验的认知活动结合起来设计活动内容。具体可以从以下几个方面来看。

第一，如果在实验观察等集体活动后，教师若认为表达环节时间不足，幼儿表达的意愿没有被满足，讨论能更进一步提升幼儿的经验。

第二，一系列实验或观察集体活动后(如关于磁铁的探索)，为了便于幼儿所有相关经验的全面总结提升，可以进行一次科学讨论型活动。

第三，科学讨论型活动大多是幼儿在生活中、游戏中积累了相关经验后，教师组织讨论型活动，整体提升幼儿的经验，同时发展幼儿的语言表达能力。

无论是哪种情况，在选择内容的时候都要注意：每个幼儿都有相关的经验积累，让每个幼儿有话可说。贴近生活的话题有利于幼儿理解和内化科学知识，只有幼儿体验到交流的话题是对自己和他人有意义的，他们才会积极参与讨论活动。要选择有趣的讨论话题，寻找与幼儿近日生活中共同关心的有关内容，如一定区域内幼儿的生活经常出现的某些大家共同经历的事，或是电视台近期放映的一部动画片等，都能激发幼儿产生交流和分享的愿望。

(三)科学讨论型科学教育活动过程的设计与组织实施

科学讨论型科学教育活动可以说是探究活动的最后一个环节，之前由教师提出恰当问题，幼儿通过观察、操作、阅读或采访收集资料来交流讨论。在将科学讨论型科学教育活动作为集体教学活动来设计和组织实施时，教师要注意以下几点。

第一，提出幼儿感兴趣的问题，要把幼儿的交流讨论活动和他们获取经验的求知活动有效结合起来。因为科学讨论型科学教

春天的花
扫一扫，看活动视频

育活动是建立在幼儿或直接、或间接的经验基础上的科学交流学习活动，能促使幼儿积极回忆已有经验，有表达的欲望。

第二，教师要营造一种民主平等、宽松自由的交流氛围。尤其要关注那些沉默寡言的幼儿，鼓励他们积极发言。教师应该作为组织者和协调者以平等的身份参与讨论，在幼儿讨论期间不要以对错来评判幼儿的发言。

第三，鼓励幼儿运用多种方式表达自己的想法，包括图像记录、手势、动作、表情、艺术表演、作品展览等。同时讨论形式要多元化，如集体讨论、分组讨论、借助图片讨论或创设情境讨论。

第四，教师根据情况适当进行归纳小结，在不挫伤幼儿探究和表达积极性的前提下，纠正幼儿的一些错误观念。但要注意，教师的总结应该在幼儿可以接受的水平范围内，如果超出幼儿的接受水平，那么教师的总结就会变成无意义的灌输。另外，教师还要帮助幼儿提升经验，明确概念，形成整体认识。例如，在观察了冬天的树后，教师可以教给幼儿"常绿树"和"落叶树"的概念。小结时注意不要使用太抽象、太长的句子，不宜将其上升为原理性的知识概念。对于幼儿暂时还不能理解的原理，我们不妨引导幼儿去关注事物之间的关系。例如，"吹泡泡"的实验，幼儿在用不同形状的吹泡泡器具吹出的泡泡都是球形时，我们可以帮幼儿总结：泡泡的形状和器具的形状没有关系。至于为什么会出现这样的结果，根据幼儿的认知水平我们不可能将"液体的表面张力"和"相同体积的物体，球的表面积最小"的物理数学知识讲给幼儿，如果在发展尚未达到适当水平前提下教他们日后能掌握的知识，将会对幼儿自行探索、主动求知的行为产生不利影响。小结要具有延伸性，不一定非要得出结论，有时没有结论比有结论更有意义，我们不妨在幼儿心中种下一颗"问题"的种子，让幼儿带着探索的愿望去成长。

三、科学讨论型科学教育活动指导

由于科学讨论型科学教育活动需要幼儿进行讨论，所以对表达能力有一定的要求。因此，较适合中班、大班的幼儿，这里对小班的幼儿就不再讨论了。

(一)中班(4～5岁)科学讨论型科学教育活动的指导

第一，通过提问等方式导入，引起幼儿活动的兴趣，满足这一时期幼儿的好奇心。

第二，帮助幼儿有目的、有针对性、持续地探究讨论重点内容和问题。帮助中班幼儿抓住重点和关键问题。这一时期的幼儿会看到什么就说什么，常常主次不分，所以教师应适当地给予引导。

第三，在中班幼儿进行讨论交流时，教师应引导他们将讨论进行有意识地比较。在比较的过程中帮助幼儿理解并学会尊重别人的观点。

【案例 5-11】

动物的尾巴

活动目标

1. 认知目标：幼儿在交流分享中了解动物尾巴的不同特征及作用。

2. 技能目标：幼儿能够大胆地表达自己的想法和观点，提高口头表达能力。

3. 情感目标：幼儿对探索、观察动物有兴趣，乐意参与活动。

活动准备

1. 活动前请幼儿家长和幼儿一起完成调查表，鼓励幼儿去观察动物尾巴的外形特征，探索动物尾巴的作用。

2. 没有尾巴的动物及尾巴图每人一份。

活动过程

1. 交流分享。

(1)通过提问的方式，引起幼儿活动的兴趣。

教师(出示调查表)：小朋友，前几天老师请大家回家做了关于动物尾巴的调查，下面请大家来把你的调查结果说给大家听听。你调查了哪些小动物？它们的尾巴是什么样子的？(如幼儿根据自己画的图形告诉大家燕子的尾巴像一把剪刀)尾巴有什么作用？你是怎么知道的？(通过观察、网上查询、家长告知)让幼儿把自己的调查表以及收集来的资料展示给大家。

(2)提问：还有哪位小朋友要来补充的？对他的介绍有没有要问的问题？

(3)小结：刚才，小朋友介绍了动物尾巴的用处。动物有了尾巴有好多功能，这样它们在大自然中才能更好地生活。动物尾巴真有用！

2. 游戏"找尾巴"。

(1)教师出示没有尾巴的动物。

森林里出现了一件怪事：一位魔法师把小动物的尾巴给偷走了。现在，老师已经侦察到小动物的尾巴就藏在我们后面。我们一起去帮小动物找尾巴好吗？你们有信心找出来吗？我相信你们一定能行的！

(2)幼儿帮小动物找尾巴。

(3)教师：找好了吗？和好朋友说一说，讨论一下你帮谁找到了尾巴，它的尾巴是什么样的？

(4)小结。

动物的尾巴有不同的用处，不同的动物尾巴也不同。教师一边拿图片一边询问幼儿：它的尾巴是什么样的？教师引导幼儿流利地表达出来。

活动延伸

教师：今天我们认识了哪些动物的尾巴呀？那你的调查表上是不是都有它们的名字呀？没有的话回去和爸爸妈妈一起把它们填上去，明天带给老师。

(二) 大班(5～6岁)科学讨论型科学教育活动的指导

第一，学习吸取别人观点中的精华和鉴别信息。在讨论交流的时候，大班的幼儿要具备筛选信息的能力，讨论是为了吸取别人观点中幼儿认为有用的东西，而不是照样子学，鼓励幼儿对同伴观点有根据地进行质疑。

第二，主动建构自己的科学知识。大班的幼儿已经具备了一定的科学经验，这一时期的科学讨论要促进幼儿有效地整合、建构自己的知识。

第三，满足大班幼儿深层次的求知。这一时期的幼儿愿意更深层次地探究内在联系或现象等。所以，教师在指导时应注意层次性，步步深入，充分满足幼儿的求知欲。

第四，教育活动应多采用小组合作的形式。大班幼儿经常会边探究边交流讨论，甚至还会有协商或争执的行为出现。所以，在实际活动时，教师可以设定一个主题，以小组为单位展开讨论，促使幼儿协商讨论，学会妥协，达成一致。同时，还可以采用自选主持人讨论、不同观点辩论等形式。

第五，鼓励幼儿运用多媒体设备来佐证自己的观点。

【案例 5-12】

我们该怎样保护自己

活动目标

1. 认知目标：了解几种自我保护的方法。

2. 技能目标：能大胆讲述自己所知道的自我保护的科学知识，学会从别人的讲述中积累有关自我保护的经验，尝试做图示标记。

3. 情感目标：养成良好的倾听习惯。

活动准备

关于自我保护的知识，幼儿在生活中已经有所积累，在活动前让幼儿在成人的帮助下，梳理和丰富关于自我保护的知识。并做一些提示性记录。

活动过程

1. 引出问题，激发幼儿的讨论兴趣：我们该怎样保护自己？

2. 引导幼儿讨论自己所知道的自我保护的方法。

3. 教师小结，并进行归类。

活动延伸

引导幼儿利用日常活动时间不断丰富展板上关于自我保护的内容。

第五节 技术制作型科学教育活动设计与指导

科学是技术的理论总结，技术是科学在实践中的运用。相比观察认识型、实验操作型、科学讨论型的科学教育活动，技术制作型科学教育活动更侧重幼儿的动手能力(工具的使用及科技小制作)。

一、技术制作型科学教育活动概述

技术制作型科学教育活动要求以真实的科学本质为基础，以试验性的步骤，逐渐让幼儿获得对科学技术的基础认识，了解技术的转化和中介作用，从而为所有的幼儿提供理解和掌握这个现代化世界的窗口。[①] 这里的技术主要有两种：一是设计技术，也就是幼儿在进行科技制作时需要思考具体使用什么方法；另一种是使用技术，是当幼儿在学习使用某种科技产品或工具的时候要掌握的操作技巧。

(一)技术制作型科学教育活动的价值

心理学家皮亚杰认为，智慧从动作开始，学生的多种感官参与认知活动，可以使信息不断地刺激细胞，促使思维活跃，便于储存和提取信息，同时易于激发学生的好奇心和求知欲，产生学习的内驱力。因此，我们的教学应该重视操作活动，用操作活动启迪思维，使思维在操作中得到发展。具体从以下几个方面来说明。

第一，技术制作型活动能促进幼儿小肌肉的发展，有利于培养幼儿手眼协调、动手操作及制作的能力。

第二，技术制作型活动能加深幼儿对科学现象的理解，如在制作风向标的过程中，制作的要领是风向标的两边不对称，重心固定于垂直轴上。之所以这样做，是因为风的阻力。

第三，在技术制作型活动中幼儿获得了对技术的直接体验。比如，在操作照相机的过程中，对于焦距有直接的体验；在制作跷跷板的过程中，对平衡原理有直接的体验。

(二)技术制作型科学教育活动的类型

1. 感受——操作

这一类活动是让幼儿充分接触和感受运用技术产品。比如，认识并正确操作各类玩具、家用电器等，满足幼儿渴望了解技术的愿望，培养幼儿关注科技的兴趣。此类活动通常先由教师演示、讲解产品的用途并演示其操作步骤，幼儿在观察的基础上动手尝试，最后进行讨论并完成正确的操作。

2. 运用——操作

此类活动是让幼儿学习使用工具。比如，正确使用照相机、订书机、测量工具等，让幼儿知道工具怎么用，工具的用处是什么。此类活动通常由教师或家长启发、引导幼儿操作使用，幼儿在不断的失误中总结，最终掌握正确的使用方法。

3. 学习——制作

此类活动是通过开展小制作活动让幼儿按固定步骤学习制作。比如，制作小汽车活

[①] 夏力：《学前儿童科学教育活动指导》，67～68页，上海，复旦大学出版社，2009。

动，幼儿在运用工具和材料开展小制作时对技术有一种非常直接的体验。此类活动通常由教师演示操作过程，幼儿动手实践，教师和幼儿共同交流，最后制作完成作品。

4. 设计——制作

此类活动是让幼儿进行简单的科技创作。比如，设计并制作不倒翁。此类活动是在小制作的基础上，通过自主设计，在教师的指导帮助下，个性化地完成作品的创作和制作过程。

二、技术制作型科学教育活动设计

（一）技术制作型科学教育活动的目标设置

技术制作型科学教育活动需要考虑的最重要的一项就是教学目标的设置。技术操作能力是技术制作型活动的核心目标，一方面是使用操作技术，另一方面是能运用技术创造新产品。

由于技术制作型科学教育活动在目标设置时各年龄段的差异不大，区别只是内容选择的难易，所以本节不再分开论述各年龄段的目标，具体见表5-9。

表5-9　技术制作型科学教育活动目标设计[①]

教学目标		适用年龄段	举例
技术操作能力	掌握简单工具的使用方法	小班或以上	学习使用不同的工具，打开不同的坚果（小班"小工具帮大忙"）
	按程序进行操作或制作	中班或以上	学习使用相机（中班"小小摄影师"）
	设计并制作简单的物品	中班或以上	选择合适的材料制作沙漏（大班"我的小沙漏"）

（二）技术制作型科学教育活动的内容选择

第一，在工具使用的活动中，可以选择生活中常用的工具，幼儿学会这项技能会有一种成就感。

第二，在科技小制作活动中，选择那些既蕴含科学道理，幼儿制作好后又可以进行操作、游戏的小物品。

（三）技术制作型科学教育活动过程的设计与组织实施

第一，教师要准备好活动材料以及相关科学术语、词汇，还要考虑活动过程中的重、难点。

第二，在活动进行中，教师首先要设置能够引起幼儿兴趣和探究欲望的导入性活动；其次要鼓励幼儿围绕主题进行假设和设计；再次要鼓励幼儿按照自己的想法进行操作；最后要引导幼儿积极地展开交流讨论并思考，注意做好活动总结。

---

① 张俊：《幼儿园科学教育》，202页，北京，人民教育出版社，2004（有改动）。

三、技术制作型科学教育活动指导

(一)小班技术制作型科学教育活动的指导

第一，掌握简单工具的使用。小班幼儿的操作能力有限，只有掌握了基本的简单工具的使用方法，才能为技能的形成奠定基础。

第二，对于小班幼儿，要注意活动引入的方式，可以采用故事、儿歌等有趣的引入法将幼儿的技术制作与游戏结合起来。小班的幼儿始终离不开游戏，将游戏和技术制作结合起来，能够达到娱乐、学习相融合的效果。

第三，小班的幼儿喜欢独自操作，教师要鼓励幼儿进行制作交流。与此同时，教师还可以引导幼儿关注其他幼儿的制作。

第四，对于小班幼儿出现的制作困难，教师应及时解决，以保证他们的制作顺利进行。

第五，教师应利用示范或提示操作的方式，充分发挥幼儿模仿、观察的特性，以激发幼儿制作的动机。

(二)中班技术制作型科学教育活动的指导

第一，按程序操作或制作。教师设计的制作活动要有步骤、要层层递进地进行，幼儿按照步骤制作。

第二，设计并制作简单的物品。中班技术制作型科学教育活动要求幼儿能够选择合适的材料进行简单制作，熟练掌握制作对象的功能、结构等。与此同时，幼儿还要熟练掌握制作对象的物理特性，并能在生活中正确运用。

第三，应做些单维的2～4种制作材料，或双维的1～2种制作材料的相关活动设计。因为这一时期的幼儿已经具备了初步判断、分类、比较和对应的能力。因此，只要教师善于引导，他们就能掌握正确的制作方法。

第四，在技术制作的活动中，教师应多尝试运用图示、流程图等方法，为幼儿的自主学习提供阶梯。

(三)大班技术制作型科学教育活动的指导

第一，对于大班的幼儿，教师的指导主要放在制作的有效性上，提高幼儿制作的水平。这一时期的幼儿已经具备一定的动手能力，所以对他们要有更高的要求。

第二，引导幼儿进行积极的互动合作。教师应该为幼儿创设合作的机会，引导幼儿共同解决制作中遇到的问题和困难。

第三，对于大班在制作过程中遇到的问题，教师不必直接参与解决或示范讲解，应尽量让幼儿自己去思考、操作，鼓励幼儿分析自己的错误，不断调整思路。

第四，教师应事先引导幼儿进行技术制作的构想，让幼儿按照自己的构思来制作。

【案例 5-13】

小汽车跑起来(大班)

活动目标

1. 认知目标：了解车轮与车轴连接的方法。

2. 技能目标：能动手制作会跑的小汽车及车轮会转的小汽车，积极参与并解决制作过程中遇到的问题。

3. 情感目标：积极参与小汽车制作，体验制作完成小汽车后的成就感。

活动准备

一辆会跑的玩具小汽车、在不同位置钻孔的牙膏盒和没有钻孔的纸盒、钻好孔的瓶盖、大小不同的圆形纸片、各种圆形积塑玩具、泡沫板、吸管、一次性筷子、橡皮泥、剪刀、双面胶、透明胶、音乐《雪之梦》。

活动过程

1. 观察玩具小汽车，了解小汽车的基本结构。

(1)指导语：这辆小汽车是由哪些部分构成的。

(2)小结：小汽车由车身和车轮构成。

2. 幼儿思考怎样做一辆会跑的小汽车。

出示准备的材料，让幼儿说一说各种材料适合做什么、打算怎么做。

指导语：今天老师给你们准备了一些材料，想请你们亲手做一辆会跑的小汽车，请你们在做之前先看一看桌子上的材料，和你身边的朋友说一说，你打算用哪些材料，用它们来做什么，怎么做？

3. 幼儿动手制作会跑的小汽车。

(第一次操作)教师按半成品车、部分零件已组装配套、单一的材料分为几组摆放，幼儿自愿选择小组，尝试制作会跑的小汽车。

4. 幼儿检查自己制作的小汽车。

(1)幼儿介绍自己做的小汽车。

指导语：你们的小汽车都做好了吗？说一说你是怎样做的。(各小组在自己组内介绍自己做的车)

(2)检查小车能否跑起来。

指导语：请同伴相互检查，你做的小车能跑起来吗？看看能跑的小车和不能跑的小车有什么地方不一样？(在相互检查和比较中，让幼儿发现车轮和车身位置、车轮之间距离的关系)

(3)小结。

车轮要安在车身合适的位置上，车轮之间的距离要适当，小车才能跑起来。

5. 幼儿改造自己的小车。

(第二次操作)教师鼓励幼儿合作修理小车，让跑不动的小车都跑起来。

6.教师再次总结。

(1)让在第二次操作中成功的幼儿说一说，他是怎样改造自己的小车的。

(2)教师做总结。

活动延伸

引导幼儿由会跑的小车的制作延伸至同系列其他玩具的制作。

第六节　科学领域主题活动设计与指导

前面几节讲到的科学教育活动类型既可以在分领域的幼儿园课程组织形式中运用，又可以在单元主题活动中综合使用。从结构化程度上来说，主题活动低于分领域的教学活动，同时又高于区域活动，但我们认为它依然属于高结构化活动。主题活动被认为是比较适应中国现状的教学活动形式，既能在一定程度上尊重幼儿的兴趣和需要，又能在一定程度上按教师的计划来进行。

主题活动是指在一段时间内围绕一个中心内容(即主题)来组织的教育教学活动。科学领域的主题活动是指侧重于科学领域，但同时又兼顾其他领域的教育教学活动。这里需要指出的是，主题活动不是为了综合而综合，不是围绕中心的、人为的各领域活动的大拼盘。主题活动强调，幼儿生活的世界以具体的事物为主，幼儿所接触的事物通常包含多个学科领域，他们需要对事物有较为全面的、整体的、生活化的认识。因此，主题活动所涉及的范围和学科领域广泛，教师要充分调动幼儿、家长、幼儿园及社区等多方资源，为主题活动服务。在主题活动实施的过程中，教师要关注幼儿学习活动情况，调整活动方案，使幼儿更加投入，使主题更加深化。

幼儿园教师资格证考试·真题再现

2015 年上半年幼儿园教师资格证考试《保教知识与能力》活动设计题

某幼儿园的院子里有几种高大的树，也有一些比较低矮的灌木。请你结合院子里的这些资源，设计一个题为"幼儿园的树木"的中班主题活动方案(含 3 个子活动)，要求写出总目标，每个子活动的名称、目的和主要环节。

分析：此题涉及本节的主要内容即科学领域主题活动设计。总目标应该是全面的，也就是说知识经验、能力及情感态度目标都要包括，同时还要注意涉及各个领域。从所给的材料看，更适合侧重科学领域，因为树的上位概念是植物，认识植物是幼儿园科学教育的一个重要内容。子活动的重心应放在科学领域，可参照观察型科学教育活动的设计。同时其他领域也要兼顾，可设计艺术及社会领域的子活动。

一、选择与确定主题

(一)影响因素

1. 课程目标

幼儿园教育教学活动的设计，必须有科学的支撑，我们可以从《幼儿园教育指导纲要(试行)》《3—6岁儿童学习与发展指南》等这些纲领性文件中确定的课程目标出发，寻找相应的活动主题。例如，《3—6岁儿童学习与发展指南》中的"能感知和发现动植物的生长变化及其基本条件"这一目标，我们可以通过"小蝌蚪找妈妈""蚕宝宝""奇妙的种子"等活动来实现。

2. 幼儿的兴趣和需要

幼儿感兴趣的事物中可能包含丰富的教育价值，可以选作单元的主题。例如，教师在户外活动时发现几个幼儿对自己的影子感兴趣，教师发现了其中的意义，生成了"我和影子"的主题。要想了解幼儿的兴趣和需要，教师要有一双敏锐的、善于发现的眼睛并鼓励幼儿通过绘画、建构和象征性游戏等表达他们已有的经验。同时，教师还要给幼儿表达自己兴趣的机会，可以是口头表达；也可以在班上设"问题箱"，鼓励幼儿通过文字、图画或实物来表达。

3. 主题自身的特性

主题中蕴含着可能的教育价值以及可能涵盖的教育内容，特别是有几个主题可供选择的情况下，更是如此。

4. 可以利用的教育资源

一定的教育资源，是主题活动开展的前提和基础。有些学习内容和材料都会有规律地呈现，如四季的变化、节假日等。按照季节的变换选择主题在科学教育中是最常见的，如"春天的花""夏天的昆虫""秋天的树叶""冬天的雪"。地方的特色事物也可以生成主题活动，如海南的幼儿观察海洋生物。一些偶发性事件也是难得的好主题，如植物角发现的蚯蚓，可以生成"神奇的蚯蚓"。

5. 已经开展过的主题，或是幼儿园的传统主题

教师可以在已经开展过的主题中选择那些效果好的、幼儿喜欢的主题，尤其是幼儿园的传统主题，幼儿园或教师已经积累的关于该主题丰富的经验及资源，可以作为主题选择的资源库。

6. 各个主题的连贯

单元主题活动注重各领域的横向联系，但主题内容纵向联系不强是主题活动的短板。教师在选择主题的时候要注意经验的联系或能力(观察、分类、比较、预测、记录、表达等)的联系。

7. 优秀的幼儿读物

优秀的幼儿读物是我们主题选择的来源，如小班幼儿可以以《好饿的毛毛虫》绘

本作为主题的来源。

8. 学科知识

在单元主题活动中，虽然学科知识日益处于隐性的地位，但这并不意味着科学知识可有可无。事实上，我们要改变的是教师传授知识的方式和幼儿学习知识的方式。对幼儿来说，虽然知识从之前的显性变成现在的隐性，但对于教师来说，没有各种学科科目的基础，早期幼儿的综合课程很快会蜕变为快乐而无意义的活动或琐碎的东西。

（二）主题命名

选择与确定了主题后，主题名称的确定也非常重要，避免成人化倾向，要用幼儿熟悉、喜欢、易记并且容易引发幼儿探索与体验的名称。例如，"动物""植物"等名称对幼儿就缺乏吸引力，过于平淡，如果改为"我最喜欢的一种小动物""我饲养的小宠物""幼儿园里的花"等，就可以让幼儿感觉到这个主题是和自己有关系的，是自己的事情，而非教师布置的任务。

二、确定适宜的主题方案与目标

单元主题活动目标的确定，需要综合考虑诸如幼儿园总目标、主题中蕴含的价值、本班幼儿具体情况等多种因素，还要注意综合性和一般性。综合性指目标在科学方面有侧重，但同时要涵盖其他领域的内容，这些内容应该是内在的有机整合。一般性指目标的重点应放在促进幼儿终身持续发展的基本素质方面。

【案例 5-14】

小蝌蚪找妈妈

科学方面：在观察蝌蚪变青蛙的过程中，了解蝌蚪变青蛙的过程，感受生长变化的含义。培养幼儿观察、比较、预设、记录、总结及表达的技能。

语言方面：对于《小蝌蚪找妈妈》的连环画，知道书的"封面""内容""页码""封底"的含义，会自己制作连环画。

艺术方面：用泥塑、折纸及戏剧表演表演《小蝌蚪找妈妈》中的主人公及故事情节。

三、做好准备工作

组织活动前，教师要做好准备工作，这是活动成功的关键。因此，教师需要做好知识准备、情感准备、环境准备和材料准备。同时，还需要考虑哪些经验适合集体教学活动，哪些适合区域活动，哪些是家园合作进行的活动。

四、设计单元活动内容

表 5-10　"小蝌蚪找妈妈"活动内容设计

活动名称	目　标
蝌蚪的生长变化	1. 能通过自然角的观察，了解蝌蚪变青蛙的过程，感受生长变化的含义 2. 明白卵的意义 3. 培养观察、比较、总结及表达的技能
读《小蝌蚪找妈妈》	1. 了解连环画的故事情节，能回答教师的提问并进行复述 2. 理解书的"封面""内容""页码""封底"的含义 3. 自己画《小蝌蚪找妈妈》的故事，并制作连环画
泥塑	1. 学习玩泥的技巧 2. 能根据自己的想象捏出《小蝌蚪找妈妈》中的卡通形象

五、对区域活动、环境资源、园外资源等方面的建议

为了主题活动的顺利开展，教师需要考虑主题活动开展过程中需要哪些相应的区域活动，区域活动中需要投放哪些材料，需要创设怎样的环境，以及如何利用园外资源等问题，还要考虑如何使这些方面围绕主题形成教育合力。

主题活动开始前

在"小蝌蚪找妈妈"活动中需要家长配合，带幼儿去水塘找青蛙、收集卵。把收集的卵投放在自然角，让幼儿观察蝌蚪变青蛙的整个过程，为集体活动做好经验准备。

主题活动开始后

在表演区，按《小蝌蚪找妈妈》连环画中的角色准备蝌蚪、青蛙、小鱼、虾和小鸡等的服装，引导幼儿根据故事情节进行表演。

在美工区，贴上青蛙折纸的步骤图及折纸用的纸，引导幼儿折纸青蛙。

六、设计具体活动方案

(一)活动目标

第一，能通过自然角的观察，了解蝌蚪变青蛙的过程，感受生长变化的含义。

第二，明白卵的概念。

第三，培养幼儿观察、比较、总结及表达的技能。

(二)活动准备

第一，在自然角的鱼缸里，养数只小蝌蚪。

第二，幼儿在自然角记录的蝌蚪变青蛙的观察记录。

第三，青蛙的成长过程图片。

(三)活动过程

第一，观察蝌蚪的特征，请幼儿猜谜：河里抓青蛙，抓到黑娃娃，大大头来，细尾巴中的黑娃娃是什么？幼儿自由回答。

第二，教师引导幼儿观察蝌蚪的图片，并提问：蝌蚪长什么样子？蝌蚪是怎样运动的？是用身体的哪个部位让它前进的？（游动、尾巴）

第三，从小蝌蚪到青蛙会经过哪些变化？

第四，蝌蚪变青蛙是先长出前腿还是后腿？

第五，蝌蚪变青蛙过程中，身体的哪个部位会消失？

第六，变成青蛙后都栖息在哪里？幼儿自由发言。

第七，教师以幼儿用书中蝌蚪的生长过程图统整概念。

第八，教师请幼儿观察比较蝌蚪和青蛙，然后提问：

①青蛙长什么样子？（四条腿，嘴很大，眼睛外凸）

②青蛙是怎样运动的？

③青蛙和蝌蚪外形有什么不同？运动方式有什么不同？

第九，教师总结幼儿回答并进行概念提升。

幼儿园教师资格证考试·要点分析

梳理近年来幼儿园教师资格证考题，不难发现科学教育活动的设计在主观题中的比例越来越大，如2015年上半年幼儿教师资格证考试《综合素质》中的材料分析题、2015年上半年幼儿教师资格证考试《保教知识与能力》中的活动设计"幼儿园的树木"、2015年下半年幼儿教师资格证考试《保教知识与能力》中的材料分析题、2016年上半年幼儿教师资格证考试《保教知识与能力》中的活动设计题，以上考题涵盖了科学探究的一般程序问题、观察型科学教育活动的设计、实验型科学教育活动的设计和科学领域主题活动设计，说明幼儿科学教育受到越来越多的关注，同时也会在今后的幼儿教师资格证考试中继续出现，尤其是科学领域中的各种类型的活动设计，是考试复习的重点。

第七节　幼儿园科学教育发展的新趋势

党的二十大报告明确指出："我们要坚持教育优先发展、科技自立自强、人才引领驱动，加快建设教育强国、科技强国、人才强国，坚持为党育人、为国育才，全面提高人才自主培养质量，着力造就拔尖创新人才，聚天下英才而用之。"如今STEM教育已成为新科技革命必不可少的重要组成部分。STEM素养主要表现为科学、技术、工程和数学四方面的素养，但绝非这四者的简单组合与加总，而是在实践中综合运用科学、技术、工程和数学四大学科知识发现和解决实际问题、创造新技术和新产品增进人类福祉的素养。知识、学习与习性是日积月累非一蹴而就的，幼儿有能力，也应有机会去思考、谈论、阅读与动手做 STEM，因此为及早培养幼儿对 STEM 的兴趣、态度、知识与能力，开启 STEM 大门，宜自幼开始实施 STEM 教育，以培育能应对未来时代挑战的公民。

一、幼儿园 STEM 教育

幼儿园可以进行 STEM 教育吗？答案是肯定的，在幼儿园里存在很多开展 STEM 教育的机会，关键看教师是否有开展的意识和方法。比如，幼儿喜欢玩水，热衷于用水冲轮子看着它转动。但是大部分幼儿不会考虑他们在轮子上浇的水量和轮子转得多快之间的关系，如果教师有 STEM 的意识，就可以提出简单的问题如："你怎么样能使轮子转得慢一点？"从而可以把幼儿的注意力引导到水的势能（力量）及其对轮子的作用上。如幼儿搭积木的时候，教师可以把他们搭积木的活动与建筑师和工程师做的事联系起来。这些问题可以使幼儿对科学产生兴趣，激发他们进一步探究和思考。教师在推行 STEM 时，首先要建立这样的儿童观：让幼儿有机会来探索，教师并不需要提供所有答案，只要提出问题让幼儿思考就好；要尝试科学、数学、工程、技术结合起来，发挥 STEM 教育的整合功能。

上面论述了幼儿园进行 STEM 教育的可行性，在幼儿园中如何组织实施好 STEM 教育呢？

(一)创设 STEM 理念下科学活动开展的良好环境

1. 幼儿园内部支持

STEM 教育活动的开展需要固定的场域和相应的技术工具，还会用到电脑、数码相机等技术设备，用来延伸或记录幼儿的学习。这就需要得到幼儿园领导的重视，自上而下地加强对科学教育的引导和投入。幼儿园要对科学活动场域进行合理规划，需要什么样的活动区域，投放什么类型的活动器材，如何对原有的科学活动进行再设计，怎样更好地在科学活动中融入 STEM 教育理念以实现跨学科融合等，这些都要依托幼儿园的支持，包括在经费上给予保证。

2. 幼儿园外部支持

STEM 理念下科学活动的开展需要资源支持，除了充分利用园内资源之外，幼儿园还要走进社区，走向社会，深入挖掘园所周边的各种资源。例如，大班开展关于船的项目活动，教师先通过网络让幼儿了解船的发展演变历史和基本构造，再组织幼儿走进关于船的主题公园。幼儿得以近距离地感受船的庞大，走进船舱观察船的构造，了解功能，这远比在图片上观察船要真实得多。再如，教师在 STEM 活动室开展了关于桥的主题活动，邀请了建筑专业的家长助教向幼儿介绍桥的相关知识及建模过程。通过面对面、手把手地指导，幼儿感知理解了桥梁的承重、结构等特点，并尝试选用不同的材料制作桥梁模型，从而发现制作技巧和乐趣，增强了自身创作的动力。

(二)营造适宜且多样的问题情境

1. 基于真实生活创设生活化问题情境

教师要从幼儿熟悉的生活现象入手，紧密结合幼儿的生活经验，精心设计富有探究性的问题，增强问题情境的有效性，帮助幼儿感受生活中真实的科学现象。

例如，在大班幼儿认识阻力的活动中，教师创设了这样的问题情境：在公路上骑自行车，速度越快感觉越费力，根据这种体验，你会有什么样的认知？速度和力量是什么关系？再如，大风天撑着伞迎风走路，会有什么样的体验？两个人手拉手，各自往相反的方向用力，会有什么感觉？幼儿通过亲身体验，感受阻力大小与速度大小的科学关系。

教师将幼儿已有的生活经验和熟悉的生活事例作为问题背景，融入抽象的科学知识，提炼出有价值的问题，激发幼儿主动学习的动机。

2. 基于项目活动创设探究性问题情境

项目活动是幼儿在教师的支持、帮助和引导下，围绕某个大家感兴趣的问题进行深入研究，在合作研究的过程中发现问题、理解意义、建构知识。项目活动是STEM教育的主要途径之一。

例如，幼儿园喂养的鸡宝宝长大了，原先的鸡窝不能容纳那么多鸡宝宝同时入住，怎么办呢？幼儿想到了给鸡宝宝搭建更大的鸡窝，然而在什么地方搭建，搭建什么样的鸡窝，用什么材料……幼儿在搭建前遇到了很多问题。在教师的引导下，幼儿选择了阳光充足、地面开阔、有充足食物的农场搭建鸡窝。于是，教师提供了树枝、稻草、纸盒、木板、绳子等搭建材料供幼儿自主选择。在搭建过程中，有幼儿萌发了"要搭建一个防水鸡窝"的想法，经过师幼的共同讨论，一致决定用防雨布做屋顶，然而就在防雨布铺上屋顶时，幼儿刚搭建起来的屋顶就倒塌了。"为什么会倒塌？""明明屋顶已经固定了呀？"幼儿围着倒塌的屋顶寻找原因，原来是防雨布太重，屋顶承受不住防雨布的重量。教师抛出问题：什么材料既轻便又防水呢？于是，孩子们在幼儿园里到处寻找，最终找到 KT 板代替防雨布，成功解决了防雨布太厚重的问题。

幼儿在搭建鸡窝的过程中，遇到了各种问题，这些问题其实是在项目活动的推进中自然发生的。教师作为引导者，要恰到好处地利用这些契机创设问题，鼓励幼儿迁移已有的生活经验，进行调查、收集、选择和分析，鼓励幼儿在真实情境中解决问题。

3. 基于幼儿游戏创设趣味性问题情境

游戏是幼儿园的基本活动形式。教师要充分挖掘游戏的重要功能，创设有趣的问题情境，激发幼儿的参与兴趣和探究欲望。

例如，在科学活动"水的表面张力"中，教师设计了以下游戏情节：让幼儿猜一猜，在满满的水杯里放入回形针，要放多少个，水才会从杯中溢出来？幼儿看见水杯已经装满了水，认为再放入回形针水就会溢出来，故而猜测的数量非常小。于是教师进行实验：第一个回形针放进去，水没有溢出来，于是小心地放入第二个、第三个……最后幼儿发现，水杯里竟然放了 35 个回形针，这与他们原先的猜想相差太多。正是这样对比强烈的实验效果，给幼儿留下深刻的印象。

教师的提问是引导幼儿开展实验观察的重要线索。教师进行提问要讲究策略，要促使幼儿自己发现问题，自主讨论问题，把研究的权利交给幼儿，让他们在观察、交流与分析中有计划、有步骤地进行实验，让猜想与验证形成较大的反差，给幼儿留下深刻的印象，帮助幼儿更好地掌握科学概念。

(三)创设支持幼儿自主探究的条件

1. 投放资源材料

提供可操作的材料是幼儿进行科学探究活动的前提，丰富的材料有助于激发幼儿主动探究的行为。教师要有意识地投放材料，让幼儿在与材料的积极互动中获得更多体验。

例如，在传统的大班幼儿认识浮力的活动中，教师大多会选择不同重量的材料(如塑料、木头、铁块、石头等)供幼儿进行实验。随着 STEM 活动材料的多样化，风筒游戏实现了幼儿自主探究的多样性。幼儿可以选择降落伞、羽毛、塑料球、纱巾、乒乓球、锥体纸杯、气球等不同形状、不同材质的物体在风筒中进行实验，观察这些物体随着风力的改变在空气中飘浮的情况。幼儿通过实验得到验证——浮力的概念不仅适用于水中，还适用于空气中，从而获得新的认知和丰富的亲身体验。

2. 发挥同伴的示范作用

教师不仅要引导幼儿独立探究，也要鼓励同伴间的相互学习，实现互帮互学，共同提高。

例如，幼儿 A 在玩水管游戏，他花费了很多力气才将长短不一的水管通过弯头连接起来，然而怎样将水管固定在墙面上，难住了他。因为不会正确使用螺丝，幼儿 A 在墙面上摆弄了很久，甚至已经用身体去挡住水管，防止它们掉下来。教师观察到幼儿 A 的举动之后问道："有没有什么好办法将水管固定住？螺丝，你是不是不会用？"幼儿 A 点点头。旁边热心的幼儿 B 走过来说"我会，我会"，然后很熟练地开始操作。幼儿 B 先选了一个拱形的支架卡在水管上，然后把两个螺丝分别放进支架两边的圆洞里，再将螺丝拧紧，试了试发现水管还有些晃动，于是他又拿起儿童电动螺丝刀将螺丝加固，一根水管就固定在墙上了。幼儿 A 也用同样的方法将剩下的几根水管固定在墙上，当最后使用电动螺丝刀将所有螺丝都加固后，幼儿 A 很兴奋，赶紧尝试往水管中倒水，心满意足地看着水在管道中缓缓流下来。

在这个项目活动中，教师并没有直接告诉幼儿螺丝的安装方法，而是巧妙地运用了同伴的示范，同伴间的相互学习帮助幼儿掌握了新技能，顺利地解决了探究过程中出现的问题。同伴的交流学习，能够优势互补，达成相互促进的目的。

3. 允许试错，引导深层次探究

《3—6岁儿童学习与发展指南》在科学探究的教育建议中明确指出，真诚地接纳、多方面支持和鼓励幼儿的探索行为。对于幼儿的科学探究活动，教师应关注"幼儿是怎样探究的"，而不是"幼儿探究了什么"。教师应接纳幼儿的所有探究，无论成败，无论质量，允许幼儿的失误，并引导幼儿在失败中进行更深层次的探究，从而获得新的发现。

例如，一名大班幼儿想制作一艘轮船，他选择了硬纸板做船底，然后根据设计图完成了所有组件的安装。制作完成之后，他兴奋地把船放到水里去实验。开始，船稳稳地漂在水面上，时间长了，船底的纸板泡了水，开始变软变烂，最后整个船都沉到了水下。该幼儿由开始的兴奋、欣喜逐渐转变为伤心、失落。于是，教师引导其他幼儿帮助他共同寻找船沉入水底的原因，原来是因为船底的纸板会吸水。找到了实验失败的原因后，该幼儿再次实验，这次他选择了不吸水的泡沫做船底，实验获得了成功。在不断试错中，幼儿加深了对不同材料特性的认知，也激发了自身的学习动力。

（四）提供评价交流的机会

1. 给予充分交流与思考的机会

教师要为幼儿提供充足的思考交流的时间，并尽量保证每个幼儿都有参与交流的机会，尤其是组内交流。通过小组成员的自由组合，让有共同兴趣的幼儿围坐在一起，每个幼儿都能畅谈感受，发表意见，叙说发现。

例如，幼儿想测量船体的高度，发现一根卷尺的长度不够，这个时候，教师将问题抛给幼儿："你能想到哪些办法？"参与测量的幼儿纷纷发表自己的观点："将两个尺子连接起来""做好标记再接着测量""换一个更长的尺子"……教师对此进行了追问："你为什么这样做？哪种方法更合理？"幼儿在阐述理由的基础上，去验证自己的做法是否可行、合理。

教师的提问与进一步追问，有利于引发幼儿的深入讨论与交流，实现思维的碰撞；同时，资源的共享又能促使幼儿获得新经验，掌握新技能。

2. 鼓励幼儿经验的灵活迁移

STEM教育强调幼儿的自主探索，让幼儿在探索操作中发现问题、解决问题，促使幼儿将过去的经验与当下的经验进行联系，获得新的发展。这种经验不仅包括学科知识，还包括能力和学习品质。因此，教师要通过合理的教学策略，调动幼儿思考、探究的主动性，鼓励幼儿将已有经验进行迁移、运用，进而解决新的问题，获得新的认知、新的经验和新的发展。

例如，在有关地震的实验中，幼儿用两种不同结构的积木进行震级实验，结果发现，方正积木搭建的房子在最低震级中很快就倒塌了，而带有锁扣的积木因为结构的特殊性，压得比较紧实，房子的稳定性更好。同样，由地震实验延伸到其他活动，幼儿就能迁移这些经验，知道材料会影响效果，从而主动地观察、比较和实验，发现更多材料的特性，解决新的问题，获得新的发现。

STEM 教育以另一种形式回归了幼儿园科学教育的本质——探索和发现世界，这种全新的教育理念为幼儿园科学教育提供了一种课程设计的途径。在幼儿园教育活动中，教师要不断实践，探索总结经验，让 STEM 教育落在实处，充分发挥其对幼儿园科学教育的促进作用。

二、幼儿园自然探究教育

生命源于自然，生命的自然属性决定了人与自然的依存关系，越是年幼的生命，越接近于自然的本原状态。大自然具有很多的不确定性和无常性，带给幼儿神秘和好奇，自发的探索行为往往在这里出现，在自然的怀抱里幼儿会有许多意料之外的发现，也正是这种发现的惊喜带给他们无穷的乐趣。同时，自然的影响是综合的、整体的、不分门别类的。英国诗人华兹华斯（William Wordsworth）早就发现了大自然对儿童具有重要的教育和发展价值，他在诗《局面的转折》中这样写道："春天树林的律动，胜过一切圣贤的教导，他能指引你识别善恶，点拨你做人之道。自然挥洒出绝妙篇章，理智却横加干扰，它损毁万物的完美形象，剖析无异于屠刀。"

现代工业文明的发展及城市化进程的加剧，改变了人们的生存环境，也改变了孩子们对自然的体验，孩子们渐渐远离了自然、远离了对生命的敬畏，也远离了对内在精神的追求。回归自然，让幼儿和现实直接接触，从很小开始教会他们进行尝试和实践，特别是激发他们的好奇心和兴趣，在信息技术高速发展的今天，显得尤为重要。

下面就幼儿园教师如何开展幼儿园自然探究教育提供一些建议。

（一）明确自然探究的具体目标

第一，更为仔细地观察周围环境，建构对生物和非生物的基本认知和理解，如生物的特征和需求，包括它们的生命周期、栖息环境、多样性、变异性以及相互依赖性。

第二，发展幼儿科学调查的技能，包括好奇提问、探究、调查、讨论、反思以及形成自己的观点和理论等。

第三，培养幼儿的科学品质，包括好奇心、乐于探究的习性、开放的思维、尊重生命的态度以及成为一个小小自然学家的兴趣。

（二）将幼儿引入自然探究

1. 核心经验

观察动植物，记录和描述发现。

2. 准备

第一，对幼儿将要去探究的户外场所做一次安全检查。

第二，在教室周围展示一些关于动植物的书。

第三，张贴一些有关的动植物的宣传画。

3. 计划

第一，班级会议，每次户外探究活动前进行。

第二，小组反思活动，每次户外探究活动后进行。

第三，全班讨论。

4. 材料

准备书写板夹、画笔、相机、多份观察记录表（填写"在户外，我们可能看到什么"和"在户外，我们发现了什么"这两份表格）。

（三）制定教学计划

在幼儿第一次进行户外探究活动前，组织一次全班讨论。

1. 讨论幼儿所了解到的动植物

在你开展探究活动前，讨论他们对于动植物的前期经验。教师可以向幼儿提出下列类似的问题。

- 给我们讲一讲你见过的一种动物
- 它是什么样子的？
- 它当时正在干什么？
- 你在哪里见到它的？
- 给我们讲讲你在户外见过的一棵植物。
- 它是什么样子的？
- 你在哪里发现它的？
- 关于这种植物，你注意到了什么？

2. 分享当自然学家的兴奋感

告诉幼儿自然学家是研究自然的人，他们通过仔细观察动植物来发现很多相关的东西。将一株室内植物、一只活的小虫子或其他小动物带到室内，然后向幼儿展示如何仔细观察，如何温和地对待它们，如何描述它们的形状、大小和各个部分。

让幼儿猜猜他们在农耕园能够发现哪些动植物。使用文字和图片，在"在户外，我们可能看到什么"表格中记下他们的预测，并且在幼儿的预测旁写上各自的名字。如果幼儿的回答听起来很不符合实际，你也不必去纠正他们。在户外探究时，幼儿会开始收集他们关于生物的第一手验证资料。

3. 讨论如何才能成为好的自然学家。

第一，保证身体安全。

第二，保证动植物的安全。

第三，仔细观察所发现的东西。

（四）第一次探究

1. 鼓励幼儿在户外寻找动植物。

通过下列提问，帮助幼儿成为自然学家：你将会去哪里寻找动物呢？观察你找到的树叶，你认为它是从哪棵树上掉下来的？

仔细观察植物，并对它们有趣的特征或者发生的变化进行评论。

将一株植物和另一株植物进行比较，或者将一只鸡和另一鸡进行比较。请幼儿来比较两种动物或植物。

示例：

这位教师帮助幼儿比较两种不同的植物。

教师：A手里那株长长的草和B的蒲英看起来很不一样。

B：我的有花。

教师：蒲公英长了两朵黄色的花，而草却没有什么花，它们还有什么区别呢？

A：我的很瘦。

教师：对了，这株草特别细。

2. 帮助幼儿描述他们注意到的东西。

通过下列问题和评论来鼓励幼儿描述他们发现的东西：告诉我，你发现了什么？它是什么样子的？（如形状、颜色、大小等）它摸起来怎么样？（黏糊糊的、光滑的、不平的、粗糙的）你在哪里发现的？（上面、下面、旁边）给幼儿书写板夹和画笔，请幼儿画出他们感兴趣的动植物。

3. 观察和记录。

在幼儿探究时，请老师记录他们观察到的内容和想法。你可以这样做：

• 画出幼儿注意和观察到的一些动植物或拍照。

• 记录下幼儿的提问以及与他们的自然学家角色有关的谈话。

• 使用观察记录表记录幼儿的言行。

• 随后，使用文档注解表给这些照片和谈话提供细节。你将需要使用这些信息来评价幼儿的学习情况。

4. 反思

将幼儿分成小组，花5～10分钟的时间讨论在户外观察到的内容。等所有幼儿都进行过户外探究，同时也都参加过小组讨论后，再组织一次5～10分钟的全班讨论。

(1)组织小组进行有关科学的讨论

每一次户外探究活动结束后，尽快和一个小组的幼儿坐在一起，请他们互相交流对动植物的观察发现。鼓励幼儿描述生物的大小、形状、颜色和各个部分，运用语言描述生物的位置。

教师可以这样和幼儿说：给我们讲一种你看到的动物或植物。关于叶、花或其他东西，你注意到什么了？

(2)组织全班幼儿进行科学谈话活动

让全班幼儿围坐成圈。请幼儿谈论他们作为自然学家的早期经验。用如下的评论和问题开启话题：

- 描述一种你见过的动物或植物。
- 你是在哪里发现它的？
- 它们看起来像什么？
- 它们之间有什么差异？
- 它们有哪些相同之处？

通过图画和文字，在"在户外，我们发现了什么"的表格中记录幼儿的观察内容。
教师可以运用下列策略来推动科学谈话活动：

- 分享幼儿在户外观察到的动植物的照片或草图。
- 请一个幼儿与大家分享一幅图画，内容是有关他在户外观察到的植物或动物。
- 请幼儿帮你在清单上列出他们地里发现的所有东西。
- 请幼儿模仿他在户外发现的某种动物的动作，然后和幼儿一起谈论动物的行动有什么相同点和不同点。

教师在此过程中可能认为与探究活动相比幼儿更喜欢玩。所以，当幼儿更喜欢玩而不是探究时，教师一般会觉得手足无措，不知如何处理。其实，并不是所有的幼儿每次出去都必须参与科学活动的，一些幼儿喜欢玩并不是什么大问题。教师的热情和其他探究者展示的东西会将那些爱玩的幼儿吸引过来。教师还可以让一个很有探究热情的幼儿和一个不太喜欢参与活动的幼儿结伴。

（五）第二次探究

1. 导入

让全班幼儿在每次室内外探究活动前进行讨论，将上一次探究活动和下一次探究活动联系起来。

第一，讨论幼儿知道什么。将幼儿召集到一起，帮助他们回顾以前进行的探究活动。你可以和幼儿一起分享一张照片、一幅幼儿所画的图画或幼儿所观察的某种植物或动物的插图。

通过下列提问，帮助他们反思前期的探究活动：

我们上次在户外探究时，有些小朋友看见了这种植物。你可以给我讲讲这种植物吗？它在哪里呢？那里还有其他类似的植物吗？

第二，帮助幼儿做预测。通过下面的问题，帮幼儿预测在接下来的观察中他们会观察到什么这是我们上次拍的蒲公英的照片。当我们再次在户外观察蒲公英时它会和我们上周看到的一样吗？哪些方面会是一样的？它们可能会有什么变化呢？

2. 鼓励幼儿继续探究和观察

当幼儿探究室内外的动植物时，鼓励他们通过感官和自然学家的工具来发现和观察生物。你可以这样做：将插图与他们正在探究的动植物进行对比，提问它们有什么相同点、有什么不同点？提醒幼儿可以用笔记板、纸和画笔画下或写下自己看到的东西。帮助幼儿将他们先前的想法探究到底。例如，如果幼儿曾经对是否所有植物都有茎的问题感到好奇，你可以在以后经常提醒他们注意这个问题；然后请幼儿观察各种不同的叶子，以考察它们是否都有茎。问幼儿记得上次在哪里发现了很多尖尖的叶子。

3. 分享观察的内容和想法

第一，引导幼儿谈论他们注意的内容。通过下列提问，鼓励幼儿描述他们所看见、听见、嗅到或感觉到的东西：你看见什么了？给我讲讲吧。它看起来是什么样子的（形状、大小、颜色等）？它是怎么移动的？用你的身体来给我演示，帮助幼儿描述他们发现有趣动植物。为什么你认为它就是那种生物呢？

第二，观察和记录幼儿的持续探究。

记录能够引起幼儿兴趣的动植物以及幼儿是如何使用自然学家的工具来拓展他们的经验的。你可以这样做将幼儿关注和观察的动植物拍摄或画下来。迅速记录幼儿用来描述观察内容的词句或他们使用自然学家工具的方法。使用观察记录表记录幼儿的言行。使用文档注解表来记录照片、谈话内容或他们使用自然学家工具的方法。

使用观察记录表记录幼儿的言行。使用文档注解表来记录照片、谈话内容或其他幼儿工作中的细节。你将使用这些信息和你收集的其他信息为后面的科学谈话活动做好准备。这些信息会帮助你判所什么时候该发起对动植物的聚焦式探究活动。

第三，创设一块展示板。

用与幼儿的经验、观察和想法有关的照片、图画及笔记创设一块展示板。科学谈话活动时可以使用这块展板。

4. 反思

第一，组织小组进行科学谈话活动。每次室内外探究活动后，和几个幼儿坐在一起，帮助他们分享各自观察的内容并反思他们的想法。你可以这样做询问幼儿：作为自然学家他们喜欢什么？请每个幼儿分享他们的画或描述一种他们感兴趣的植物或动物。鼓励幼儿表现他们所观察的东西：你能够给我们演示一下及是怎么走路的吗？蒲英在风中是怎么摆动的？让幼儿分享他们有关动物是如何生存的想法或谈谈蒲公英将发生什么变化。记录幼儿观察的内容和想法。记录下一次科学谈话活动的重点。

第二，查阅书籍。

第三，组织全班幼儿进行科学谈话活动。

召集全班幼儿进行科学谈话活动，可通过下列策略引发讨论：

• 分享你的展板。
• 分享一张幼儿仔细观察动植物的照片。（请告诉我，照片中的你正在做什么？）
• 分享一张幼儿画的有关动植物的图画。（请给我讲讲你观察的动物或植物，它看起来是什么样子的?)

通过上述活动,幼儿对探究对象已经有了初步的了解,接下来就可以转入更加深入的聚焦式探究。当幼儿开始关注某特定的植物或动物,或者开始探究某个问题(如动物是怎样移动的,植物是怎样生长的)时,他们就已经做好聚焦式探究的准备了)。

聚焦式探究活动包括两种不同的研究。植物研究的重点在于植物的生长与发展、各部分的内在关系、它们的需求以及生命周期。这个研究依赖于有规律的室内外探究活动以及每月对树或灌木丛的观察。动物研究的重点在于动物身体的各个部分及其功能、它们的行为与需求以及生命周期。这个研究依赖于对室内生物养育箱和户外自然环境中的动物有规律的探究。

自然包罗万象,儿童是自然之子,对自然充满了好奇,教师要保有一颗童心,与儿童一起探究自然的奥秘。

本章小结

本章先介绍了高结构化幼儿科学教育的特点及活动的设计,之后从概念、价值、活动设计等几个方面介绍了观察认识型、实验操作型、交流讨论型、科技制作型幼儿园集体教育活动的主要组织形式,最后介绍了科学领域中的单元主题活动的设计和实施、幼儿园科学教育发展的新趋势。

关键术语

高结构化幼儿园科学教育活动　观察认识型科学教育活动　实验操作型科学教育活动　交流讨论型科学教育活动　科技制作型科学教育活动　单元主题活动

思考题

1. 观察认识型科学教育活动的价值体现在哪里,都有哪些类型?

2. 实验操作型科学教育活动有什么特点,包括哪些程序?

3. 请问大班(5~6岁)科学讨论型的教育活动有哪些指导要点?

4. 交流讨论型科学教育活动与观察、实验活动的交流讨论环节的异同点体现在哪些方面?

5. 技术制作型科学教育活动有哪些类型?

6. 设计科学领域主题活动时包括哪些步骤?

实训练习

1. 请设计一个大班的实验操作型科学教育活动并模拟实施。

2. 请设计一个以科学为主的单元主题活动并进行实训练习。

3. 请运用 STEM 教育理念对技术制作型科学教育活动《小小伞》进行评析。

小小伞

活动目标

认知目标：探究伞的结构，知道伞有伞面、伞柄、伞骨。

技能目标：能积极主动探究、动手动脑，在发现问题的过程中解决问题。

情感目标：有关爱小动物的社会性情感。

活动准备

制作伞的材料：小棒、吸水海绵、布、牙签、橡皮泥、火柴棒等，多媒体 PPT 课件(小鸡淋雨的情景)，各种各样实物伞若干，《伞舞》音乐。

活动重难点

了解伞的构造；尝试自制小伞。

活动过程

1. 情境导入，激发幼儿做伞的愿望。

师：小朋友请仔细听一听，你听到了什么？打雷了，下雨了。快看，一群小鸡在干什么？(欣赏多媒体画面：小鸡淋雨并尖叫着四处逃窜)

师：天很冷，淋雨的小鸡会怎样呢？我们赶快想个好办法来帮助它们吧！

小结：小朋友真聪明，想出许多帮助小鸡的办法，许多小朋友想做把小伞送给小鸡，这个办法真不错！

2. 幼儿第一次探索制作小伞。

• 出示做伞的材料，有小棒、吸水海绵、布、牙签、橡皮泥、火柴棒等，逐一向幼儿介绍。

• 启发幼儿想一想：你可以用什么材料做伞？

• 鼓励幼儿动手为小鸡做小伞。

• 展示幼儿第一次尝试的作品(将做好的小伞插在吸水海绵上的小鸡旁，并对小鸡说句有礼貌的话)。

• 幼儿交流，了解伞的结构。

a. 引导幼儿认识伞面、伞柄。

b. 出示 PPT 画面：小鸡说，小朋友做的伞不能挡雨。问题出在哪儿？

c. 每人一把实物小伞与自制伞比较，认识伞骨。

师：刚才大家自己做的伞与手里的伞有什么不一样，哪里不一样？

小结：伞都有伞骨，伞骨就像人的骨架，没有伞骨，伞面就撑不开。

3. 幼儿第二次探索制作小伞。

• 幼儿尝试用多种材料制作伞骨。

师：刚才我们做的伞因为没有伞骨，所以还不能帮小鸡挡雨，怎么办？拿什么

材料做伞骨呢?（鼓励幼儿用不同的材料做伞骨）

• 交流制作小伞的方法。

师：用哪些材料做伞骨能撑开伞面？

幼：用牙签、火柴棒都可以做伞骨。

小结：今天，我们做了能撑开的伞，并知道伞不仅有伞面、伞柄，还要有伞骨。这次小朋友做的伞都有伞骨，小鸡能撑开小伞遮雨了。

4. 了解伞的作用。

• 师：你们平时用过或看到过什么样的伞？

• 播放 PPT，欣赏多种有趣的伞。

• 幼儿与老师一起跳伞舞结束活动。

活动延伸

伞不仅能挡雨、遮阳，还能用于装饰和表演，伞的用处很多，让我们在生活中认真观察吧。

拓展阅读

1. 由张俊著，人民教育出版社 2004 年出版的《幼儿园科学教育》对幼儿园集体教学活动中科学教育进行了翔实的论述。

2. 由施燕著，华东师范大学出版社 2014 年出版的《幼儿园科学教育与活动指导》对幼儿园科学教育的方法进行了论述，与本书的视角不同。

第六章 低结构化幼儿园科学教育活动

学习目标 ▶

1. 理解和掌握科学角、动植物角的创设及材料投放的原则。
2. 理解和掌握科学游戏的分类。
3. 了解生活中科学教育的类型，树立生活教育的理念，并能指导实践。

学习导图 ▶

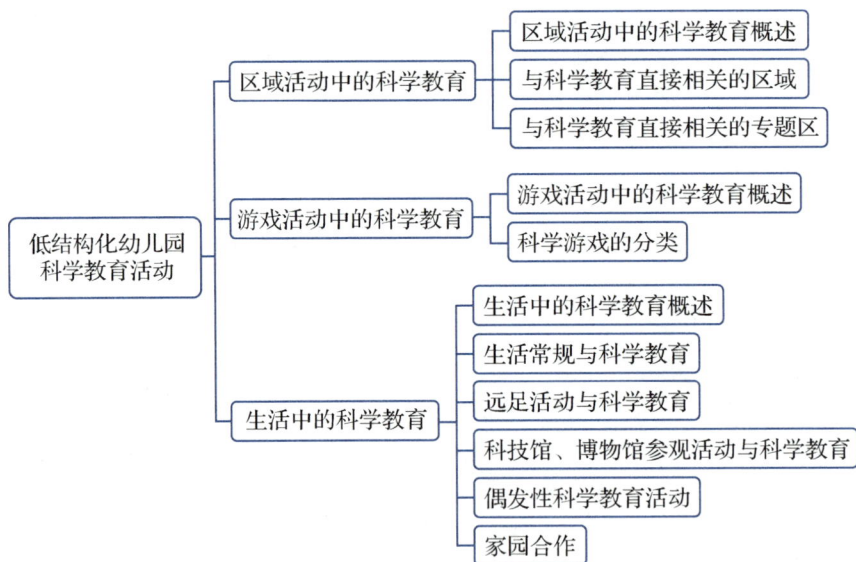

导入案例 ▶

　　某幼儿园大班参观天文馆以后，全班幼儿的兴奋点似乎都集中到神秘的太空中去了。"到底有没有外星人？他们长得什么样？怎样生活？""地球一天到晚不停地转，我们为什么掉不下去？""宇航员在月亮上看到仙女和小白兔了吗？"……于是，教师及时调整了有关活动区的阶段教育目标，与小朋友一起把娃娃家变成了"外星人的家"，在图书区举办《天空的奥秘》图片展，积木区增加了天文台和天文馆的模型，美工区

自发地开展"太空遨游"主题画大赛，几个孩子兴致勃勃地在科学区做起了"蚂蚁会不会从转动着的地球仪上掉下来"的实验……①

第一节　区域活动中的科学教育

区域活动是幼儿自主选择、自发探索、操作摆弄的自主活动，是幼儿最喜欢的游戏活动，也是今天幼儿园最普遍的教育形式。随着人们教育观念的不断更新，区域活动在幼儿园一日生活中所占的比重越来越大，也越来越受到教师们的关注与重视。所以，了解如何创设区域、如何选择材料、如何对区域活动进行指导，对幼儿园科学教育的实施至关重要。

一、区域活动中的科学教育概述

(一)区域活动的定义

区域活动也称区角活动、活动区活动等，是指以幼儿的兴趣与需要为主要依据，考虑幼儿园教育目标以及正在进行的其他教育活动等因素，划分一些不同的区域，在其中投放一些合适的活动材料，制定活动规则，让幼儿自由选择活动区域，通过与活动材料、同伴等积极互动，获得个性化的学习和发展的活动。②

著名心理学家潘菽教授说，教育是一种环境，是人类有组织、有计划地传递社会经验、发展技能的方式。相对于集体科学教育活动，区域活动具有自主性、个性化和指导的间接性等特点。区域活动可以更好地照顾幼儿的个别差异，促进幼儿个性化学习与探索，但需要教师在仔细观察的基础上进行有效干预。

(二)区域活动的特点

1. 自主性

区域活动一般采用自主选择的形式，体现在活动主题的确定、玩具的选择、语言的运用、玩伴的选择、动作的展示等过程和环节中，并且按照幼儿自身的兴趣和爱好进行，具有很强的自主性。

2. 个性化

区域活动更关注、尊重幼儿的个别差异，幼儿可以根据自己的喜好选择区域、活动材料、方式、同伴等，在自己感兴趣的活动中获得个性化的学习与发展。

3. 指导的间接性

区域活动中，教师的指导主要通过区域环境的创设、活动材料的投放等方式，间接影响幼儿的区域活动，较少直接指导。

---

① 冯晓霞：《幼儿园课程》(第2版)，275页，北京，北京师范大学出版社，2001。
② 王春燕：《幼儿园课程概论》(第2版)，184页，北京，高等教育出版社，2014。

4. 实践性

区域活动给幼儿自己动手操作材料的机会、时间、空间和材料。

(三)区域活动对科学教育的价值

1. 区域活动能激发幼儿对科学活动的兴趣

在区域活动中没有教师过多的干涉，幼儿可以自由选择自己感兴趣的各种材料。在活动过程中幼儿表现出学习的积极性、主动性、创造性等特点。区域活动让幼儿在玩中探索，在探索中发现，乐此不疲。

2. 区域活动有利于培养幼儿科学探究的技能，并获得直接的科学经验

区域活动为幼儿的感知、操作、学习提供了更广泛的天地。首先，教师在区域活动中必须为幼儿准备丰富的材料，提供合理的空间和充足的时间，这就为幼儿的感知、操作活动创造了条件。其次，教师在区域活动中的职责是为幼儿创造一种令其喜爱的温暖、自由的气氛，并引导、建议、鼓励和帮助幼儿，这更为幼儿的主动探索提供了条件。幼儿所获得的这些感知经验是无法靠灌输得到的，这些经验为幼儿科学概念的形成和智力发展起到了积极的作用。

3. 区域活动能最大限度地发挥每个幼儿学科学的潜能

科学活动是一种具有高度创造性的认知活动，这种创造性主要表现在科学活动的过程和结果两个方面，区域活动恰巧符合科学活动的特点。在区域活动中，不同发展水平的幼儿都表现出了应有的能力，幼儿都在按照自己的方式和学习能力进行各种活动，幼儿的兴趣点和发展水平都得到了很好的体现。教师的有效干预能使幼儿达到最近发展区内的最大发展。

(四)区域活动的指导要求

第一，教师要重视幼儿的学习体验，不强求达到某一知识技能的目标。

第二，教师要重视对幼儿个别化的启发引导，而不是集体的讲解和讨论。

第三，教师营造和谐安全的心理环境，促进探究性学习活动的开展。

①给幼儿出错的权利，接纳幼儿的错误认识。

②要鼓励和支持幼儿的探索行为，使其进一步思考。

③要尽量少限制、少干涉幼儿，但要给予必要的帮助。

第四，师幼共同参与区域规则的制定，共同维护区域环境。区域规则不应该是教师对幼儿的要求，而是幼儿在对规则必要性的认同基础上，幼儿自己制定，或与教师共同制定，所以教师应该通过对幼儿活动的观察，引领幼儿自主讨论区域活动规则，并鼓励幼儿用自己的方式表现制定的规则，并使其成为大家共同遵守的约定。

二、与科学教育直接相关的区域

科学随处可见，在幼儿园的所有区域中我们都可以发现科学的存在。在这里，我们主要论述与科学教育直接相关的几个区域。

(一)科学区

1. 环境创设

(1)区域空间的划分

科学区空间的大小一般根据班级活动室的面积、朝向和幼儿人数等因素来确定，要兼顾教学活动和区域活动的需要。一般来讲，室内面积较大，尤其是人均面积较大的班级，创设科学区相对容易一些，可以创设以下三种区角。

第一，集体教学中的区角。这是集体教学和区角活动相结合的一种形式。其特点是仍像集体教学那样由教师确定一个活动课题，围绕这个课题教师设计和提供不止一种的操作活动。在活动组织上"有分有合"，教师在活动时通过介绍活动材料的方式，导入活动课题，然后由幼儿自由组合、选择不同的操作活动，最后通过集体分享、讨论的形式结束活动。在集体教学活动结束后，这些活动材料也自然地延伸到区角活动中，丰富了区域活动内容。

第二，主题性的区角。围绕一个主题内容而设置的活动区角，供幼儿在自选活动时间内自由选择和参与。它通常是为了配合幼儿园的主题教育活动设置的，如光影区、沙水区、电磁区等。

第三，日常性区角。日常性区角是相对于主题性区角而言的，指没有确定和集中主题的科学活动区角。它的特点是内容广泛，并可根据幼儿的兴趣不断地调整和更换。相反，人均面积较小的班级在创设科学区时可能就需要与其他区域综合起来考虑，可以把科学区与自然角相结合，也可以把科学区、数学区、语言区合并为益智区。

(2)位置选择

因为科学区的活动内容丰富，有的需要水，有的需要电，有的需要黑暗或光照，所以科学区最好临近水源、光源和电源，或者有特别装置的位置。另外，科学区的探索活动需要幼儿专注地投入思考，所以科学区与表演区等相对吵闹的区域要有一定的间隔。

(3)材料摆放

小型操作材料如电线、小灯泡、干电池等可以按主题存放在筐子里或者盒子里，贴上标签后再摆放到橱柜中。一般来讲，低矮的开放性橱柜方便幼儿自己取放材料，有利于幼儿的自主探索活动，所以科学区应多选用这一类橱柜。没有空间摆放开放式橱柜的班级，可以把科学探索的材料集中在几个主题箱中摆放，等进行区域活动或自由活动时再取出。

(4)墙面

班级科学区的墙面，可以悬挂或张贴部分操作材料，也可以张贴实验操作步骤和方法的示意图，还可以张贴幼儿的实验记录图表，有些弯管实验、传声筒实验材料可以直接固定在墙上。

2. 材料选择

幼儿科学教育的基本理念之一就是帮助幼儿认识人与自然的和谐关系，科学教育本身的内容决定了在设置科学区域活动材料时，应让幼儿尽量在真实、自然的环境中探究。从材料的选择上要求做到以下几点。

(1)多样性

活动材料要涉及多方面内容，按照用途分为以下几种。

第一，供幼儿探索的材料。

声学材料，如音叉、锣鼓等乐器，可以试验声音高低的各种响声盒，各种瓶子、传声筒及纸杯电话等。

电学材料，如连接简单电路所必备的材料、小电动机、手电筒、电子积木等。

光学材料，如各种透镜、万花筒、不同颜色的调色盘、可以叠加颜色的彩色塑料片等。

磁性材料，如各种形状和大小的磁铁，各种可以被磁化的物体和不能被磁化的物体、指南针等。

力学材料，如斜面板、滑轮、弹性物体等。

玩水材料，如与沉浮现象相关的物体、各种玩水的容器等。

第二，供幼儿进行科技小制作的操作活动材料。

进行各种小制作所需要的材料，如不倒翁、传声筒、风车等各种小制作所需要的材料。

可供幼儿摆弄、操作的各种工具，如已采取安全措施的剪子、锤子、钳子、钉子、螺丝等。

各种测量工具，如温度计、尺、天平等。

其他可能用到的工具，如纸、胶水等。

各种废旧物品，如纸杯、纸盒、饮料瓶、管子等。

第三，可供幼儿进行感知的材料。

触摸材料，如各种质地的物体、让幼儿通过触摸分辨物体的"摸箱"。

训练嗅觉的材料，如各种气味瓶。

训练听觉的材料，如各种响声瓶。

第四，供幼儿肉眼或用放大镜观察的材料。

各种生物和无生物标本，如鸟类标本、蝴蝶标本、昆虫标本等。

幼儿自己收集的物品，如叶子、种子、贝壳、羽毛等。

活的生物、无土栽培的植物等。[①]

还可以放置些科学玩具，如电动玩具、教师自制小玩具或幼儿自己的小制作等。

---

① 张俊：《幼儿园科学教育活动指导》，148～150 页，北京，人民教育出版社，2008。

对于同一学习内容，教师也要考虑怎样通过多样性的材料，以丰富幼儿的相关经验。例如，小班幼儿认识磁铁活动，教师可以投放磁力积木，还可以玩钓鱼的游戏（鱼竿上有磁铁，塑料鱼嘴上有铁），同时还可以投放条形磁铁和各种材料（木头、塑料、布、玻璃、铁、铜、不锈钢等）。

（2）结构性

"结构"一词指的是相互关联的方式。科学区活动中材料的结构是指材料在被使用时能揭示现象间的某些关系，或者说，要将科学的原理蕴藏在材料和对材料的探索中。教师要为幼儿提供"有结构"的材料，以保证活动过程的可探索性。

根据这样的理论，我们在选择科学区活动材料以达到学习目标时，就需要考虑：这些材料是以什么样的方式组合在一起的，这些材料能揭示什么重要的科学概念？材料必须组成和概念有关的结构，且具有吸引力，才能让幼儿积极参与，与材料相互作用。教师在投放材料时，一定要从科学领域的核心经验出发，选择相应的主体材料和辅助材料，让幼儿自己选择特定范围内的材料来尝试解决问题，以达到获得这种科学经验的目的。科学领域的核心经验有很多，如"在探究中认识周围事物和现象"的核心经验中就包括了"事物与现象""事物的变化"以及"事物之间的关系"等几个方面。又如，在以"植物"为主题的科学区域活动中涉及的科学经验就包括：植物有多种多样的外部特征（事物与现象）；植物需要阳光、空气和营养才能存活和生长（事物之间的关系）；植物的变化贯穿于整个生长周期，它们是不断生长和繁殖的（事物的变化）。根据这些经验，我们在区域中可以投放以下材料：不同种类的植物，其中至少有一种正在开花；泥土、肥料；种植的容器；人造植物（可以用来与真实的植物比较）；各种植物的种子；浇水用的容器或洒水壶；用来密封的塑料袋；其他辅助材料，如广口瓶、捆绑带等；记录用的各种材料。①

（3）层次性

教师设计的材料及其操作方式要有层次性，也就是说材料要适应不同发展水平的幼儿。以制作"不倒翁"为例：第一个层次提供原材料（鸡蛋、毛线、双面胶、沙子、剪刀、假眼睛、彩纸、彩笔）；第二个层次提供半成品材料，如根据教育目标进行部分加工的材料，或现成的加工程度不高的材料（已经成型的不倒翁，只需要装饰）；第三个层次提供成品材料，即现成的玩具不倒翁。

（4）可探索性

幼儿通过创造性地操作材料，进行学习并获得发展，这就要求材料要有探索的空间，即可探索性。让幼儿在动手操作的同时也要动脑，发现更多不同的玩法。

当前很多幼儿教师在材料的探索性上往往存在误区，将探索当成一般意义上的动手操作，这种想法造成了幼儿在区域活动中仅仅是简单机械地重复训练，并没有

① 施燕：《幼儿园科学区角活动材料设置三议》，载《幼儿教育》，2012(31)。

对幼儿的心智提出积极的挑战，导致区域活动不能最大限度地支持幼儿与材料之间的相互作用，也不能最大限度地引发与支持幼儿的探究活动。投放的材料中有相当一部分不能激发幼儿动手操作、动脑思考，也不能引发幼儿的探究行为，这样的材料不利于幼儿主动性及想象力、创造力的发挥。例如，在认识时钟的活动中，如果教师在活动中投放一个用硬卡纸做成的时钟，给幼儿的任务只是按要求拨出不同的时间，那么这样的活动只是一个机械的动手操作活动，不具有探索性。更好的做法是什么呢？怎样让活动更具探索性呢？我们可以给幼儿提供钟面、时针、分针、数字等材料，让幼儿自己拼装出时钟，再进行操作。

（5）相对性和稳定性

有一些材料是必需的，如一些工具性材料，而有些要根据幼儿的兴趣、主题内容进行增加和删除。

（6）材料投放者的多元性

教师要动员幼儿、家长、社区工作人员一起参与材料的投放，讨论投放哪些材料、如何投放，实现多元主体在平等基础上共同参与材料的投放。

（7）安全性

购买成品材料要看安全认证，废旧材料要进行消毒等。

（8）数量

材料的数量要能满足幼儿的充分选择和操作需求，这样参加活动的幼儿就不会因材料的不足而影响操作学习的过程。这里并不是说所有材料都要人手一份，而是在探索过程中起关键性作用的材料必须每人一份，辅助性材料每组一份即可。例如，在探究事物的吸水现象时，如果这个区域能容纳六名幼儿，那么一盆水足矣，但关键性的材料——能吸水和不能吸水的材料，应该多于六种。这样每个幼儿都有材料可操作，且共用一盆水，便于他们交换材料，合作探索。

3. 科学区活动的指导策略

第一，善于将教学目标分解为多层次的学习步骤，并选择合适的材料，经过一定的设计，转化为幼儿游戏的表现形式。以"有魔力的磁铁"为例，①投放与磁铁相关的玩具，引起幼儿的兴趣。②投放磁铁和其他不同属性的材料，幼儿可能认为磁铁吸附金属。③投放磁铁和各种金属，幼儿明白磁铁只吸附铁。④投放磁铁、纸、玻璃、带铁的小动物，幼儿明白隔着隔板也可以相吸。⑤投放 U 型磁铁、指南针，幼儿进一步了解磁铁的特性。

第二，在区域活动中，教师主要观察幼儿在游戏过程中的各种发现，分析幼儿的发现是否验证了教师的假设。教师要思考下面一些问题。

哪些发现是预期中的？

哪些发现是意料之外的？

教师是否需要进行正式的教学以提升幼儿的经验？

需要干预吗，我的干预会影响或打断幼儿的游戏吗，会不会抑制他们的独立探索，会丰富幼儿的游戏经验和学习吗？如果我不干预，又会怎样？干预和不干预是利大于弊，还是弊大于利？

第三，确定干预的时机。

我们认为出现以下情况时，教师应当进行干预。

当幼儿遇到困难、挫折，即将放弃游戏意愿时。

当游戏中出现不安全因素时。

当幼儿主动寻求帮助时。

当游戏中出现不利于游戏开展的过激行为时。

第四，确定干预的方法。

教师可以以材料、同伴和教师自身为媒介进行干预。

第五，活动评价。

在评价幼儿时，注重操作的过程和过程中表现出的探究及学习品质。不能仅从"高兴""成功"两个维度去评价，如"你成功了吗?""你成功了，祝贺你!"

4. 反思

活动结束后要对材料投放、幼儿的表现、师幼互动及评价进行反思。

(二)植物角

1. 环境创设

植物角的环境创设要以多样化、可感受、可参与为标准，品种多样、时令错开、高矮有异、更替有度。尽可能陈设更多品种，让幼儿认识和感受不同植物、不同花开、结果、换叶等规律，尽可能在不同时节都能看到不同植物的开花、结果。

在植物角环境创设中，我们应注重发挥幼儿的主体作用，重视幼儿的参与，共同创设丰富多彩的植物角。幼儿在参与植物角创设的过程中，不仅能感受到成功的喜悦，还能感受到劳动成果的来之不易，从而更加珍惜、爱护植物。

(1)植物选择的原则

创设的小自然环境应该是大自然的缩影，种子陈列、蔬菜种植、花卉栽培、标本图片展示等都是很好的内容。这些内容在四季中应该分别有所侧重。

按照季节进行环境创设。植物会受季节的影响，所以在选择植物时，应考虑季节的因素，选择适合当下季节的植物进行室内观察、观赏等活动。

幼儿园种植的植物，最好是有明显变化的，并且是有果实的，如玉米、大豆、山芋、西红柿、花生、茄子、草莓、豌豆等。在一段时间里能清晰地看到它们的变化，并能享有它们的果实，这对幼儿了解这些植物具有重要的意义。对于那些生长变化相对较小，主要是随季节变化的植物或常绿植物，不适宜按班级种植，但可以以班级或小组为单位认养。认养的植物最好能结果或开花，以使幼儿有惊奇感、兴奋感，对这些植物产生情感，能定期去观察、照护，并做好记录。这不仅有助于发展幼儿的自然观察智能，还有助于培养幼儿乐于观察、亲近自然、爱护生命的习惯和情感。

针对小班的幼儿可以选择一些容易辨识的、在日常生活中常见的瓜果蔬菜和豆类，如红萝卜、大蒜、洋葱、绿豆、黄豆等。大班的幼儿具备了一定的观察能力，就可以选择一些生长特点明显的植物，让其对植物生长过程进行观察，学会护理植物等。

（2）植物摆放

植物放置在阳光能照射到的、便于幼儿观察的地方。植物的生长需要光合作用，把植物角布置在有阳光且幼儿能随时观察到的地方，更有利于植物的生长和幼儿的活动的开展。

生长周期短、生长速度快的植物要摆在明显的位置，以便于幼儿经常观察、记录。生长周期长、生长过程不是特别明显的植物要摆放在较固定的位置。

（3）选择透明的器皿

摆放植物的器皿可以选择透明的玻璃小瓶，贴上标签，以便于幼儿观察植物的细节变化。透明的器皿能引起幼儿观察的兴趣，让幼儿每天都注意到变化的发生和发展的过程。

（4）投放一些小工具

《幼儿园教育指导纲要（试行）》指出，提供丰富的可操作的材料，为每个幼儿都能运用多种感官、多种方式进行探索提供活动的条件。自然角中工具的投放是必需的：一方面我们要给幼儿提供种植和管理所需要的工具；另一方面我们还要投放便于幼儿观察、探究的工具，激发幼儿进一步探究的欲望，帮助幼儿更好地去发现。

2. 幼儿园植物角的指导策略

植物角是幼儿认识自然界的窗口。在这里，幼儿通过自由、形象的观察来探索生命、获得新知。我们应给幼儿创造一个开放自主的自然角，给予幼儿充分时间，引导他们在其中观察、探索、发现、体悟，从而实现生命的成长。

（1）提高认识，使自然角成为幼儿课程的必然选择

自然是人类永远的老师和朋友，也是幼儿学习的重要部分。我们要梳理幼儿与自然的亲密关系，培养幼儿对自然的爱，让幼儿在爱中获得更多的发展。因此，自然角是幼儿课程的必然选择。种植是一种对自然富有情感的、最深切的认识。在种植的过程中，幼儿可以了解植物的生长过程，记录并比较不同植物生长的特点，了解在不同的条件下植物生长的状况，从中发展幼儿的观察能力、比较能力和思维能力。

（2）足够的时间保证

我们应尽可能地开放植物角，让植物角真正成为幼儿生活的一部分。有效利用各种小段时间，如入园时间、课间休息时、餐后时间等，鼓励幼儿常去自然角观察；挖掘自然角资源，关注幼儿的兴趣，使自然角活动成为区域活动的重要内容，并且让幼儿有足够的时间保证幼儿的发现和探索。

（3）与主题内容结合

自然角的内容应与主题内容相结合。自然角是教师进行幼儿科学教育的重要场所。教师可以配合主题活动的主题在自然角中投放相应的材料，让幼儿的兴趣在自然角中得到进一步发挥和延伸。

（4）注重策略，使自然角成为幼儿认知的学习沃土

第一，设置问题，促进幼儿自主探究。

在探究和发现的过程中，幼儿常常不去注意问题的本质，需要教师设置相关的问题引起他们的注意，并引发他们进一步探究。例如，"养小蝌蚪的瓶子里放了水草，几天后水为什么还是清澈的？""早晨看见仙人掌的花是开的，放学时看见的花怎么是合起来的，这是为什么呢？"随后幼儿通过做实验、查找资料、讨论等方法进行探究并得出结论。由此可见，抛出一些问题能够促进幼儿进行深入探究。

第二，设置一些小实验。

自然角是进行实验的场所之一。幼儿通常可以利用比较实验法验证自己的假设。例如，同一种植物，其种植的方法是多种多样的，可以是水植、土植、沙植等，这些实验可引导幼儿去观察、发现多种关系。也可以让全班幼儿种一种植物，进行观察、比较、发现的活动。例如，全班幼儿每人种一盆土豆，有的发芽了，有的死了，为什么？有的长得快，有的长得慢，为什么？有的开花多，有的开花少，为什么？有的结果实了，有的没有结，为什么？幼儿用四种不同的参数，即水、土、光和温度来验证植物的生长需要。经过对实验结果的对比和评论，他们发现，如果想得到一个有价值的参数的结论，一次只能交换一种参数。

【案例 6-1】

植物实验

在种植植物的过程中，教师可以有意识地引导幼儿进行一些植物实验。例如，种子发芽的对比实验，温室内外植物生长的对比实验，植物生长与阳光、空气、水的关系的对比实验等。

课程延伸：种植活动——种蒜苗[①]

种蒜苗是冬天里有趣的种植活动，尤其是在北方的冬天，种植蒜苗可以给室内增添绿意，让幼儿感受植物生长的过程和收获的喜悦。

---

① 刘占兰：《有趣的幼儿科学小实验》，63～66 页，北京，教育科学出版社，2011。

活动目标

1. 观察和发现植物的生长变化。

2. 知道植物生长需要水。

3. 品尝种植的成果。

活动准备

准备 4~5 头大蒜、比较深的圆盘子一个、针和棉线。

活动过程

1. 教师和幼儿一起把大蒜外圈整齐的蒜瓣取下，剥掉皮，注意保留蒜头处的硬皮层。

2. 教师与幼儿仔细检查每一个蒜瓣，将坏的蒜瓣挑出来。

3. 教师用针线将蒜瓣朝着相同的方向整齐地串起来，注意在穿线的时候从蒜瓣的外侧穿过，不要伤害中心部分的胚芽。教师可以边操作边给幼儿讲解，与幼儿讨论有关的问题。

4. 将蒜瓣向内弯曲，整齐地摆在盘子里。在适当的地方用线固定住，形成与盘子一样圆的造型。

5. 向盘子里加入水，将蒜瓣底部大约 1/3 处浸泡在水里。

6. 教师和幼儿每天一起观察蒜苗的生长变化，在适当的时候提醒幼儿加水。建议每天换水。

7. 当蒜苗长到 15 厘米左右高时，就可以剪下吃了。

延伸活动

1. 冬天还可以让幼儿和家长一起种植大白菜根、萝卜等，如果照料得好还可以看到白菜和萝卜开花结籽。

2. 也可以和幼儿一起泡黄豆芽和绿豆芽，进一步了解植物种植发芽的过程。

第三，组织幼儿交流讨论。

每一次科学活动，教师都要让幼儿进行充分的讨论和交流，让他们说出自己在操作和探究过程中的发现，可以有不同的意见，不要害怕争论，让幼儿通过讨论找出错误的原因。

第四，记录。

心理学的任务理论告诉我们：任务越具体，幼儿观察的目的就越明确，观察的效果就越好。把记录运用到自然角的探究活动中，能更好地引导幼儿进行细致观察，以及充分思考、分析、推理，帮助幼儿获得新知识。观察植物是长期的观察，所以记录显得更为重要。记录的形式是多样的，可以是实物记录，也可以是绘画日记的形式等。

第五，培养幼儿的责任意识。

让每个幼儿都加入自然角的创设和管理中，各尽其职、各施其能，在潜移默化中培养幼儿的责任意识。通过有针对性的评价活动，表扬那些责任心强、履行职责认真的幼儿，从而强化责任意识，使幼儿的责任行为得到进一步落实。

（5）展示标本与物品

自然角还可以陈列或悬挂某些动植物标本，或展示幼儿搜集来的物件，如蚕的生长发育过程标本、小麦生长发育的标本、植物根系的标本、各种鸟类标本或仿真玩具、植物种子、树叶、石头、土壤等。另一方面还可以选择当地的一些特产和工艺品陈列在自然角，如杭州扇伞、青岛贝雕、海南珊瑚等。

教师应该让幼儿参与标本和物品的搜集过程，这样的过程既是幼儿喜爱的，又可以丰富幼儿的经验，让幼儿学习相关技能。

（三）动物角

动物角是幼儿园中专门用来饲养小动物的角落，它是对幼儿进行自然教育、培养幼儿科学素质的一个重要途径，也是幼儿园自然课程教学的一个重要补充形式。动物角的创设应该是能使幼儿与动物亲密"对话"的环境，从而使幼儿在与动物进行互动时发现那些平时不易引起他们注意的变化细节，使幼儿对动物的习性有更多了解。活泼可爱、伸手可及的小动物可以使活动室更加温馨、富有生气，从而丰富幼儿的生活。

1. 环境创设

（1）室内和室外相结合

水生动物以室内饲养为主，家禽、家畜在室外饲养。

（2）针对不同特性的动物进行环境创设

例如，饲养会飞的动物，如鸽子等，需要在活动区用防护网进行保护。奔跑能力强或犬齿类的动物，如猫等，则需要用笼子进行保护。家禽类的动物，如鸡等，则需要用矮矮的栅栏围起来作为它的活动区域。

（3）因地制宜地创设环境

动物角的创设受空间的影响较大，根据场地的大小合理安排空间即可。

2. 动物的选择

第一，要选择幼儿感兴趣、可抚摸、形体小、无危害且便于喂养的小动物，如小蝌蚪、小鸭子等。

第二，提供不同特性的动物。

不同特性的动物，有利于幼儿全面了解关于动物的不同属性特征，有利于幼儿探索各种动物的生活习性。

3. 动物角指导策略

（1）和幼儿共同商讨

广泛征求并听取幼儿的意见和建议。幼儿参与讨论的过程，不仅可以使他们感受到成功的喜悦，同时也会让他们感受到劳动成果的来之不易，从而更加珍惜、爱护劳动成果。

（2）巧妙引导，调动幼儿观察的积极性和主动性

饲养动物的过程是一个多方互动的过程，是幼儿观察、欣赏、操作、探索、认知的过程，也是一个愉悦充实的体验过程。

【案例6-2】

饲养动物——蜗牛①

活动目标

1. 通过观察，了解蜗牛的身体特征和行动方式。

2. 在饲养中了解蜗牛的生活习性和食性。

3. 会进行简单的观察记录。

活动准备

1. 准备一个大的玻璃缸或玻璃罐，里面装上潮湿、松软的沙土，放置几只蜗牛进行观察和饲养。

2. 事先准备一本蜗牛日志、一部手机。

3. 一些有关蜗牛的图书和图片。

活动过程

（一）观察蜗牛的外形特征

教师引导幼儿观察蜗牛的特征，鼓励幼儿说一说蜗牛长什么样子，蜗牛的壳是什么样的，蜗牛的头和身体是什么样的。

（二）给蜗牛拍照和命名

用手机给蜗牛拍照，给每只蜗牛起名字。将照片贴在蜗牛日志的封面上，写上名字。

也可以鼓励幼儿用图画纸和水彩笔、油画棒等画一画可爱的小蜗牛，并请教师帮助写上一句要对蜗牛说的话。

（三）蜗牛日志

每天照料和喂养蜗牛，对蜗牛进行观察。教师给予适当的帮助和引导，有时需要提出一些问题让幼儿观察，如蜗牛喜欢吃什么？蜗牛喜欢住在什么地方？你看见蜗牛的粪便了吗，是什么样子的？

鼓励和引导幼儿每天都给蜗牛记日志，记录蜗牛的相关情况，发现有趣的事情。幼儿用语言表达，教师帮助记录。必要时可以进行拍照。

（四）阅读有关蜗牛的有趣的图画书，扩展有关蜗牛的经验

延伸活动

给蜗牛分别吃胡萝卜、青菜等不同颜色的食物，观察蜗牛粪便的颜色，并进行

---

① 刘占兰：《有趣的幼儿科学小实验》，87～89页，北京，教育科学出版社，2011。

记录。

（3）给幼儿自由发现的空间

在教师和家长的支持下，鼓励幼儿寻找动物所需要的食物。在喂食的时候，让幼儿自主探索，自主发现各种动物喜欢的食物是什么。

（4）培养幼儿对动物的关爱和友善的情感

动物是活动的生命体，它们有呼吸、有活动，它们每天都需要食物，跟人一样，需要很多的生存条件，每天都会发生变化。所以，在饲养区饲养动物时，教师首先要培养幼儿的关爱意识，在真实的情境中唤起幼儿爱护动物的情感态度。

（5）制定饲养动物的制度

饲养动物需要制定一定的制度，因为制度是活动顺利进行的保障。小班的制度可以由教师来引导制定，中、大班的制度可以由教师和幼儿共同协商制定。制度不是一成不变的，教师或幼儿可以根据实践活动中获得的经验随时补充。

（6）引导幼儿探索饲养方法，积累饲养经验

教师要注意观察幼儿表现出的问题，引导幼儿探索各种动物的饲养方法，培养幼儿的动手操作能力和问题解决能力。幼儿非常乐意为自己的"寄宿者"营造一个自然的环境，并查询资料来正确喂养它们。

（四）图书区

幼儿通过阅读图书，增进对世界的认识，感受世界的美好，同时获得感知和探究世界的能力。图书区可以和各个区域进行融合，为其他区域提供可供参考的资料。图书区可以为幼儿提供一个安静而温馨的阅读环境，不仅能让幼儿在语言的海洋中徜徉，还能使他们对语言阅读产生浓厚的兴趣。读书是幼儿学习科学的途径。在图书区要有百科全书，方便幼儿查阅。例如，很多幼儿对恐龙感兴趣，图书区应该有关于恐龙的百科全书；绘本是幼儿喜欢的读物，要为幼儿准备丰富的科学绘本。

三、与科学教育直接相关的专题区

幼儿园专题区是在传统的幼儿园区角的基础上发展而来的，是教师为了满足幼儿的需求、促进幼儿发展而供幼儿在特定领域从事可持续、较体系化的探索、游戏和学习活动的空间。幼儿园内的图书馆、博物馆、种植园、饲养区、科学发现室、炊事室、民间工艺坊和表演区等都可以视作专题区。

（一）专题区与活动区的区别

与幼儿园常见的活动区相比，专题区是一个规模更大、相对独立的区域，有更加完备与真实的设备、设施。

活动区的主要功能是为幼儿开展游戏提供活动空间，为主题活动的开展提供相应的环境支持，是完整课程体系的一部分，但其自身的教育作用是有限的。专题区具有较全面的教育功能，既可以作为单独的活动类型发挥自身的教育价值，又可与

幼儿园其他教学、游戏活动相得益彰，发展成为成熟的专题区活动甚至自成课程。例如，幼儿园利用生态园，组织分班饲养、公共饲养、家庭饲养等多种形式相结合的饲养活动，开展集体教学、小组探索、个别游戏等多种活动，使幼儿在认知、技能、情感、态度上均得到了发展，达成了涵盖五大领域的教育目标，而这一切是难以仅仅通过班级饲养角实现的。[①]

(二)专题区建设和维护的基本原则

1. 教育性原则

专题区是为幼儿园开展教育活动服务的，因此不是所有幼儿感兴趣的事物都可以进入专题区的，只有那些能够促进幼儿经验获取的资源才是值得开发的。

2. 科学性原则

专题区的建设不仅需要教育教学经验，还需要大量的专门知识，如建图书馆需要有图书分类的知识，种植需要有栽培植物的知识。专题区建设应积极运用这些专业知识，确保科学性，但这并不意味着教师必须事先掌握全面的专业知识。

3. 适宜性原则

专题区及其活动数量要得到控制。专题区不宜过多、过杂，由于专题区具有很强的整合性，不同专题区的活动对幼儿身心发展的核心作用很可能出现重复。

4. 操作性原则

在专题区中，幼儿是学习的主人，他所从事的任何活动都不能超出其最近发展区，应符合其实际能力。同时，创建专题区的物质条件也应在幼儿园可承担的经济、技术范围内。[②]

(三)科学发现室

科学发现室是一种环境，幼儿在科学发现室里的主要目的就是发现，发现是幼儿自身与环境的交互作用，是通过观察、触摸、摆弄、操作等行为有所收获的过程。现今有些幼儿园科学发现室存在设施和材料过于高档化、成品化的问题，而一些来自生活的、低成本的、可操作的材料却常常被忽视。一些幼儿园加大了对科学发现室的设备和材料的投入，购买了很多正规的仪器和设备，而有些设备甚至是中小学科学实验活动中使用的，无论是功能还是型号都不适合幼儿园的科学探索活动，这些设备没有成为幼儿探究的工具，而是成了幼儿园科学发现室的摆设，幼儿无法真正利用它们进行探究活动。从探究材料来说，一些幼儿园购买了很多木制或金属制的动物模型，以及一些动物标本，由于这些模型和标本结构固定，因此并不能真正引发幼儿动手操作的探究活动。我们需要在专用室的规划和设置上下功夫，要立足于"科学探究氛围"的营造，所有设备和材料都本着引起、促进幼儿的探究活动为宗

---

①② 张斌、虞永平：《专题活动区(室)的建设：幼儿园课程资源开发与利用的有效途径》，载《幼儿教育》，2012(25)。

旨，以便最大限度地发挥其特有的教育功能，落实幼儿科学教育的活动目标。[①]

同时，教师要更新观念，科学发现室的主要作用是给幼儿提供科学发现和探索的机会，幼儿在科学发现室中操作、观察、记录并思考。幼儿通过操作材料去关注有趣的现象，还可以寻找一些现象的根源。科学发现室里摆放的不是固定的模型，而是一些可以让幼儿操作的材料和工具。科学发现室不是展览室，其室内活动不是纯粹的参观和观察，科学发现是与幼儿的操作联系在一起的。科学发现活动要能促进幼儿发展解决问题的能力，培养其求知欲、好奇心、动手能力和科学态度。

第二节　游戏活动中的科学教育

上一节中，我们讨论了区域活动与科学教育之间的关系，本节我们将讨论游戏与科学教育的关系。但在这里需要说明，区域活动也属于游戏的一种，我们把这种科学活动归为探索性的科学游戏，之所以分开论述，只是为了突出区域活动的环境创设与教师指导，本章中我们侧重分析区域活动中的游戏因素。

一、游戏活动中的科学教育概述

幼儿科学游戏就是能够让幼儿获取有关科学学习经验的游戏活动。它是幼儿学习科学的最佳学习形式，同时也是深受幼儿喜爱的科学探究活动。

(一)幼儿科学游戏的特点

1. 内部动机

游戏纯粹是幼儿自主选择参与的活动，幼儿完全是出于内在的动机来参与游戏的，常常是"为玩而玩"。

2. 自我控制

在游戏过程中，幼儿也完全是自主的。幼儿可以自己决定活动方式以及自主决定何时停止游戏。

3. 心理愉悦

幼儿在游戏中应该伴随积极的情绪体验，立刻能感受到游戏是好玩的。

4. 重复动作

幼儿在游戏中的操作往往不是尝试性的、探索性的，而是重复性的动作，而且幼儿常常满足于简单的重复。[②]

---

① 虞永平：《科学发现室与幼儿园课程》，载《幼儿教育（教育教学）》，2010(3)。
② 张俊：《幼儿园科学教育》，232 页，北京，人民教育出版社，2004。

(二)科学游戏活动对幼儿的价值

1. 科学游戏让幼儿成为活动的主人，让幼儿在自由的心态中学习科学

人们常说，科学无禁区。同样，游戏也是没有禁区的。幼儿在科学游戏中可以随心所欲地行动，他可以完全按照自己的想法来游戏。且不论随心所欲的游戏对幼儿的科学发现会有什么样的贡献，单就它对于幼儿自主性发展的意义而言，也应该引起人们的足够重视。只有在自主游戏中，才有可能使幼儿拥有一种愉悦、轻松的心态。需要指出的是，有很多科学游戏属于规则游戏。幼儿在参与这些规则游戏时，也许不能随心所欲，并且要接受规则的约束，否则他就要被其他的游戏者排斥。在这种情况下，尽管幼儿的自由受到了一定的限制，但是却为幼儿换取了更多的游戏权利，这一切都是幼儿自主的行为。因此，笔者并不认为幼儿在规则游戏中是不自由、不自主的，相反规则游戏更能使幼儿的自主性得到发展。

2. 科学游戏让幼儿在"玩中学"，在愉悦的心态中学习科学

心理愉悦是游戏之所以成为游戏的一个重要因素，这在幼儿的科学游戏中也不例外。幼儿投身于科学游戏的最主要动因就是好玩，或是新颖的游戏材料吸引了幼儿，或是游戏中伴随着有趣的现象引起了幼儿的兴趣，又或是游戏的方式能满足幼儿动手操作或交往的需要。总之，科学游戏能够让幼儿在一种愉悦的心态中学习科学，激发幼儿更大的智力潜能。幼儿在玩的过程中，也许不知不觉就能获得很多科学经验，或解决其中的科学问题。

3. 科学游戏让幼儿保持必要的"张力"，在轻松的心态中学习科学

幼儿的游戏行为通常表现为重复性的操作与摆弄，这对于成人来说也许是没有意义的，但是对幼儿来说却是一种必要的练习，因为这种重复能使幼儿从中积累科学经验。而且，幼儿的重复操作也并不完全是简单的重复，因为同化中必定也包含着一定程度的顺应。也就是说，幼儿在游戏过程中并不是一味地在玩，重复中也包含着一些尝试性的操作，甚至还会孕育出探索性的行为。[①]

二、科学游戏的分类

按照华爱华对游戏分类的观点，我们把科学游戏按结构化程度分为以下几类。

(一)自发性游戏

自发性游戏是教师对游戏材料和玩法不做任何设计，如何玩，用什么来玩，这些都由幼儿自主决定。游戏过程具有极大的不确定性，幼儿在游戏中充满自发的、无意的学习。游戏目标和主题是由幼儿自己提出来的，而不是教师强加的，游戏规则是内在的，而不是外部强加的。自发性游戏包括角色游戏、结构游戏、表演游戏、无规则的运动性游戏等。

---

① 张俊：《幼儿园科学教育》，233～234 页，北京，人民教育出版社，2004。

1. 角色游戏

角色游戏是幼儿期最主要的游戏活动类型。角色游戏是指幼儿以模仿和想象，通过扮演角色创造性地反映周围生活的游戏。相对于有规则的游戏里面成人预设性的特点，角色游戏的特点是幼儿的创造性以及游戏内容反映社会生活的社会性。现代生活离不开科学，因此角色游戏中包含了丰富的科学教育内容。例如，"我是小厨师"可以使幼儿进一步认识粮食、蔬菜和各种食物的名称及用途等。"娃娃家"中"家用电器"的摆放，会使幼儿认识到科学在家庭中的运用。"玩具店"里的货架上所摆放的电动玩具，如电动火车、声控汽车、机器人、火箭等，不但丰富了幼儿的科学信息，更会唤起幼儿对电、声、光的好奇和对现代科学的探索。"百货商场"的柜台上，摆满了五谷杂粮、水果、蔬菜、糖果、饮料等，这样他们就会更加准确地掌握各种食品和物品的名称、特点及用途等，同时也进一步认识了货币之间的关系，提高了数学方面的能力。"人民医院"中的"小医生"给"小病号"看病治疗，通过"各种医疗器械的使用，开药、打针"，幼儿自然而然地学习和探索了人体、医药和卫生方面的科学知识。

2. 建构游戏

建构游戏是幼儿使用各种不同的建筑材料和跟建筑活动有关的各种动作来反映周围生活的一种游戏。它和角色游戏一样，都是通过想象创造性地反映周围事物。它不但能增进幼儿对周围事物的正确认识，而且还能发挥幼儿的观察力、想象力和分析、判断、概括等思维能力，提高一定的技能。例如，小班幼儿在运用小型积木进行堆砌的过程中，不但可以认识积木的形状、大小、颜色等，还可以掌握铺平、延长、加宽、加高等简单的组合技能。中、大班幼儿在建造"铁路""大桥""公园""娃娃城"等活动中，不但识别了长短、宽窄等，也体验了上下、左右、前后、中间、旁边等空间方位，特别是在运送、拿放、搭摆、建筑材料和设计建筑当中，自然而然也会接触到一些力学和几何学等方面的科学知识。幼儿在建构游戏中，无论是无目的地堆砌，还是有明确主题的造型，都会通过模仿、创造操作的活动过程，直觉到一定的科学现象，学习到一定的科学知识。

3. 表演游戏

表演游戏是深受幼儿喜爱的一种游戏，它是幼儿以故事(幼儿自己创编的或来自文学作品)为线索展开的游戏活动。在表演游戏中，幼儿会用自己独特的喜爱方式来表达自己对游戏中角色、情节及对现实生活中人们活动的理解和认知。例如，文学作品《月亮姑娘做衣裳》引起了幼儿极大的兴趣，于是幼儿围绕"什么东西也在变"这一主题开展了一系列的游戏活动。

4. 无规则的运动游戏

无规则的运动游戏指幼儿自发的、非教师规定的，为达到一定的教学目的而设计的体育游戏。例如，户外活动时间，拍球会让幼儿体验到弹力；骑小三轮车使幼儿认识圆轮的滚动和惯性；滑滑梯会帮助幼儿理解斜面的滑动；跷跷板会促进幼儿认识平衡；在户外活动中，幼儿会很容易注意到影子，幼儿一起玩踩影子的游戏，在游戏中学习怎样使自己的影子变长，又怎样变短，以及怎样才能使自己的影子消失。在此游戏中，幼儿积极动脑筋创造多种方法踩影子，从中他们亲身体验了"光和影子"的关系，满足了身体运动的需要。

在自发性游戏进行的过程中，教师作为旁观者，可以更真实、深入地观察到幼儿游戏的各种现象，如幼儿偏爱哪一类科学游戏，哪些玩具能引起幼儿的科学发现，游戏时间和场地是否合适，材料的投放有没有问题，幼儿的科学素质和科学经验水平哪些方面有了进步，还存在什么问题，等等。旁观为教师的科学启蒙教育提供了依据，为教师给幼儿提供怎样的科学材料、准备怎样的知识经验提供了线索，使教师能更好地在自发性游戏中渗透科学启蒙教育。

（二）探究性科学游戏活动

游戏是幼儿积极主动地与环境相互作用的活动。在游戏活动中，幼儿积极主动地探索周围环境，他们可能会发现各种有趣的问题。如果教师能因势利导，支持和引导幼儿对这些问题的探索，不仅可以丰富和扩展他们的知识经验，而且有助于培养幼儿的探究热情和独立意识，促进幼儿主体性的发展。探究性科学游戏活动是指教师根据幼儿的认知兴趣和已有的知识经验，选择适宜的科学教育内容，由教师提供相应的材料、环境，让幼儿在实际操作中通过自身的探索去发现科学现象或浅显的科学原理的游戏。在这种活动中幼儿通过发现式学习，获得科学情感态度、科学的方法和特定的知识经验。

如果说自发性的科学游戏多发生在角色扮演区、建构区、表演区，那么探究性的科学游戏多发生在科学区、自然角、沙水区及美工区。

【案例 6-3】

奇妙的电池

在科学探索区教师为幼儿准备了各种型号的电池、电动玩具和小电器，让幼儿尝试给自己最喜爱的玩具和小电器装上电池。过了一会儿，有的玩具动起来了，而有的玩具仍然一动也不动，幼儿手里拿着玩具焦急地看着教师，教师也不教他们怎么装，只是鼓励他们仔细地观察电池和玩具。终于，幼儿发现了电池上的"＋""－"和电动玩具安装电池处的符号，并从"＋＋相对""－－相对"的有趣现象中找出了玩具不会动的原因。为了巩固幼儿对电池"＋""－"的认识，教师又开展了"给生活区送电"的游戏。游戏中，有的幼儿发现，只用一节电池"生活区"的灯就亮起来了；有的幼儿发现，如果用两节电池"生活区"的灯就更亮；还有的幼儿把三节电池连接起来，"生活区"的广播就响起了音乐；更有几个幼儿兴致勃勃地把许多节电池连接起来，却发现小灯泡全"烧"了……通过这个游戏，幼儿不仅学会了电池的连接，还对电池的个数和亮度的关系以及电池太多小灯泡反而烧坏等一系列物理知识有了粗浅的认知。

在以上探索性科学游戏中，教师没有花过多的时间向幼儿讲解深奥的、超越幼儿认知水平的科学原理，而是充分发挥幼儿的主体作用，让幼儿在宽松自由的活动环境中大胆尝试怎样才能使电动玩具动起来，促使幼儿自己动手、动脑，寻找答案，教师则在其中进行适时、适度的点拨和引导。在此案例中，教师只是鼓励幼儿仔细观察电池和玩具，促使幼儿打破原有的平衡认知结构（电动玩具放进电池就可以动），向新的认知进行平衡转化（认识电池上的"＋""－"和电动玩具上安装电池处的符号，了解"＋＋相对""－－相对"，电动玩具才可以动），同时这种不断发现和成功的喜悦体验，又极大地激发了他们的求知欲望，促使他们进一步探索关于电池的使用。

另一种探究性游戏发生在集体教学活动中。

【案例 6-4】

有趣的电话

教师以"小老鼠打电话"的游戏贯穿整个活动。幼儿扮演小老鼠和猫，活动材料是两只一次性杯子制成的电话机。第一次游戏时，纸杯内没有塞东西，由小老鼠们对着电话机互相传递消息，小老鼠们听到消息，都跑到了安全的地方，没有被猫抓到；第二次，教师在为幼儿提供的纸杯内塞了东西，这样听筒里听不到声音，小老鼠们由于没有听到消息而被猫抓到。游戏结束后，教师让幼儿分析小老鼠被猫抓到的原因，使幼儿感受到了声音传递的奥秘。

在以上案例中，教师采取游戏和教学相结合的方式，这种游戏发生在集体教学的过程中，游戏的目的是为教学积累经验。在本案例中，教师组织"小老鼠打电话"的游戏，为游戏后的教学做铺垫。

（三）规则性科学游戏

规则性科学游戏指至少有两人参与，按照一定的规则进行的包含一定科学知识或科学原理的游戏活动。这类游戏往往具有规程性、竞赛性和文化传承性等特征。在规则性科学游戏中幼儿是练习性学习，目的是巩固已有的知识经验。

规则游戏主要包括如下几类。

1. 智力游戏

（1）拼图游戏

幼儿玩智力拼图的游戏，不但加深了他们对各种图形的认知和辨别，还提高了运用图形拼出各种物体图案的技能。"布图构图"是幼儿十分喜爱的一种智力游戏，即把钉了若干小扣子的大幅布面挂在墙上，让幼儿把用布板画制的花草树木、风云雨雪、各种动物等随意地扣上去，于是他们按照对事物的认识和一定的科学规律制作了《春夏秋冬》四季图、《海底世界》等各种图画。幼儿在小肌肉群运动中进一步学习、体验一定的自然科学知识并发展了想象力和创造力。

（2）配对游戏

配对游戏是将绘有科学内容的各种小图片分发给幼儿，游戏双方（或多方）的图片内容都有一定的联系。先由一人先出示一张图片，另一人出示与内容相关的对子对上。配对的范围包括事物的名称、特征、功用、习性等，如"小动物找耳朵"。

（3）棋类游戏

幼儿玩"分类棋"的游戏，会使幼儿进一步体验到事物间的相互联系，并在玩中掌握分类知识。

小贴士

分类棋及其玩法

分类棋介绍：可分为动物类、花卉类、人物类、水果类四类，每类准备五个不同的品种。

玩法：幼儿协商分配所找类别，猜拳决定谁先开始。摸到棋后，不能让别人看到画面，属于自己所找类别的画面朝上摆放在自己一边，反之则放回原处，记住下次不再摸该棋。大家按顺时针方向轮流摸棋，先集齐同类别五个画面者为赢。

层次变化：可先玩四个一级概念，如动物、人物、花卉、水果；再玩四个二级概念，如爬行动物、兽类动物、鸟类动物、鱼类动物，依此类推，难度逐渐加深。

（4）接龙游戏

接龙游戏，即在图片的两端各画一种图形，要求幼儿将相关内容的图片接在一起，可以根据动物吃食与相应动植物连接，或根据季节变化与相应生长的植物、花卉相连接等。

2. 感官游戏

这类游戏主要是让幼儿运用感觉器官感知辨别自然物体的属性和功能。感知游戏包括视觉游戏、听觉游戏、嗅觉游戏、触摸觉游戏等。

规则游戏中，游戏规则应该简便易行，并能保证游戏的顺利开展和幼儿的安全。因此，教师必须要交代清楚游戏规则，简洁明了、语清意明，切忌含糊其辞、信口开河，使幼儿不知所云。例如，"奇妙的口袋"的感官游戏，要求发展幼儿的触觉和了解物体的属性，因此要求幼儿在触摸口袋内物体时，必须闭上眼睛，直到辨别出物体的属性，讲出名称后才能睁开眼睛。"闭上眼睛"，就是要求幼儿执行的规则，如果幼儿不遵守规则，游戏就达不到预期效果了。

第三节　生活中的科学教育

生活是综合性的活动，是没有边界的，是整体的。在生活中学习就是综合地学习、整体地学习。幼儿园一日生活中每一个环节都有科学教育的契机，对幼儿的发展具有重要的意义。本节主要讨论集体教学活动、区域活动及游戏外的一日生活中的科学教育活动。

一、生活中的科学教育概述

生活中的科学教育最重要的特征就是和生活的紧密接触。科学并不遥远，科学就在我们身边，生活是科学教育的源泉，科学教育根植于幼儿的日常生活。幼儿的思维以具体形象思维为主，这样的学习特点也要求幼儿科学教育的内容取材于幼儿生活，因此在选择科学教育的内容时，就应以幼儿的社会生活为基石，选取幼儿身边的事物来组织活动。生活是幼儿教育的内容，也是幼儿科学教育的重要途径。生活不仅是幼儿获得直接经验的基础，也为幼儿理解科学对人们生活的实际意义，从而为培养幼儿真正的内在探索动机、保持永久的好奇心和探究欲望提供了前提和实际背景。因此，在教育过程中，一方面要关注幼儿最关心或者与幼儿有直接联系的现实生活，采用观察、探究、实验和操作的方法，激发幼儿知、情、意的全身心投入；另一方面要不断扩大幼儿的生活空间和活动范围，激发幼儿的广泛兴趣与求知欲望，保持与延伸幼儿的好奇心和求知欲。

（一）生活中的科学教育的特点

1. 自然性

生活中的科学教育是在现实生活中自然而然发生的，与教师有目的地预设的教学活动不同。

2. 情境性

幼儿产生问题的时候，往往是具体的问题情境引发幼儿的疑惑和思考。

3. 随机性

生活中的科学教育随时随地都有可能发生。

4. 自发性

生活中的科学教育不是教师计划的，是随幼儿的活动和兴趣自然而然产生的。

5. 易忽略性

成人往往观察不到幼儿学习的过程或认识不到它的价值，错失教育的机会。

（二）生活中的科学教育的价值

1. 积累

有助于幼儿积累具体的科学经验，并理解其中所隐含的科学概念。熟悉的生活情景能够激发幼儿的学习兴趣，让幼儿主动提取已有经验，并在此基础上进一步探究，不断扩展所获得的知识。

以"力的相互作用"这一概念为例。在幼儿阶段，他们不可能说出什么叫力，也不可能概括地说出力和运动的关系，但是他们可以获得一些具体的科学经验（或者可以说是一些低层级的概念）。例如，推和拉的动作所产生的力量可以有不同的大小和方向；推或拉一个物体可以改变这个物体的速度或方向，也可以让它动或让它停，等等。这些经验对于他们今后在更高层次上理解力和运动的关系是必要的。从这个意义上说，虽然幼儿的学习是很具体的（如玩小汽车），但其中却蕴含了"大概念"。

2. 提供集体活动的素材

生活是课程的基础、来源和出发点，生活也是课程的进程，要能发现生活中的事物和资源。生活中有许多事物和资源可以用于幼儿园的教育教学，要到生活中寻找和发现有价值的课程资源。

以陀螺游戏为例，幼儿对陀螺产生了浓厚兴趣，从家中带来各种陀螺有电动的、机械的、塑料的、木头的，在自主游戏时能看到幼儿热火朝天地举办陀螺大赛。在游戏中幼儿又萌发了自己制作陀螺的愿望，于是生成集体科学活动"有趣的陀螺"。活动中，幼儿自己动手制作了各种各样的陀螺，进行了多次探索，师生一起来分析：陀螺转得好不好与什么因素有关？大家认为：圆形或接近圆形的陀螺转得好；硬一点的材料制作的陀螺转得好；小的陀螺一般来说转得快一点；陀螺的支点一定要在中心；插在中心的小棒，它的粗细也要随着陀螺的大小而变化，等等。由此，幼儿对"怎样制作好陀螺"有了正确的认识和新的发现。

3. 验证

强调科学知识在实际情境中的具体运用，而非简单地教给幼儿抽象化、概念化的知识。比起那些脱离真实情境的、直接指向概念化知识的学习内容，生活中所遇到的问题大多是真实的、有意义的，可以给幼儿提供更加丰富的学习经验。要努力让幼儿去解决生活中的问题和挑战，因为这是重要的学习。许多学习只有在解决生活中的问题和挑战的过程当中才是真正有效的。科学教育内容的选择应从解决幼儿生活中出现的实际问题、为幼儿生活服务的角度出发。例如，教师将电动玩具里的电池都取出来，让幼儿动脑筋选择装入合适的电池并让玩具动起来。在操作过程中，有的幼儿把电池装反了，有的幼儿选择电池时型号出错……在教师的引导和鼓励下，幼儿反复实践探索、总结经验，逐步揭开了电池正负极的秘密。当每个玩具都动起来的时候，幼儿获得了成功的喜悦，更掌握了装电池的正确方法。由此可见，科学教育的内容为幼儿的生活服务才能实现其价值。但不可忽略的是，这些问题和经验最终仍应指向科学概念的学习。

4. 养成生活中学习的习惯

当前我国各阶段教育中普遍存在的一个问题就是割裂了生活和学习的联系，生活是生活，学习是学习。所以，学习变成了一件严肃、枯燥的事情，这也是中小学生厌学的主要原因。要改变这种现象，我们从教育的最初阶段就要培养幼儿在生活中学习的观念和习惯。

二、生活常规与科学教育

一日生活是幼儿在幼儿园一天的全部经历，是幼儿生命充实与展现的历程，是个体在参与、体验与创造中利用环境自我更新的历程。幼儿园一日生活的各个环节或者各种活动都可以让幼儿积累相应的科学经验。符合幼儿年龄特点的各种活动可以帮助幼儿积累丰富的科学经验。发掘幼儿园生活常规中的科学教育内容，也是我们科学教育的重要组成部分。把生活常规的培养变成科学教育的途径，同时又有科学教育的配合，这样就更有利于幼儿生活常规的养成。因为只是教师给予的规则，幼儿不一定能很好地遵循，只有幼儿也认同的规则才对他们有更好的约束力，因为幼儿对规则的认同是建立在对规则理解的基础上的。让幼儿理解规则的科学性是科学教育的目的之一。

表 6-1　幼儿一日生活常规中一些科学设计的问题

进餐	睡眠	卫生习惯	安全
吃饭是为了生存 食物的行进路线；关于能量的问题 不同水果蔬菜的属性 食物扮演不同的营养角色 食物来自哪里 良好的饮食习惯 味觉的传递 关于口味的问题；食物来自哪里；关于饮食文化的问题 食物的历史 不同时代的饮食 其他国家的饮食习惯	睡眠的必要性 没睡好这件小事会危及生命 有一直不睡觉的人吗 救命，睡着睡着就醒不过来了 良好的睡眠习惯 睡姿能决定吗 睡着了之后 那些颠覆世界的梦 糟糕，梦见找厕所就尿床了	洗手 勤剪指甲 刷牙 爱护眼睛，保护视力 不掏耳朵	饮食安全 用电安全 交通安全 消防安全

表 6-1 列出了一日生活常规中的一些科学设计的问题，幼儿科学教育是渗透在幼儿一日生活中的，是整合的，同时也需要主题活动、区域活动的配合，但这里强调的是教师在日常生活中要有科学教育的意识。

【案例 6-5】

饭后漱口，虽是生活小事，但它关系到幼儿良好生活、学习习惯的确立。对主管幼儿生活的教师来说，让幼儿养成这个习惯可不是件容易的事。尽管平时我们不厌其烦地提醒他们，但总有个别幼儿跟你"捉迷藏"，能逃则逃，逃不脱则敷衍了事。怎样让幼儿体验到漱口的重要性呢？

一次早餐后，我找了两个白盘子放在桌上，其中一个盘子里面装满了水。幼儿看见我的举动，都投来疑惑的目光。看着他们好奇的眼神，我说："一会儿吃完饭，飞飞这个组的小朋友到这儿来漱口。"饭后，那组小朋友接好漱口水走进了教室。我让他们把漱口水吐在空盘子里，然后让全班小朋友过来观察。他们议论开来："这两盘水不一样，一个很干净，一个很脏。""那个盘子里的水里有东西了。"我问："这些东西藏在哪儿啦?"他们说："藏在小朋友的嘴里，因为这是小朋友漱口的水。""藏在舌头底下。""是粘在牙上的。""是藏在牙缝里的。"……

幼儿观察完，我便把那个装着漱口水的白盘子放进了水房。等下午他们去水房喝水时，佳佳捂着鼻子说："水房里是什么味? 真难闻。""水房里会有什么难闻的味呢?"我边说边随她走进水房。这时，那里围着几个小朋友，正在议论着。他们指着盘子问："是什么呀? 真臭。"原来漱口水已经变臭了。见他们一脸的惊讶，我问："你们想一想，这些东西在嘴里会怎么样?"幼儿有的说："也会变得这样臭，生出许多细菌来。"有的说："嘴里有了细菌，牙齿就会生病。牙齿病了可难受了，什么东西也不想吃。"还有的说："原来我们的牙齿就是这样被弄坏的! 那吃完饭快把嘴漱干净。"有一位小朋友说："我回家告诉爸爸妈妈，让他们吃完饭后也一定要漱口。"其他小朋友也附和着："我也告诉他们，要不然他们也会牙疼的。"自从那次观察活动后，大家漱口再也不用老师提醒了。

通过这件小事，我觉得把日常生活中抽象的知识和道理，转化成直观的、易被幼儿接受和体验的东西，其效果要比老师空讲大道理强得多。所以，在日常生活中，我们应给幼儿创设一个能让他们亲自去感知、去操作、去体验的环境，把教育要求巧妙地转化为幼儿的切实需要。这样，幼儿才能真正体验到养成良好生活习惯的重要性，并逐渐把这种认识变成自觉的行动。

(来源:河北省唐山市第一幼儿园　王惠勇)

户外活动也是科学教育的好机会，这里的户外活动是指幼儿园内的户外活动。幼儿园里种植着各种各样的花草树木，生活着各种有趣的昆虫和小动物。这是幼儿认识自然的一个小窗口。幼儿的科学探究应从身边的事物开始，教师要引导幼儿经常关注周围生活和环境中常见的事物，让幼儿发现其中的乐趣，这样有益于保持幼儿的好奇心，激发他们的探究热情，使他们从小就善于观察和发现。

三、远足活动与科学教育

幼儿园会根据季节的变化，选择适宜的时间，带领幼儿感受不同季节的显著特点。幼儿园的课程在大自然中进行，允许幼儿在天然的环境中观察大自然中的事物和现象。幼儿园常见的远足活动有踏青、采摘等活动。这些活动有助于发展幼儿的观察力，激发幼儿探究自然的兴趣，培养他们的环保意识。在这种活动中

叶子大家庭
扫一扫，看活动视频

幼儿可以了解动植物的生长、生活环境，有利于幼儿形成关于自然界中相互依存关系的最初概念，培养幼儿唯物主义的世界观，促进幼儿观察力的发展，激发幼儿对大自然的探究兴趣。同时这也是对幼儿进行美育的重要时刻。幼儿在树林、岸边可以收集各种自然材料，为幼儿园的集体教学活动、区域活动收集天然材料(树叶、贝

壳及石头）。

（一）准备阶段

第一，远足活动应该写进课程计划中，确定大致的时间。远足的时间要选择在观察对象有明显变化的时候。

第二，根据幼儿年龄及发展状况，教师要明确远足活动的目的，确定远足的地点和观察探究的对象。

第三，选择最安全的路线。不论教师多么熟悉远足的地点，都必须在远足前专程去一趟，认真准备，最好有幼儿园负责安全的人员一起同行，观察是否有明显的安全隐患，并清楚如何防范。

第四，计划带什么装备、带多少。

第五，组织幼儿讨论，了解幼儿对远足观察对象的已有经验，确定远足的目标和任务。教师设计问题，给幼儿明确收集的任务（如树叶、石头等）。

第六，说明并督促幼儿牢记远足中的注意事项。

第七，为了激发幼儿的兴趣和吸引幼儿的注意力，在远足前给幼儿提出一些只有根据远足的结果才能回答的问题。

总之，成人的准备越充分，幼儿的收获越大。

（二）活动进行阶段

活动进行阶段是组织幼儿认知和实践活动的阶段。在此阶段，教师要认真地思考、选择、计划与幼儿互动的最佳方式。远足活动要以观察为主，伴有讨论的方法，幼儿在观察大自然的事物和现象的时候，教师可根据幼儿的需要进行解释，并适时提问。

教师的提问对幼儿的益处主要有以下三个方面。

第一，提问促使幼儿认真观察，描述事实（观察对象的名称、组成部分、属性及作用）。这些问题使幼儿对自然中的事物有初步的了解，帮助幼儿厘清自己的认识，并用语言来表达。

第二，提问促使幼儿进行比较，发现异同，并对其进行概括。这些问题可以激发幼儿的认知过程，尤其是观察对象是幼儿认识的事物时，可以使幼儿发现关于对象的新的属性，所以教师在提问前要先比较幼儿的已有经验和观察对象的关系。

第三，提问可以鼓励幼儿进行自主讨论和总结，并能创造性地表达。

（三）后续阶段

对远足收获进行总结，这是系统化的过程。教师要延续在远足中激发的幼儿的兴趣，让幼儿分享自己的感受，鼓励幼儿用自己喜欢的方式表达，如通过实物展、绘画展、摄影展、讨论活动或角色、表演游戏等形式让幼儿分享自己的感受。

拓展阅读

田园之旅①

选择一个能让幼儿进行探究的新环境去郊游，幼儿可以将新环境中的动植物和过去他们在生物养育箱或其他环境中接触到的动植物进行比较，并由此了解新环境中的动植物满足自身需求的方式。

1. 建议目的地

可控的室内环境，如温室、花房、苗圃和植物大棚。

室外的自然环境，如树林、牧场、池塘和沙滩。

2. 准备工作

如果你打算带幼儿参观温室、苗圃或植物园，你得自己预先参观一下。如有可能，与这些地方的工作人员联系并商讨一下你们参观的目的。提醒工作人员了解3～5岁年龄段的幼儿是活跃的探究者，他们需要手把手的体验、短暂的演示以及提问的时间。

如果你打算带领幼儿探究一个户外场所，你得自己预先参观一下，确保这个地方对幼儿的探究活动是安全的。事先应确定在旅行中是否需要采集生物。可以考虑带回一些物种以便在教室中观察和学习。如果你们收集小动物，需要做好携带物种与使用适当工具的准备，并最好在一两天后将小动物送回发现地。

3. 旅行前

考虑到幼儿在那个地方应该怎样携带和使用探究自然的工具。

安排一些成年志愿者加入你们的旅行中。找一个时间与这些志愿者讨论一下旅行中可能会发生的事情、你希望幼儿做的事情、志愿者在这个地方能为幼儿的观察提供支持和帮助的方式。（例如：给志愿者演示如何使用自然学家的工具、给志愿者一张问题列表，这些都将对幼儿有重点地进行观察有所帮助。）

考虑在参观地把幼儿召集到一个特定的地方，例如开满花朵的苗圃中、流入池塘的小溪边。建议幼儿寻找特定的地方（例如："小溪中是否会有百合呢？"或者"这温室里是否很热？"）你也可以考虑让幼儿寻找两种东西之间的差别（例如给温室植物浇水的方式，或者停车场附近花的不同种类）。

在幼儿对你选择的这个环境中的很多东西都感兴趣时，你需要给他们确定一个重点。你可以问幼儿一个或两个问题，并用图表和文字记录他们的一些猜测。你可以提出下列类似问题：

——苗圃、沙滩、树林湿地与我们的生物养育箱、公园、游乐场有什么不同？

——我们将会看到哪些种类的新动植物？在这些地方我们能看到很多动植物吗？它们都是一样的吗？

---

① ［美］英格里德·查鲁福、卡仁·沃斯：《与幼儿一起探索自然》，145～148页，张澜、熊庆华译，南京，南京师范大学出版社，2005。

4. 旅行过程中

让每个教师和成年志愿者负责一个小组。鼓励幼儿像自然学家那样做事，请幼儿做下列事情：

——近距离观察。

——使用手持透镜和笔形电筒。

——描述动植物（如毛毛虫或松树的数量）。

——通过绘画，记录观察结果。

——如果可能的话，收集一些东西。

提醒幼儿注意您提到的问题和事情。通过下列类似提问促进幼儿思考：

——温室与我们的生物养育箱有什么不同？

——这些昆虫会在哪里呢？

——它们会找什么吃呢？

——你看到了哪种新的植物？

——它们的叶子是什么形状的？

——哪种植物的树皮不同于我们过去看到的树皮？

纪录幼儿的所见、所做和所说，这样有利于你日后在教学活动中帮助他们讨论和分析这次旅行。如果你有相机，最好在幼儿观察时给他们拍照。

5. 旅行后

和幼儿就你们所看到的内容进行简单的交谈，可以提出下列类似问题：

——这次旅行活动中你最喜欢什么？

——你看到了什么？听到了什么？闻到了什么？

——这次参观有什么特别之处呢？

拿出绘画和艺术材料，鼓励幼儿就这次旅行进行创作，简要记录幼儿的故事。

第二天或当旅行照片洗出来之后，通过反思幼儿的观察图、录像、录音带、照片和展板等，来讨论这次旅行中观察的重点。

在图表上用图画和文字记录幼儿的想法。

四、科技馆、博物馆参观活动与科学教育

（一）科技馆

2006年，国务院颁布了《国家中长期科学和技术发展规划纲要（2006—2020年）》、中共中央办公厅　国务院办公厅印发《关于进一步加强和改进未成年人校外活动场所建设和管理工作的意见》，以及国务院印发《全民科学素质行动计划纲要（2006—2010—2020年）》。在这些重要文件中，科技馆作为"国家科普能力建设"和"科普基础设施工程"的重要内容，被给予高度重视。这一年，中央文明办、教育部、中国科协还联合下发了《关于开展"科技馆活动进校园"工作的通知》，进一步明确要将科技馆资源与

学校教育，特别是科学课程、综合实践活动结合起来，促进校外科技活动与学校科学教育有效衔接。

1. 激发幼儿对科学技术的好奇心和想象力

科学技术的产生和发展与人类的好奇心直接相关，幼儿的好奇心、想象力和兴趣是养成创新精神不可或缺的因素。科技馆中的各种展品可以启迪幼儿的科学意识和观念，幼儿在科技馆里能够形成最佳心理状态、培养求知欲和专注精神，从而去探索科学的奥秘。科技馆中

小贴士

推荐访问中国科学技术馆官方网站 http://cstm.cdstm.cn；上海科技馆官方网站 http://www.sstm.org.cn。

的主题展览不仅能够提供科学理论或原理的简单解释，而且还能把焦点放在有争议问题的中心，通过唤起情感上的共鸣来争取观众的积极参与。一些学者通过研究科技馆对参观者在学习和行为方面的情感、感觉和态度等的变化发现，科学学习的主要障碍不是认知需要而是情感需要。情感的作用对经常被幼儿认为枯燥和乏味的科学学习尤其重要。科技馆中一些主题展览非常关注科学学习的多重背景、广度和深度，从而强烈地唤起参观者在认知和情感上的共鸣，为在非学校场所的探究学习提供了实用型范例。

2. 帮助幼儿探索科学过程

科技馆教育的本质特点是它模拟再现了生产活动的实践过程，并且不是简单地模拟再现，而是以学习为目的、并经过改造的模拟再现，它创造了引导观众进入探索与发现科学过程的条件。在科技馆里，幼儿可以自己动手、自己探索。在经历了操作、观察、体验、发现、探究、思考的过程后，幼儿收获的不仅仅有展品所演示的现象和原理，还有观察方法、思维方式等多方面的启迪，以及探究和发现的乐趣。特别是那些以科学发现和科技发明过程为原型的展品，蕴含着科学家们在科学探索过程中所体现的科学精神、科学思想、科学方法，它可能促成幼儿心灵上的某种升华。事实证明，动手操作、体验科学过程是科技馆教育中最富有生命力的部分。参与、互动与体验，使幼儿从被动接受教育的地位变成主动的科学知识的探索者，并有所发现和创新。

3. 启发幼儿科学思考，满足个性化需求

科技馆为参观者创造了丰富多彩的学习和认知环境，其中包括对社会重大问题的深刻思考。科技馆不仅承载着对大众进行科学普及和教育的重要功能，而且在活跃人们的思维、促进人们头脑中健康理念的形成、增强社会责任感和社会意识等方面扮演着无法替代的重要角色。在现代科学的概念里，已经包含了文化、社会、经济、政治和历史等多种元素。从当前世界科技馆的发展趋势看，基于主题的评判型展览正日益受到广泛欢迎，这样的展览使参观者能够批判性地探究科学本质以及科学、技术、社会和环境之间的复杂关系，启发人们思考。在科技馆里，幼儿可以根据自己的需要和爱好，在科学的海洋里自由地、积极主动地畅游，并摄取科学的养分。科技馆的各种互动展品和主题展览以最易于接受和理解的形象化手段，启迪不

同年龄、不同家庭背景、不同学习经历、不同生活经验、不同认知水平和不同兴趣的幼儿的思维，激发他们的探索精神和创造灵感。[①]

(二)博物馆

随着博物馆对教育功能的重视与发展，现代博物馆越来越提倡分众化教育，即将教育对象细分为不同群体，并结合每一群体的特点，研发各种教育项目，以加强博物馆教育的针对性和有效性。据统计，21 世纪初美国 88％的博物馆提供从幼儿到高中学生的教育项目，为各年龄层的儿童提供了学习机会，其中，幼儿成为分众化教育的重要对象。例如，纽约科学馆为幼儿制订了"小小创造家"计划，将 STEM（即科学、技术、工程、数学）学习和艺术欣赏融入教育活动；法国国立自然史博物馆和巴黎科学工业城则为幼儿专门设置了教育活动空间。这些专为幼儿设计的教育活动与空间，都将博物馆的展览与资源转换为适合幼儿理解的内容，充分调动了他们参观与学习的积极性。

幼儿期诸多行为和能力的形成，对人一生的发展起到了奠基作用。在幼儿进入学校接受正式教育前，博物馆作为重要的学习场所，让幼儿以一个学习者的身份进行自主学习，它以展品为学习的起点，同时展品以空间关系呈现认知概念的关联性。这些特点可以对幼儿的成长产生积极意义。

1. 培养幼儿合作与自主学习的能力

博物馆可以激发幼儿学习的内在动机，以及持续探索事物的欲望。博物馆为幼儿提供了独一无二的学习机会，使幼儿各方面的能力得到了锻炼，其中有两项能力尤为切合幼儿的发展需求，并使他们在日后的生活与学习中获益。

> **小贴士**
>
> 推荐参观北京自然博物馆、上海自然博物馆。

(1)与他人合作的能力

幼儿通常在成人陪同下来到博物馆，他们在参观时向陪同者提问并与之讨论，或是与家长和同龄人合力完成某项任务，共同参与教育活动。在这一过程中，他们逐渐学会如何与他人合作，以更好地适应将来的学校和社会生活。

(2)自主学习的能力

当幼儿进入博物馆时，就开始了自主的学习过程。他们在一个充满新事物的环境中主动寻找学习的机会，对身边的事物进行观察与思考并提出问题。这种学习方式比被动接受知识更容易提高幼儿的学习热情，并为他们的终身学习奠定基础。

2. 为家长和幼儿园提供教育的辅助场所

博物馆可为家长及幼儿园提供合适的教育内容，并组织多样的教育环境与活动。根据现行的《幼儿园教育指导纲要(试行)》，幼儿园的教育内容是全面的、启蒙性的，

---

① 刘文利：《学校科学教育需要科技馆积极支持》，载《中国教育学刊》，2008(3)。

可以分为健康、语言、社会、科学、艺术五个领域。若家长与幼儿园能善用博物馆的丰富资源，那么博物馆能帮助其对幼儿这五个方面能力的启蒙与培养，成为幼儿教育的重要辅助场所。同时，博物馆也可设计并提供学习资源包等教育材料，以指导家长和幼儿园利用博物馆资源进行学习。

(三)参观科技馆、博物馆的活动组织

1. 活动准备

第一，通过网络或图书资料了解准备参观的博物馆的基本信息及近期的特色展览。

第二，让幼儿了解博物馆的规章制度，强调参观期间要遵守哪些规章制度。

第三，制订参观计划，即先看什么后看什么，激发幼儿的兴趣，鼓励他们主动提问，并按幼儿的请求对展品进行初步介绍。

2. 活动过程

第一，按计划参观，强调纪律问题。

第二，鼓励幼儿积极参与一些互动和体验活动。

3. 后续

(1)建立班级幼儿博物馆

我国幼儿园可以从所在的区域的地理环境、园所文化、园本课程的实际情况出发，围绕主题创设不同的幼儿博物馆。博物馆中各种物品的收藏、陈列、展览、讲解需蕴含一定的教育价值，能引发幼儿的探究意识。

例如

①农具博物馆。

②自然博物馆。

③民间文化博物馆。

④"我的……"博物馆。

这是一种开放性的幼儿博物馆。它区别于其他博物馆的地方是它不能完全归入哪种特定的门类，它的内容无法事先确定，它实质上是一种综合性的博物馆。这种博物馆更强调幼儿的参与。幼儿不只是博物馆的使用者，更是博物馆的设计者和维护者。

(2)让博物馆成为重要的课程资源

首先，我们应该树立幼儿博物意识，要引导幼儿广泛感知客观世界，感知人类文化，提供各种行之有效的方式和途径，让幼儿感受和操作。其次，要有以幼儿为本的意识，让幼儿园的一切空间、一切资源尽可能为幼儿的发展服务，尽可能体现课程价值。最后，幼儿园课程资源的利用必须坚持室内和室外、园内和园外相结合的原则。处处有课程资源，处处有发展契机。[①]

---

① 虞永平：《儿童博物馆与幼儿园课程》，载《幼儿教育》，2010(4)。

五、偶发性科学教育活动

(一)偶发性科学教育活动的特点

第一，探索活动常由偶然的情境引起，教师无法事先预测。

第二，偶发性科学教育活动的内容非常广泛，常常是就地取材。

第三，偶发性科学教育活动的时间、地点随机，不固定。

第四，偶发性科学教育活动的过程多样、多变，容易受外界因素干扰。

第五，活动的主体具有强烈的内在探索动机。

偶发性科学活动是指由外界情境所导致的、偶然发生的科学活动，是幼儿自发产生的科学活动，它对幼儿形成科学概念也十分重要。教师如能抓住时机，采取正确的方法指导幼儿开展偶发性科学教育活动，这不仅会大大激发幼儿的好奇心和求知欲，而且有利于培养幼儿对科学的兴趣和探索精神。[①]

幼儿园教师资格证考试·真题再现

2015 年上半年幼儿园教师资格证考试《综合素质》材料分析题

周一长假结束后，楠楠一进教室，就马上走到自然角去探望小金鱼和蝌蚪。

"小金鱼没有了！"楠楠大叫起来。

邓老师很吃惊地走过去看，以前游来游去的小金鱼不见了，只剩下两个小鱼头躺在缸底的水草下，几只蝌蚪竟然正在啃鱼头。

蝌蚪吃金鱼的事立刻引起了孩子们的注意。早餐结束后，邓老师决定利用这次机会，组织孩子们讨论小金鱼的死因。

孩子们分小组进行了热烈讨论。他们列出了几种可能的原因。

(1)天气闷热致死。因为放假期间，天气一直有些闷热。

(2)水污染致死。因为涵涵曾经将肥皂泡吹到鱼缸里。大家觉得水污染可能会导致金鱼死亡。

(3)金鱼吃得太饱，胀死了。因为小杰家的金鱼就是这样死的。

(4)金鱼是饿死的。因为放假期间没人给金鱼喂食，它们就饿死了。

邓老师继续组织幼儿讨论怎样的喂养方式是正确的。大家纷纷发表意见。

随后，邓老师指导孩子们把金鱼的尸体从鱼缸里捞出来，有的孩子还提出要把金鱼埋葬到草丛里。邓老师答应了，给孩子们借来铲子，孩子们很认真地把他们心爱的金鱼埋好。

请从儿童观的角度，评析邓老师的保育行为。

分析：材料中描述的情境属于偶发性科学教育活动，教师能够从偶发的事件中看到教育的契机，启发幼儿进行科学探究，并且遵循了科学探究的一般程序。最后教师的行为也体现了第四章中提到的科学教育中的人本主义教育。

---

① 张俊：《幼儿园科学教育》，255 页，北京，人民教育出版社，2004。

(二)教师指导的原则

1. 要注意观察幼儿的行为，发现和了解幼儿的科学探索活动

观察能力是幼儿园教师必备的基本能力，观察是实施有针对性教育的前提。

【案例 6-6】

有一次，我班的月月小朋友在洗手的时候，无意中发现肥皂泡泡在阳光的照射下，呈现出一道七彩的光环，小朋友都被这神奇的现象所吸引，一下子全跑到水槽边玩肥皂泡泡。我没有制止他们的行为，而是马上启发他们去观察，去发现泡泡里的光环有哪几种颜色。于是，他们你一言我一语，兴高采烈地讨论起来。我及时抓住小朋友的好奇心，给他们解释了这个自然现象：阳光是来自太阳的一种能量，阳光看起来是无色的，而实际上，只要透过水滴就能清楚地看到太阳光的赤、橙、黄、绿、青、蓝、紫七种颜色，也就是我们看到的彩虹。解释完后，我马上组织小朋友开展有关的实验。这不仅满足了幼儿的好奇心、求知欲，而且激发了幼儿不断探索和思考有关科学现象的兴趣。

(来源：云南省昆明市盘龙区茨坝幼儿园　侯志萍)

教师养成仔细观察、善于发现的好习惯是有效指导偶发性科学活动的关键。偶发性科学教育活动，顾名思义，它具有偶然性、突发性，案例中的教师若不仔细观察、善于发现、及时抓住时机，幼儿获取科学知识的好机会就会在无形中失去。幼儿关心身边的一切，自然界里千奇百怪的现象吸引着他们，一朵花、一滴水、角落里的小动物等，都是幼儿感兴趣的内容。教师应及时捕捉这些激发幼儿观察、思考的闪光点，给予他们充分自由和相互交流的机会。

2. 正确对待幼儿的问题

幼儿的科学教育应当关注幼儿在日常生活中提出的问题。赫胥黎说，假如由于提出的一些愚蠢的问题而没有遭到斥责和阻止，一个幼儿在智力上的求知欲会是无限的；他也肯定会慢慢而又稳固地积累知识，并采用提问这种方法来发展思考能力。因此，通过关注幼儿的问题，从中寻找具有价值的问题，为幼儿解决这些问题创设环境和条件，引起幼儿对自己的问题的探究，这就是在生活中对幼儿进行科学教育的最好方式。教师丰富的知识积累和科学求实的精神是有效指导偶发性科学活动的前提。但信息技术发展的今天，不是所有的问题教师都可以解决的，这就要求教师要摆正心态，和幼儿一起尝试寻找问题的答案。如果真的是无法回答的问题，那么留给幼儿一个充满遐想的空间，如"也许这个世界上没有人知道它的答案，说不定你会是这个世界上第一个发现答案的人呢！"

3. 及时围绕问题，指导幼儿动手操作

针对幼儿的需要及时进行指导，是教师教育机智的体现。幼儿的学习是在情境中发生的，教师针对情境中的问题及时予以引导，是对幼儿学习需求的支持，真正意义上实现了因材施教。

【案例 6-7】①

　　我曾在班上设置了"小问号"罐子。一次，清清在纸条上提出了这样一个问题："晚上的时候太阳跑到哪里去了呢？"为了解答她的疑问，我把储存室的窗户糊上纸，改建成一个简单的暗室，并准备好地球仪和手电筒。实验前，我先教给幼儿地球分东、西两半球的知识，然后把幼儿带进"暗房"，用电筒发出的光模拟太阳光照射到地球仪上，让幼儿观察地球仪上东、西两个半球受光的情况。在观察中，清清找到了规律："老师，老师，太阳刚好照到地球的一半。"我马上肯定了她的发现，同时引导幼儿说出，如果太阳光照在西半球上，西半球就是白天，背向太阳的东半球就是黑夜；相反，如果太阳光照在东半球上，东半球就是白天，背向太阳的西半球就是黑夜。幼儿通过自己的操作、观察、分析得出白天与黑夜形成的规律。成功的喜悦更加激发了幼儿探索科学的热情。皮亚杰的认知理论认为，幼儿情感的发展、社会性及自我意识的发展急需自我探索、主动参与、表达意见的机会，必须通过活动才能形成自我的世界观和思考的方式，让他们从问题出发，自己主动地发现知识，不断动手操作，动脑思考。案例中的教师作为幼儿的支持者、合作者，及时发现幼儿的问题，为幼儿动手操作提供物质条件并指导其动手操作。

六、家园合作

　　让家长感受幼儿园科学教育活动的意义，引导其积极带动幼儿关注生活中的科学、了解生活中的科学对科学教育生活化及幼儿科学知识经验的构建有极其重要的促进作用。

(一)调动家长资源挖掘生活中常见的科学现象

　　家长是幼儿科学教育的社会人力资源中的主要成员，他们在支持幼儿科学探索过程中的作用，是任何人无法取代的。家长是幼儿学科学的启蒙教师，是把幼儿引入科学世界的第一人。家长还是幼儿园科学教育的积极配合者，可以与幼儿园合作、出谋划策，推动幼儿园科学教育活动的深入开展。

【案例 6-8】

　　一次户外活动结束后，幼儿回到活动室准备洗手、喝水，可是打开水龙头却一滴水也没有(教师事先关了总闸)。这引起了幼儿的焦虑和思考：水怎么会没有了，是不是让我们用完了？他们猜测着。过了好一会儿，教师才打开总闸，让幼儿洗了手，喝了水。之后教师提出问题："没有水会怎样？"并让幼儿热烈地交流，同时暗示节约用水给我们生活带来的方便。为了让幼儿进一步了解缺水的危害，教师请幼儿回家后和爸爸妈妈一起讨论没有水会怎么样。第二天，幼儿便把和爸爸妈妈一起画的画、设计的保护水资源的标记拿来讲给大家听，这次活动给幼儿留下了深刻的

---

　　① 　罗志芳：《浅谈偶发性科学教育活动中教师的指导》，载《学前教育研究》，2000(6)。

印象。

(二)举办科技节

幼儿园可以每年举办一次科技节，每次科技节为期一周。在这一周内，幼儿园可以组织设计一系列的科技活动，从环境创设、区域活动、宣传活动、家长活动、日常渗透等多个方面入手。

(三)科学探索之旅

幼儿园可以定期组织"欢乐大家庭"活动，以家庭为单位由家长发起组织幼儿外出参观，拓展幼儿科学教育空间。例如，参观汽车修理厂，了解汽车修理的一般程序；参观奶牛厂，了解奶牛的养殖方法，以及机器挤奶、牛奶消毒、牛奶包装等方法。外出参观活动可以大大拓展幼儿的视野，使幼儿看到更多幼儿园以外的科学现象，既增长科学知识，又丰富生活经验，更重要的是让幼儿有了更多的体验。

本章小结

本章论述了幼儿园科学教育实施的两个重要途径——游戏与生活。游戏中的科学教育我们按照自发性游戏(角色游戏、建构游戏、表演游戏、无规则的运动游戏)，探究性游戏(科学区中的探究、自然角的探究及集体教学活动中的探究)，规则游戏(智力游戏、感官游戏)进行论述；生活中的科学教育我们从一日生活常规，即踏青、采摘活动、科技馆、博物馆参观活动、偶发性科学教育活动和家园合作六个方面进行了论述。

关键术语

区域活动　偶发性科学教育活动　自发性游戏　探究性科学游戏　规则性科学游戏

思 考 题

1. 创设科学区有什么注意事项？材料投放有什么要求？

2. 创设动植物角有什么注意事项？

3. 科学游戏有哪些类型？请举例说明。

4. 生活中的科学教育有价值吗？为什么？

5. 自发性游戏与探究性游戏有何区别？

6. 偶发性科学教育活动有什么特点？

实训练习

1. 观察幼儿园科学区材料的投放，并分析评价。

2. 以自己的一日生活为例，发现生活中科学教育的元素。

3. 收集幼儿的观察日记，总结幼儿观察日记的表现形式。

拓展阅读

1. 由董旭花主编，中国轻工业出版社 2011 年出版的《幼儿园科学区（室）：科学探索活动指导 117 例》对幼儿园科学区的环境创设及活动进行了指导。

2. 由陈瑶主编，北京师范大学出版社 2020 年出版的《幼儿园教育活动设计与指导》中包含丰富的科学活动案例。

第七章 幼儿园科学教育评价

学习目标 ▶

1. 了解幼儿园科学教育评价的意义。
2. 掌握幼儿园科学教育评价的方法。
3. 熟悉幼儿园科学教育评价内容及依据。

学习导图 ▶

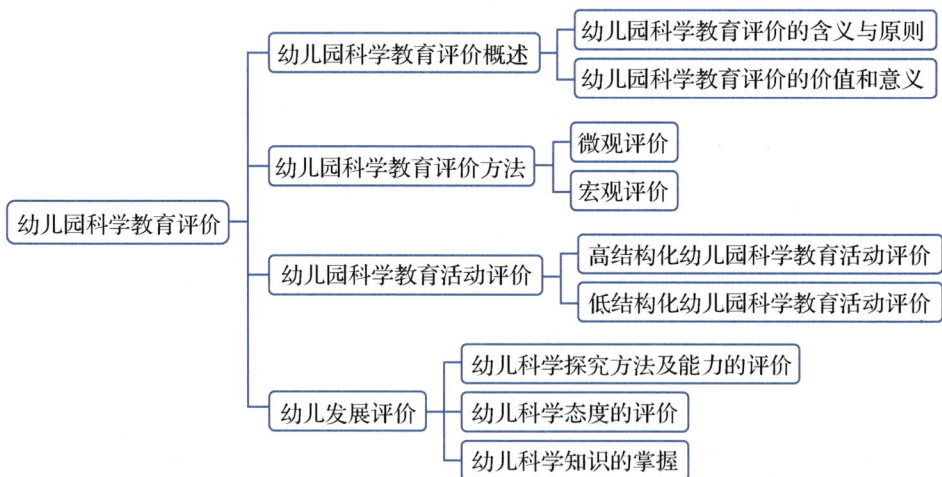

导入案例 ▶

　　某幼儿园实施课程改革，从之前高结构化集体教学活动改为低结构化以区域活动为主的课程。负责教学管理的老师面临一个难题：一直进行的都是高结构化活动的评价，这种评价可以说是轻车熟路，但低结构化区域活动该怎么评价呢？学完本章，我们就可以知道答案了。

第一节 幼儿园科学教育评价概述

幼儿园科学教育评价是幼儿园教育评价的一部分，是对与幼儿科学教育活动有关的各个方面进行科学价值判断的过程。评价伴随着幼儿园科学教育活动实施的整个过程，具有选择、监控、总结、反馈、导向的作用。

一、幼儿园科学教育评价的含义与原则

幼儿园科学教育评价是依据一定的教育价值观，以幼儿园科学教育为对象，采用科学的评价技术和方法对幼儿科学教育活动中的相关要素进行分析，并最终做出价值判断的过程。

幼儿园科学教育活动评价应遵循以下原则。

(一)从幼儿园科学教育活动评价的目的看

1. 评价应有利于促进幼儿的发展

这是当今幼儿园教育评价的根本性原则。幼儿园是幼儿发展的场所，幼儿的发展是通过教师组织的教育活动实现的。教师正确的评价观念影响着幼儿的发展。

第一，幼儿园科学教育评价的目的是找出每个幼儿的现有发展水平和可能达到的发展水平，以便为其提供适宜的教育。

第二，幼儿的发展宜进行个体的纵向比较。

第三，幼儿园科学教育评价的标准要兼顾知识、技能与态度三个方面。

2. 评价应有利于改进和发展幼儿园科学教育活动

今天的教育评价更注重评价的诊断功能，这是失之偏颇的。教师应该通过自评和他评等多种方式对幼儿园科学教育活动的目标、内容、实施做出及时评估，及时发现科学教育活动中的问题，为改进幼儿园科学教育活动提供依据。

(二)从评价主体看

1. 应以教师自评为主

教师是每天与幼儿在一起的人，让教师成为评价的主人，才能调动教师的反思意识，提高教师的反思能力。让教育评价真正为幼儿的发展来服务。例如，某班教师每周都对幼儿在科学区的活动情况做一定的记录。教师从记录中发现，幼儿在科学区的活动时间明显减少，教师通过和幼儿谈话分析出了该区不吸引幼儿的原因，及时进行了改进和新材料的添加，并向幼儿进行了介绍，幼儿在科学区的活动时间明显增加了。

2. 鼓励幼儿和家长参与评价的过程

幼儿是教育活动的主要参与者，家长则是其中的重要支持者，所以要鼓励幼儿和家长积极参与评价。比如，在幼儿参与科学活动，体验发现、探索、验证实验的乐趣之后，引导幼儿进行反思和总结，请家长针对活动进行评价和反馈，提出改进建议。

（三）从评价的过程和方法看

1. 评价过程应客观、真实、自然

在幼儿园科学教育评价中收集的数据要真实，这样才能对活动的效果得出正确的评价。同时，评价的方法要符合幼儿的年龄特点，提倡在日常各种活动中自然地进行，以减少幼儿的紧张和压力，使教师正确地把握幼儿发展的情况。

2. 定性评价与定量评价相结合

定性评价是用简明的文字评语对幼儿做出各项指标的评价结果或简单地用一个等级来表示具有多方面内容的评价方法。定量评价是指用数字表示评价标准或结果。在幼儿园科学教育评价过程中，可以通过收集有关数据，对数据、信息、评价结果等进行量化处理，最终用数据的形式反映评价结论。

应采取定性评价和定量评价相结合的方法，评价中坚持实事求是的态度，采用科学的定量分析有效提供数据参照，采取定性评价使评价者对评价有全面的了解和认识，两种评价方法相互配合使用，评价结果科学准确。

（四）从评价的结果看

1. 正确地看待评价结果

对教师评价是为了改进教育活动，对幼儿评价是为了促进幼儿的发展。评价者要对其评价结果进行及时、认真、科学的分析和统计，汇总整理统计结果、做出科学的评价结论，并将评价结论作为下一个阶段教育活动制定的依据，以使科学教育活动得到优化。

2. 切实发挥评价结果的作用

幼儿园科学教育评价是一个反馈与矫正的系统机制，对评价结果的获取，可研判出幼儿园科学教育活动中存在的问题和薄弱环节，并通过对评价结果的分析不断纠正、完善。此外，可以通过评价，建立幼儿园自我诊断、反思和改进，外部评价激励引导的良性发展机制，切实转变园长、教师的观念和行为，提高保教实践能力，从而提升幼儿园科学教育活动实施的整体水平。

二、幼儿园科学教育评价的价值和意义

从字面上理解，评价应该包括两个含义：评判和价值。所谓评判，就是对评价对象做出判断。将其应用到科学教育中来，具体地说，就是对科学教育的目标、内容、过程、环境以及教师、幼儿乃至整个科学教育课程等评价对象，做出一个判断；而价值则是做出评判的基础和标准，即提醒评价者按照什么标准对以上的对象做出

这样或那样的判断。

(一)幼儿园科学教育评价的价值

幼儿科学教育评价的价值简单讲就是幼儿科学教育评价的意义和作用，用来检查教育的效果。从实际的教育活动过程中，可将其价值概括为以下几个方面。

1. 评价是实现教育目标的基本保证

幼儿科学教育是在一定的教育目标指引下进行的活动，它最终能否实现预定的目标，需要通过评价加以检查和鉴定，因此幼儿科学教育的评价是实现科学教育目标的基本保证。在确定的评价中可以对一个幼儿园开设的科学教育课程进行评价，通过对照该课程的目标体系，对课程设计和实施的整个过程进行系统评价，并从中了解该课程的实施是否实现了原定的教育目标；也可以对某一次科学教育活动的过程和结果进行评价以了解和评价教育活动的效果等。

2. 调控幼儿科学教育的质量

幼儿科学教育评价具有反馈功能，这是调控幼儿科学教育质量的重要手段。通过科学教育评价可敏锐地发现新问题、新情况，并不断地加以修正，使科学教育的薄弱环节得以加强，从而改进科学教育工作。因此，幼儿科学教育评价是一种反馈校正系统，可用来判断科学教育活动中的每一个步骤是否有效。可以这样说，评价的最终目的不是鉴定教育结果，而是改进教育的过程并促进幼儿的发展。

对幼儿发展的评价可以判断幼儿科学教育对幼儿发展的有效性、适宜性程度，主要包括教育目标是否适宜、教育内容是否与幼儿发展水平相适应、教育方法是否能有效促进幼儿的心理发展等。这种有效性的评估是依靠评价环节完成的。科学、完整的教育方案应当包括评价环节。

3. 积累幼儿科学教育的经验

评价可以发现科学教育中存在的问题，而那些被验证是有效的科学教育活动又可为以后选择科学教育的内容、方法、途径等提供经验，通过评价积累的经验资料也可作为经验推广，为今后开展科学教育研究提供依据。

4. 为因材施教提供依据

通过评价教师可以获得幼儿及其发展的丰富资料。通过各种不同的评价方式，可以发现他们充满童趣的世界，可以观察他们丰富多彩的成长轨迹，还可以了解他们在发展中的障碍以及教师工作中的薄弱环节，并以此作为依据对幼儿进行个别教育。

5. 幼儿科学教育评价有其独特的价值取向

科学教育的主要价值反映在三个方面：科学观的培养、科学知识的习得和科学方法的掌握。在中小学，科学观的培养是重要目标，其中系统科学知识的习得、科学方法的掌握占据了中小学科学教育的多数时间。可以说，科学价值观的形成是以知识为载体的。对幼儿来说，掌握系统的科学知识和方法并非幼儿科学教育的主要目的，培养幼儿对科学探究的兴趣才是幼儿科学教育最重要的目标。也就是说，幼儿情感和态度的形成是幼儿科学教育评价的主要内容。

(二)幼儿园科学教育评价的意义

幼儿园科学教育中很多问题都与评价有密切的关系，都需要通过评价逐一解决，如幼儿发展的状况、教师教育工作的有效性等，所以科学教育评价在科学教育中具有重要意义。

1. 幼儿园科学教育评价有利于幼儿科学认知的建构

和中小学教育不同，系统地传授知识体系和结构并不是幼儿园科学教育的根本价值取向，幼儿园科学教育的根本目的是使幼儿在快乐的童年生活中获得有益于身心发展的经验。经验的获取并不能只通过对学习结果的评价体现出来，而是利用经验的积累建构个体科学认知体系。因此，在幼儿园科学教育评价中，对幼儿学习过程的评价比单纯对学习结果的评价更能体现出其独特意义。

2. 动态的评价方式有利于对幼儿科学教育活动做出诊断

此处的动态评价方式是指一种随对象的变化而随时改变的评价方式。动态评价不拘泥于特定时间、地点。幼儿的经验习得过程很难在静态中予以评价，如传统的纸笔测验等。幼儿的发展和进步会随时体现在日常的生活和学习中，这也必然要求在评价中突出幼儿的主体性。

一般而言，幼儿科学教育评价由幼儿发展评价、幼儿园工作评价和其他评价组成。幼儿教育评价的对象包括教育过程中的不同要素，如幼儿、教师、幼儿教育机构、不同教育机构采用的不同课程体系等。幼儿科学教育评价的角度也多种多样，如幼儿教育机构的管理水平、课程的质量控制等。如果将幼儿科学教育评价理解为某种单一评价，就会极大地限制幼儿科学教育评价的范围和作用。

通过评价，可以让幼儿看到自己的成功、进步，也可以影响幼儿的自我评价，激发幼儿学科学的兴趣、主动性，增强幼儿的自信心。正所谓"成功产生更多的成功"，积极的评价会让幼儿以更积极的态度参与科学活动。

3. 幼儿园科学教育评价有利于教师审视各教育要素的优化

教师在结束某节或某阶段教育活动时，要通过各种评价形式得出结论。对课程各要素进行审视，这不仅有利于关注科学的教育活动环节，还有利于关注幼儿的情感和态度的评价。在教学活动中，实现教学目标就包括提高幼儿情感有体验目标的实现。一方面，幼儿科学教育的目标是引发幼儿学习和探索的兴趣，而情感和态度是兴趣发生的前提。因此，重视幼儿情感和态度的评价是由幼儿教育的价值取向决定的。另一方面，在传统的幼儿教育评价中，严重忽视了对幼儿情感和态度的评价，造成幼儿教育评价的失衡。因此，在新型的评价体系中，应该特别重视对情感和态度的评价。

4. 幼儿园科学教育评价有利于记录教学过程中的动态反应

由于价值取向的特殊性，情感和态度往往体现在幼儿学习的过程中，而幼儿学习的结果却无法全面体现教育的价值。所以，对幼儿科学教育评价来说，"怎样了解和发现"比"了解和发现什么"更重要。幼儿科学教育评价应该贯穿于教育过程的始终，而不仅是出现在教学活动完成以后。

由于幼儿科学教育价值取向的特殊性、教育自身的灵活性、幼儿表现的多样性，幼儿科学教育评价的形成也多种多样。幼儿科学教育评价的主要方式有观察、谈话、作品分析、成长记录等。在幼儿科学教育评价中，观察、随机谈话等评价方法往往有很大的价值。

5. 幼儿园科学教育评价有利于实现教育目标合理化

幼儿园科学教育是在一定的教育目标指引下进行的活动，它最终是否实现了预定的目标则需要通过评价加以检查和鉴定。因此，幼儿园科学教育的评价是实现教育目标的根本保证。在具体的评价中，可以对一个幼儿园开设的科学教育过程进行评价，通过对照该课程的目标体系，对课程设计和实施的整个过程进行系统评价，从中了解该课程的实施是否实现了原定的教育目标；也可以对某一次科学教育活动的过程和结果进行评价以了解和评价教育活动的效果。

6. 幼儿园科学教育评价有利于提高幼儿科学教育质量

幼儿园科学教育是一种有目的、有计划的教育活动。无论是教育过程还是教育过程中的各种因素都需要监督和控制，甚至科学教育评价本身也需要质量控制。实现这种控制的过程存在于教育过程的始终，即评价和元评价。因此，缺失评价的幼儿园科学教育很难有质量上的提高。教育活动是否已达到目标所提出的要求，需要通过评价来做出鉴定。幼儿园科学教育评价具有反馈功能，通过科学教育评价，可敏锐地发现问题与不足，并不断地加以修改，使科学教育的薄弱环节加强，从而改进科学教育工作。例如，幼儿园所制定的科学教育目标，选用的科学内容、方法、原则，以及教师自身的经验等是否与幼儿的年龄特点、知识经验、现有知识水平相适应，幼儿园科学教育是否达到了预期效果，这要通过对科学教育整个过程全面地测评、估量，才能有科学的了解。通过这样的了解，我们可以知道科学教育取得的成绩，从而进一步提高工作与学习的积极性；同时，也可看到哪些方面不足，从而进行改进。因此，可以说幼儿园科学教育评价是一种反馈，即矫正系统，可用来判断科学教育过程中的每一个步骤是否有效，如无效则必须及时采取变革措施，以确保科学教育质量。例如，通过了解幼儿园教师对幼儿进行科学教育的情况，发现该教师对科学教育目标的理解有偏差，这时立即给予反馈，就可使该教师及时修正，以确保科学教育的有效、高质。

7. 幼儿园科学教育评价有利于积累幼儿科学教育经验

据前所述，评价可以发现科学教育中存在的问题，从而及时改进，以确保科学教育的有效、高质。与此同时，被验证是有效、高质的各个具体的科学教育活动，又可作为日后科学教育的内容、方法、途径等选择的依据。例如，某幼儿园进行了

"寻找阳光"的科学探索活动,通过评价、修正,最后确定了该活动的有效性,这样的活动方案就可作为经验保留、积累,在今后的科学教育中可作为经常选用的内容,同时也可作为经验向同行推广。对于教师本人来说,更能保留经验,改进不足,使科学教育的质量不断提高,同时也促进教师的专业化发展。另外,通过这样的评价过程,幼儿园及教师积累了一定的科学教育的经验和资料,也可作为今后开展科学教育研究的依据。

8. 幼儿园科学教育评价是改进幼儿科学教育的依据

众所周知,教育可以通过考核(测验、考试等)来检查学生是否掌握了教师所授的知识;对考核不及格或成绩不够理想的学生,也可以此作为依据来对他们采取一些补救措施;教师还可以通过对考核结果的分析,找出自己教学的薄弱环节从而进行改进。幼儿园科学教育不可能通过正式的考核来获知幼儿学习科学的情况,也不可能分析出教师自身科学教育的不当之处,但可通过评价对以上情况做一了解,然后以此为依据,对全班幼儿进行补救教育和对个别幼儿进行个别教育。

总体来说,中小学课程体系的结构化更强,不同课程方案间的同质化倾向也更明显。但幼儿科学教育方案的种类相对来说更多,不同种类的科学教育方案差异很大。因此,选择优秀的教育方案需要科学、合理的评价。

除了以上八个方面的意义,幼儿园科学教育评价还有以下几个方面的作用。

通过评价,可以比较科学地确认幼儿园科学教育在幼儿发展中的价值。例如,某幼儿园以幼儿园科学教育为特色开展教育教学活动。有的幼儿教师提出质疑:这样做是否影响幼儿的全面发展?经过几年的实践研究,最后的评价结果是这种科学教育促进了幼儿体、智、德、美的发展,从而消除了某些教师的疑虑。

通过评价,可以了解幼儿园科学教育的目标、内容、方法、环境、教育计划等是否达到预设的标准、是否适合幼儿发展水平、是否激起了幼儿学习科学的积极性和探索的兴趣,以改进和修正原有计划、目标或方法等,有利于提高幼儿园科学教育的质量。

通过评价,可向教师、幼儿园行政管理人员和家长、教育政策制定者、幼教专业人员、社会人员提供准确、可靠的幼儿科学教育信息,让他们了解科学教育的真实情况和价值,从而提高幼儿科学教育的可信度,让大家关注、重视幼儿科学教育。

著名的教育评价专家泰勒指出,目标、教育进程和评价三者之间形成了一个"闭环结构",他认为预定的教育目标预定了教育活动,而评价就是根据教育目标,对照实际的教育结果,找出教育活动偏离目标的程度,以便通过一定的改进措施更好地达成目标。目标是评价的依据,评价则是达到目标的一个重要手段。即教育评价不仅能够评价教育结果,更重要的是它能够为实施补救教育、个别教育,进一步调整科学教育活动提供依据。这一点十分重要,也就是说,评价的最终目的不是为了鉴定所谓好与不好,而是为了提高教育质量。如果大家都能在这一点上达成共识,那么评价过程就成了一种评价者与被评价者互动的过程。

总之，科学教育评价是幼儿科学教育中不可缺少的一部分，它对教师的教学和幼儿的学习两方面都是至关重要的。在幼儿科学教育中，很多问题都与评价有密切的关系，都需要通过评价得以解决，如幼儿发展的状况、教师教育教学工作的有效性等。所以，幼儿科学教育评价在科学教育的应用领域具有广泛的意义。

第二节　幼儿园科学教育评价方法

教育评价的目的，是真实、全面地反映评价对象的相关情况。我们要想保证教育评价的客观性、科学性，就必须借助科学的方法。在幼儿科学教育评价中，既需要收集评价资料又需要对评价资料做出解释。无论哪种情况，都要坚持科学性，而不能通过主观臆测做出评价。因此，我们要根据客观的材料来描述对象，尤其是要确保收集材料的客观性，按照科学的程序有计划、有组织地进行。

作为评价者，我们应该针对每个幼儿的特点进行个别评价，而不是用统一的标准来衡量每一个不同的个体；对幼儿进行评价时不要停留在评价幼儿在特定情境下的表现，而应该注重对幼儿整体的评价；不应该进行静态的评价，应该注重动态的评价、发展性的评价。另外，我们更应该注重把评价和教育活动密切结合起来，在活动中评价。

可用于幼儿科学教育评价的方式有很多种，本节着重从微观评价与宏观评价进行讨论。在微观评价活动实施过程中，教师收集评价资料的常用方法：口试法、笔试法、观察法、访谈法、问卷法、测查法、作品分析法。[①] 宏观评价包括对幼儿科学教育课程整体方案进行评价的方法。

一、微观评价

(一)口试法

口试法是通过评价者与被评价者当面问答来获取信息的一种评价方式。一般比较多地用于认知范畴的评价，包括知识经验的回忆和能力的评价；幼儿对科学事实、科学概念的理解、回忆；幼儿智力的运用能力等。口试法通常以提问、回答、讨论、口头汇报等形式出现。

在幼儿科学教育评价中的口试法有两种具体的类型。

1. 问题测试

问题测试是围绕一个或几个问题直接进行回答，即由评价者提出问题，被评价

---

① 夏力：《学前儿童科学教育活动指导》，150 页，上海，复旦大学出版社，2005。

者回答的方式进行。问题测试的优点是设计、使用比较简便。通过问题测试，能帮助评价者去判断幼儿对科学知识经验的理解情况。例如，在观察冬季下雨后，提问幼儿："你能用手接住雪花吗？雪花到手上会变成什么呢？为什么呢？"

问题测试的缺点是耗时较多，比较主观。

对同一个问题，幼儿回答会出现各种不同的情况，给评定带来一定的困难。因此，在设计和使用问题测试的方法时，要注意设计的问题应当只为幼儿提供方向，而不给任何暗示或答案，避免过于抽象的问题或没有意义的问题。例如，公共汽车有什么用？你喜欢青蛙吗？为什么？在设计问题的同时，要考虑好基本的答案，即问题提出后幼儿可能会有哪几种回答，怎样的回答是对的，怎样的回答是错的。

例如，"水烧开了会冒出什么"的问题，幼儿的答案可能会有以下几种。第一种是"蒸汽"，这种回答是正确的，属于科学概念。第二种是"水蒸气"，这种回答虽然并不精确，但属于日常生活概念，也属于对的范畴。第三种是"白气"，这一种回答就是错误的概念，因为水开了冒出的不可能是白色的气，白气是"烟"，而不是"气"。教师要事先考虑到幼儿可能的回答（也可做预测），然后根据目标给予相应的记分。

对幼儿提问后，可以根据幼儿的回答，考虑是否需要追问。例如，在上例"水开了会冒出什么"以后，如果幼儿回答"是水蒸气""是白气"等答案时，可以追问："究竟是水蒸气还是白气？"另外，要把幼儿回答的全部内容如实地记录下来，以便用来评测。也可用录音的方法先将幼儿回答的内容录下来，然后再转录成文字。有些评价活动不仅需要幼儿用语言回答问题，还需要幼儿用操作来完成一些指示，以了解幼儿是否掌握了这些知识经验或技能。例如，在进行了有关"光"的探索活动后，评价者请幼儿回答以下两个问题："你能告诉我，光使房间里发生了什么变化吗？""指一指，房间里的光是从哪里来的（光源的问题）？"又如，在学习"制造盛水的容器"的活动后，请幼儿独立制作一个盛水的容器。

2. 情境问题测试

情境问题测试是指先由评价者设计一个需要思考的情境，然后要求幼儿根据他们已熟悉的科学经验、事实，或科学概念来解释这个情境中出现的新现象。情境问题测试是科学教育评价中经常使用的一种方式。一般来说，情境问题测试可以用图片和语言结合的方式测试幼儿。例如，有一幅图，图上的风扇在转动，而插头却未插进插座。评价者可以问幼儿："图片中画的内容对吗？有没有错误的地方？为什么？"幼儿为了回答哪里有错误、为什么说是错误的，必须对已知的科学知识经验有比较清楚的了解，才能做出正确的回答。教师可以根据幼儿的不同年龄水平，设计不同难度的情境问题。

情境问题测试的优点在于这种方式可以了解幼儿是否真正获得了科学经验，或形成了科学概念，而且需要幼儿具有一定的解决问题的能力以及将科学知识进行迁移的能力。这比单纯的问题测试要难。因为根据教师的提问，幼儿进行回答，可能是幼儿利用机械记忆来回答。而情境问题测试，则要求幼儿必须真正了解有关科学经验，并具有一定的迁移能力。情境问题测试的不足之处是情境设计及准备比较困难，且耗时较大。

运用情境问题测试的方式进行评价时，首先应仔细设计问题的内容及图片，要将想要了解的有关内容蕴含在问题设计中。其次，这种方式在实施时，也需要详细、如实地记录幼儿的回答，这一点与问题测试中的做法相同。

(二)笔试法

幼儿科学教育评价中的笔试法不同于学龄儿童的笔试法。幼儿的笔试法是根据图片所表示的内容及问题，通过思考用符号或数字作为标记来回答各种问题的方法。笔试法有三种具体的类型。

1. 是非测试

是非测试就是幼儿只要根据问题(图片、语言或两者结合)回答"是"与"否"的问题就可以了。通过幼儿看图，辅以简单的语言说明后，要求幼儿在问题后面的括号内用笔打"√"或"×"的符号。提问幼儿："图片上有什么?""磁铁能吸住木头吗?"幼儿在右边的空格内画上"√"或"×"，表示"能"或"不能"。图片上画着一只青蛙在水里，提问幼儿："图片上有什么?""青蛙能在水里游吗?"幼儿根据图画内容与提问，做出选择。是非测试的方式使用比较广泛。它的优点是设计时相对比较容易，评价也比较客观，因其以"是"或"否"的方式进行，在事后整理资料时也比较容易。是非测试也有缺点，它主要是测试幼儿的记忆水平，不易测出幼儿思维能力等方面的发展。在设计与使用是非测试时，所提的问题要明确；与之配合的语言要简单清楚，幼儿容易理解。

2. 选择测试

选择测试是幼儿能在评价者列出的几个答案中，选出一个或多个答案的方式。例如，同样是评价幼儿对磁铁性能的了解，让幼儿观看印有磁铁、木头、铁钉和玻璃杯的图片，并提问幼儿："图片上有什么东西?""磁铁能吸住哪些东西呢?"在右边的空格内打"√"或打"×"。

选择测试是笔试法中的最佳类型，其优点是比是非测试、匹配测试更加有效和可靠。这种方式能评价幼儿对概念的理解、推理和判断，还能评价幼儿发现事物之间相互关系的能力，以及运用所获得的科学概念去解释熟悉的或新发现的现象的能力。但是选择测试也有不足之处，即在问题设计方面有一定难度，需要评价者精心设计。

选择测试的选择题，由问题和答案两部分组成，而答案中又有错误答案和正确答案两种。一般运用于幼儿的选择测试，由一个正确的答案和两个错误的答案构成，少于或超过两个错误答案都是不适宜的。与是非测试相同的是，选择测试的资料在事后的整理与分析方面相对比较容易。

3. 匹配测试

匹配测试是给出两组内容，让幼儿根据其个体间的联系或关系，用线条联系起来。个体间的联系与关系通常是物体、现象与其用途、功能、习性等方面的内容。匹配测试题设计起来较简单，但它一般只能用于比较低水平的目标测试中，趋向于测试幼儿记忆的内容较多。在设计匹配测试题时有一点是必须注意的，即两组内容之间的联系不能有交叉的情况出现，否则就无法进行了。测试的方式可以用分数来记录幼儿答对的次数，事后的资料分析也与前两种笔试法相像。

(三)观察法

科学教育评价中的观察法就是有目的、有计划地对被评价者的行为进行现场观察或测量，并对观测结果做出评定的一种方法。观察法包括自然观察、情境观察等类型。

1. 自然观察

自然观察是评价者对幼儿在日常生活中和自然状态下的行为进行观察及评价的方式。自然观察法在幼儿科学教育评价中运用时，往往在观察前就已明确所需观察行为和事件的类型，观察时只需等候行为或事件的发生，并做详细记录。

例如，下面这段记录说明了幼儿对待小动物的态度。

×月×日，×××早晨来园，到自然角旁边观察金鱼、喂金鱼，同时轻声说："小金鱼，你昨天晚上睡得好吗？想我吗？我可想你啦。"

这段记录可以表明该幼儿喜欢小金鱼、关心小金鱼的感情。

评价：自然观察的优点是不受时间间隔的限制，只要事件一出现，便可随事件或行为的发展持续记录，可以有效地利用时间和精力。另外，自然观察由于是在幼儿自然状态下进行的，所以幼儿基本不受干扰或很少受到干扰，因此能收集到幼儿最真实的行为资料。但自然观察的缺点也很明显：首先，自然观察时需要评价者进行详细的、如实的记录，对记录技术要求高，用手工操作往往很困难，而且对记录者的文字表述的要求也比较高，需要记录者用准确的词汇进行描述；其次，由于只记录选定行为的发生过程，所以这些观察到的行为现象有可能在不同的时间和场合会有不同的意义。对于第一种缺点，除了使用代码记录外，也可以使用现场摄录的办法。对于第二种缺点，往往采用行为记录，同时记录事件发生的情境和背景，可以用来综合分析该行为的性质。

2. 情境观察

情境观察是事先创设一种情境，以此引出评价者想要观察的行为，从而来评价幼儿发展水平的一种方式。例如，想了解幼儿发现事物不同特征的能力水平，其观察目标是幼儿能否在观察中迅速发现两个事物的不同之处，以及幼儿的这种观察是否受到任务的指引。评价者可以按照案例 7-2 进行。

【案例 7-2】

观察小动物的评价

选择幼儿若干名(可以用不同年龄幼儿做比较),让幼儿同时观察一只小兔、一只小羊,但并不说明观察要求,5分钟后将动物藏起来,要求幼儿说出动物的各自特征与两者之间的不同之处。第二次先向幼儿提出要求,再让他们观察5分钟,然后让幼儿说出两种动物的不同之处。用这种方法来评价幼儿的观察能力。

3. 轶事观察记录

轶事观察记录是对某一时间、地点、环境下发生的行为进行持续的观察,并绘制一张观察核对表,评价者根据观察到的事件或行为,对照观察核对表中的各个项目逐条记录,在符合的条目上做记号来评定的一种方式。

例如,在幼儿园的户外场地上,放置了若干个通过安全检查后的铁环,评价者要求大班幼儿玩铁环,并观察他们对铁环的行为反应,从而进行行为核对,如表7-1。

表 7-1 幼儿对铁环的行为反应核对表

姓 名	滚动	跳圈	钻圈	用铁环跳房子	将铁环当呼啦圈	主动和同伴合作玩铁环	在教师参与下合作玩铁环
甲							
乙							
丙							
丁							

注:在符合的行为上打"○"。

【案例 7-3】

下面是一位教师根据某个幼儿在主题活动"蚂蚁"中的表现所做的实录。

下午户外活动时间,一群小朋友蹲在大树下,埋头看着地上讨论着什么。张老师和几个小朋友被吸引了过来,鹏鹏说:"呀,蚂蚁咬人呢!"红红立刻说:"它不咬人!"老师问小朋友:"它要去哪儿?它怎么会跑出来呢?怎么不跟大伙儿一起玩呢?"大家表示不清楚。观察了一会儿,单独跑出来的蚂蚁拖着一只死苍蝇艰难地往回爬,之后把找到的食物丢在那里,自己往回爬。"它怎么不带上它的食物?"茵茵问道。"它太累了,食物太大了。"小虎说。张老师说:"哪个小朋友帮它想想办法,怎样把食物带回家?""嗯……""开车拉走""让它妈妈帮忙""告诉警察"……张老师说:"我们继续观察,看看这只小蚂蚁的办法是什么。"

分析:从上面的事件详录中,我们可以具体地看到幼儿对动物的兴趣、态度和探索的方法等。

（四）访谈法

访谈法也称谈话法，是指评价者通过与访谈对象进行面对面的交谈，以口头回答的形式来获取有关评价资料的一种方法。

访谈法的类型可以分为集体访谈和个别访谈。例如，可对某个幼儿进行访谈，或对一组幼儿进行访谈；可面对面访谈，亦可电话访谈。

运用访谈法（谈话法）应注意，访谈者首先要做好准备工作，如选择适当的访谈形式，设计好访谈提纲，了解被访谈者的情况，选好访谈的时间、地点等，访谈中要与被访谈者建立良好的关系，取得其信任，同时，要尊重访谈对象的年龄特征。

【案例 7-4】

踩影子游戏

午饭过后，小朋友要到院子里散步，丽丽低着头走啊走，忽然看到地上有一个黑影，她赶紧跑到老师那里，拉着老师的手说："老师，有一个黑黑的怪物一直跟着我，我走到哪里，它跟到哪里。""宝贝，怪物长什么样子？"李老师问。"和我一样，也梳着一个小辫子，穿着裙子。""哦？你带我去看看。"李老师跟着走过去。"咦？怎么变成两个怪物啦？"丽丽喊道。"到底这个怪物长什么样子？你跟李老师说说。""怎么跟李老师穿一样的衣服？""那就是李老师，孩子。地上这个黑黑的图案叫影子，你看到的就是你的影子。"李老师解释道。

评析：从谈话中可以看出，此幼儿对影子好奇，但还不明白光和影子的关系。我们应该注意，谈话法的对象除了幼儿，还可以是教师、家长等。

（五）问卷法

问卷法是将一系列设计好的问题组合起来，通过书面形式提供给调查者，征询被调查者的意见，回收、整理、分析问题的答案，从而获得有关评价对象情况的一种评价资料收集方法。它的缺点是缺少面对面的沟通，研究者往往不在现场，真实性无法核对；另外，问题用符号或文字表达，对调查对象的要求较高，信息不够深入细致。优点是简便易行，省事、省力，调查内容广泛。问卷调查需要事先设计和编制问卷。为便于回答和统计，一般选择的题型是填空题、选择题、排序题等。

1. 问卷的结构和设计

问卷的基本结构包括题目、前言、指导语、问题与供选择的答案、结束语五个部分。

（1）题目

在问卷上应该标明调查的主题，即一个具体的题目，以便明确调查的目的和内容。表述时要注意简练、明确。

（2）前言

简要说明问卷的目的和意义，让调查对象了解回答问题的原因，消除他们的顾虑和疑问，确保他们能够提供真实、客观的信息和材料。前言要简洁、明确、真诚、通俗易懂。

（3）指导语

对问卷的方法、要求、注意事项等做具体的说明。指导语的语言要简明扼要。

（4）问题与供选择的答案

调查项目包括问题及供选择的答案，是问卷的主要部分。问题要明确具体，答案要简单明了。

（5）结束语

结束语包括答谢和问卷回收方法。要用简短的语言对调查对象的合作表示真挚的感谢，同时让调查对象明确如何回收问卷。

2. 问题的编制及答案设计

问题的编制和答案设计是问卷的基本部分。问题的类型可根据问题内容的不同，分为开放式问题、封闭式问题、半开放半封闭式问题。

问题的编制语言要简练、通俗，问题的内容应具体、清晰、含义单一，避免相互兼容，避免带有倾向性和诱导性，不能过分笼统和抽象，要考虑到观察对象的知识背景，问题不带任何暗示性。

答案的设计意义要明确简洁，多选题中各选项要相互独立，避免交叉和包含，选项应该具有层次性，排列要讲究逻辑性，所以答案只能按一个标准分类。

题目的排列和呈现要注意排列顺序，应遵循以下原则：同类组合、先易后难、先概括后具体、先封闭后开放、先一般后特殊。例如，问题和列出的该题的答案应相互靠近集中，避免答者漏读某些部分；同类性质的问题应排列在一起，以利于调查者思考；可以相互检验的问题必须分开。

以幼儿为调查对象的问卷要避免使用文字，尽量用图画的方式。在实施调查时，要由调查者指导幼儿阅读问卷，帮助幼儿理解、作答。

由于幼儿的阅读水平较低，针对幼儿的问卷调查一般较多地采用口头式问卷。评价者提出问题，幼儿口头作答，然后根据幼儿的回答进行评价。例如，在调查时我们可以口头提出这样的问题："想一想，我们可以用什么样的方法将一块木块沉入水中？"从而了解幼儿运用所学知识解决问题的能力。为了避免幼儿之间相互干扰，影响评价的真实效果，要注意采取一定的隔离措施。

（六）测查法

测查法也称测试法，指通过预先准备的问题测查幼儿的发展水平。测查法由统一的测试题目和测试程序构成，优点是可同时测试许多被试者，可以在较短的时间内获得大量的反馈信息，便于量化和统计分析。

测查法包括以下四个方面。

1. 编选测试题目

测查者根据评价的目的，拟定测试的内容、题目。题目不宜太多，以免被测试者感到疲劳、烦躁。另外，还要拟定相应的指导语，对被测试者提出统一的要求。指导语要求简练、明确、通俗易懂，易于被幼儿接受。

2. 准备测试材料

测查中有时需要纸、笔，有时需要被测查者操作，测试者要做好充分的材料准备。

3. 设计记录表格

记录表格一般是用来记录被测试者在测试过程中的言语或行为表现，是统计分析的原始材料。设计表格时，应对被测者可能出现的问题或行为表现事先加以归类，以便在测试过程中，在相应的表格中做标记。

4. 拟定评分标准

要根据不同类型的测试题目拟定不同的评分标准。例如，加减法题有对错两种结果，最后可以计算正确率，守恒能力测试则需要进行等级评定。

(七)多彩光谱项目

多彩光谱项目是哈佛大学"零点项目"的一个分支，它以霍华德·加德纳教授的多元智能理论和大卫亨利·费尔德曼教授的非普遍性理论为基础。不同于传统测试的智能评估，多彩光谱项目是一套依据更宽阔的智能观展现幼儿智能多样性的评估方法。这种评估方法创造条件让幼儿在运动、语言、数学、自然科学、机械和建构、社会理解力、视觉艺术、音乐八大领域活动中，与真实的情境互动。它用一系列涵盖各个领域的、与幼儿日常生活相联系的学习活动，通过幼儿真实地完成任务的过程来评价幼儿。在使用多彩光谱项目的评价过程中，幼儿是主动的参与者、积极的展示者，而不是被动的测试接受者。评价的情境是幼儿感兴趣的、能参与的、能理解的。多彩光谱方案不是单纯的评价工具，它为幼儿发展多元智能创设丰富的活动，是一种结合了评价功能与日常教学功能的综合方案。

科学领域的评估设计了发现区、寻宝游戏、沉浮活动、装配活动四个评估活动。在发现区，通过向幼儿介绍各种生物和无生命的物体，鼓励幼儿进行观察、描述和分类。如果说这一活动看中的是自然中进行科学探究的能力，那么寻宝游戏则反映了实验型科学家的能力，体现了超越观察的能力，以及运用所呈现的信息推断统领的能力。沉浮活动是为了评估幼儿观察、假设与验证的能力，装配活动是为了评估幼儿的机械智能，也就是技工的技能，如对因果关系和功能关系识别的能力。[1]

(八)学习故事评价法

"学习故事"是一种源于新西兰的用叙事的形式对幼儿学习和发展进行评价的方式。新西兰的幼儿教育工作者们也认识到，评价不是测试，而是与支持幼儿的学习与发展密切相关的。他们认为，教师需要改变已有的建立在对幼儿进行客观观察基

① ［美］玛拉·克瑞克维斯基:《多元智能理论与学前儿童能力评价》，96页，李季湄、方钧君译，北京，北京师范大学出版社，2002。

础上的评价方式。教师需要做的是倾听幼儿的心声。

以《Te Whàriki》(新西兰幼儿教育课程大纲)编纂者之一 Margaret Carr 教授为首的团队试图寻找一种对幼儿进行学习评价的新方式，一种能体现《Te Whàriki》的四大教育原理(赋予力量、整体发展、家庭和社区、关系)的评价方式。"学习故事"作为一种叙事性的形成性评价方式就是 Margaret Carr 教授在课程研发过程中的灵感。《Te Whàriki》的核心教育理念受到了以维果茨基为代表的社会—文化发展理论和布朗芬布伦纳的生态系统理论的影响，强调幼儿是在与周围的人、环境和事件互动的过程中学习的，认为学习是复杂的，也是情境性的。Margaret Carr 教授研究后发现，故事可以捕捉学习的复杂性，包括对学习策略以及学习动力等内容的捕捉；它可以体现学习的情境性，能将学习的社会性特征与认知、学习效果结合在一起；还能融入幼儿的声音，能强调幼儿的参与。于是，她提出用"学习故事"这种方式来记录、评价和支持幼儿的学习。"学习故事"与一般意义上的观察记录有相似之处，但也具有自己的典型特征。首先，"学习故事"是为了支持幼儿进一步学习所进行的评价，而不是对学习结果的测评。因此，它是形成性的，关注的是学习过程，是课程的一部分。其次，"学习故事"是在日常教育教学情境中所做的观察，用图文的形式记录下幼儿学习过程的一系列"魔法时刻"，关注的是幼儿"能做的"、感兴趣的事情，而不是幼儿"不能做的"、欠缺的地方。在这些魔法时刻里，幼儿展示出一个或几个《Te Whàriki》所重视的有助于学习的心智倾向——勇气、信任、坚持、自信、责任。最后，教师的计划和支持幼儿进一步学习的方法、策略和内容是建立在分析所观察到的与幼儿学习有关的信息的基础上的。"学习故事"的这些特点表明，它不仅是一种学习评价的手段，更是一种理念，一种以幼儿为中心的、教师与幼儿一起工作的方式，即教学始于观察幼儿的学习(注意)，然后尽力去分析和理解它(识别)，最后好好地利用所识别的信息来有效地计划和支持幼儿的进一步学习(回应)。一个"学习故事"主要由以下三大部分组成。

注意：对幼儿学习的观察(故事和照片)。

识别：教师对学习的分析、评价和反思，如"我认为在这个情境中我看到了什么样的学习""关于马可，我今天又有了哪些新的认识"。

回应：教师为支持幼儿进一步学习制订的计划，如"我们还能做些什么，以支持、促进和拓展幼儿的学习"。同时一个"学习故事"还可以呈现家长和幼儿的声音。

二、宏观评价

与微观评价相比，宏观评价更加系统化，显示出更强的计划性，同时具有明确规定的操作程序。

(一)制订完善的评价计划

幼儿科学教育计划包括幼儿园的科学教育计划、班级科学教育计划、各年龄班科学教育计划、各班学期科学教育计划和科学教育活动计划等。虽然各层次的科学教育计划的评价内容和标准有所不同，但各种科学教育计划都应注意以下几点。

第一，能够体现科学教育循环渐进的连续发展性。

第二，所提科学教育目标，从本班幼儿的实际情况出发，符合其年龄特点。

第三，能够包含专门的科学教育活动和渗透的科学教育活动，设计规定整体的重点培养要求，又注意到个体差异，提出个别幼儿的教育内容。

第四，能够提出完成科学教育目标的具体方法和措施，明确规定科学教育活动所采取的形式和完成计划的日期。

制订一个完善的评价计划应该包含以下几个步骤。

第一，制定科学、准确的活动目标。

第二，确定评价的程序、指标及标准。

第三，选择评价方法。

第四，确定评价人员的分工及合作。

第五，撰写评价方案。

第六，对参与评价的人员进行培训。

(二)评价方案的实施阶段

第一，收集信息。

第二，整理信息。

第三，分析信息、得出结论。

第四，撰写评价报告。

第三节　幼儿园科学教育活动评价

本节中我们将幼儿园科学教育活动按照高低结构化划分，同时在本节中我们只涉及幼儿园科学教育活动中的教师评价和环境评价，对幼儿发展评价我们将会在第四节中单独介绍。

一、高结构化幼儿园科学教育活动评价

在高结构化幼儿园科学教育活动中，教师的科学教育活动计划和组织能力是评价的重点，所以科学教育活动的评价包括对活动目标、活动内容、活动方法、活动组织形式、活动选用的教育资源、活动中的师生互动关系等方面的综合评价。

(一)科学教育活动目标的评价

活动目标是指教师期望活动所达到的教育结果。

评价活动目标应从以下几个方面来考查。

第一，评价活动目标与学期目标、年龄目标以及总目标之间的联系是否一致。从理论上看，应该是每个科学教育活动目标的积累，构成了阶段目标和终期目标，每一项活动目标的实现，都向阶段目标、终期目标迈进了一步。

第二，评价活动目标是否符合本班幼儿的实际。每个班级虽然在总体上符合该年龄阶段幼儿的一般趋势，但各有不同的实际情况。有时候某个活动目标单独看时可能是合理的，但一旦和上一级目标及本班幼儿的实际情况联系起来看时，就有可能是不完善的或不合理的了。评价活动目标是否合理，一定要结合上一级目标和本班幼儿的实际水平来评定。

第三，活动目标中是否包含了科学经验、科学方法、科学情感态度三方面的内容。科学教育的总目标包含了以上三方面的内容，在每个具体的活动目标中，也应有这三方面的要求。当然，每次活动的具体情况是有所不同的。例如，在了解现代科技的内容时，要更加注重培养幼儿的科学情感、态度方面的目标，而在了解某些非生物（如石头、沙土）的特性时，要更加注重培养幼儿的操作能力、智力以及丰富科学经验等方面的目标。所以，每次活动的目标是有所侧重的，但不能完全偏废。

第四，整个活动的设计与实施是否是围绕活动目标进行的。活动目标确定以后，整个活动的设计及实施应围绕活动目标来展开。例如，内容的选择、教师提问的设计等。

(二)科学教育活动内容的评价

活动内容是实现活动目标的手段。科学教育活动内容的评价包括内容的选择和内容的设计两个方面。活动内容的选择是指从科学教育所涉及的内容范围中去选取合适的内容，活动内容的设计是指针对所选内容，确定学习范围和深度。

评价活动内容应从以下几个方面来考查。

第一，活动内容的选择是否与活动目标相一致。科学教育所涉及的内容、范围十分广泛，选取内容的首要依据便是活动的目标。

第二，活动内容是否符合科学性。幼儿科学教育的目的是对幼儿进行科学素质的早期培养，因此科学教育的内容必须具有科学性。首先，科学性是指科学活动所给幼儿的知识应是正确的，应选取那些能被幼儿感知的、真实的、可靠的材料，这样才有利于幼儿科学态度的形成。其次，科学性是指内容的处理是否突出重点、详略得当、难易适宜，并且能考虑探索对象的特点。

第三，活动内容的选择是否符合时代性。科学教育活动的一大特点就是要反映科技发展成果，时代性极强。前两年还是最新科技成果的产品（或是对某地区幼儿来说是新产品），不多久就成为司空见惯的物品了，所以评价内容时要注意：该内容是否符合时代特征，是否增加了现代科技的含量。例如，同样是认识鸡、鸭，如果和养鸡场、科学饲养、人工孵小鸡等内容结合起来，就比单纯地介绍鸡、鸭要符合时代性。

第四，活动内容的分量是否适当。每一个科学教育活动特别是集体活动，总有一个大概的时间限制。从幼儿的角度看，他们的注意力和兴趣在一次活动中不会维持太久，评价内容时还要看该内容的分量是否适当，有无过多或过少的现象。

第五，活动内容的来源是否考虑了来自幼儿的生活经验，是否能关注到幼儿的兴趣和需求，要从幼儿的关注点中生成内容。

第六，活动内容应适合幼儿的最近发展区。科学活动的内容应该从幼儿现有的水平出发，同时又具有一定的挑战性。例如，在幼儿学习了等分的基础上，请幼儿分蛋糕，并将蛋糕切出不同的形状。又如，在幼儿学习了比较 4 和 5 的多少之后，让幼儿不仅能找出比 4 多 1 的数是 5、比 5 少 1 的数是 4，并能找出比 5 少的所有的数(1、2、3、4)。

第七，活动内容应该具有科学性。对幼儿进行科学素质的早期培养是幼儿科学教育的重要目的。因此，科学教育的内容必须具有科学性，即科学活动所给幼儿的知识应是正确的，应选取那些能被幼儿所感知的内容，有利于幼儿科学态度的形成。例如，水的三态变化、冬眠的动物、动物的生长发育过程、月圆月缺等自然现象。

(三)科学教育活动方法的评价

科学教育活动方法既是教师为了完成科学教育任务、实现科学教育目标所采用的工作方法，又是幼儿在教师指导下学习科学的方法。活动方法影响着活动的开展及幼儿学习目标的达成。

评价活动方法应从以下几个方面进行。

第一，活动方法应该符合幼儿的年龄特点。方法应该直观、生动、形象、简练，便于幼儿参与。例如，小班数学活动"4 的计数"，可以采用点数实物、图片、游戏"找椅子"、摸出相应数量的物品、听听小猫叫了几声、学小兔子跳几次等方法。方法生动、形象，方式灵活多样，幼儿在玩中学习也会收到良好的活动效果。

第二，活动方法要因地制宜。要根据幼儿园的环境和设备条件选择合适的方法。例如，农村幼儿园可以组织幼儿参加秋收活动，帮助幼儿体验秋天是一个丰收的季节；城市幼儿园可以通过"垃圾分类"活动，帮助幼儿形成初步的环保意识。

第三，恰当运用现代科技手段。可以利用录像、网络、数码相机等收集、积累资料，丰富幼儿感性经验，扩大幼儿的视野，激发幼儿活动的愿望。

第四，活动方法要体现幼儿的主体性。幼儿是活动的主体，在活动中应该充分调动幼儿活动的积极性、主动性、创造性，让幼儿做活动的小主人，让他们在活动中探索方法、体验快乐、丰富经验，并产生爱科学的情感。

(四)科学教育活动过程的评价

评价活动过程应从以下四个方面进行。

第一，活动是否采用了多种科学教育活动的组织形式。从教师指导的不同程度来分析，专门的科学教育活动的组织形式分为预定性科学活动、选择性科学活动和偶发性科学活动三种；从幼儿参与活动的规模来分析，可分为集体活动和个别活动，其中集体活动又可分为小组活动和班级活动。在开展科学教育活动时要评价在活动中是否根据实际情况考虑了预定性科学活动、选择性科学活动和偶发性科学活动的结合，全班、小组、个人活动的合适组织及结合。

第二，在活动过程中是否考虑了因人施教的问题。每个班中总有处于两种极端的幼儿，在班级、小组、个别活动过程中，是否有为这些幼儿提供专门的设计与指导。

第三，在分组时是否考虑了人际关系以及幼儿的情感因素。换言之，小组活动或个别活动时，是硬性规定幼儿分组的，还是根据幼儿意愿来分组的。

第四，在活动过程中，是否能随机调整预定的活动目标，并生成目标；是否能根据活动开展情况，做出方法、组织形式、提问等多方面的调整。

(五)科学教育活动结构的评价

评价活动结构应从以下三个方面进行。

第一，活动结构是否严密，即活动的组织是否紧凑、程序严密、环节交替自然有序，是否能有效利用时间。

第二，活动的结构是否合理，即是否能根据幼儿活动和学习的规律，注意动静交替等。

第三，活动中的每一步骤是否有效，即在科学教育活动过程中，每一步骤都应和目标有关，尽量减少与目标无关的环节。

(六)教育资源选择与运用的评价

科学教育资源是幼儿科学教育活动达到预期目标的物质保证。

教育资源选择与运用的评价应从以下四个方面进行。

第一，是否选择了能达成科学教育活动目标、适合活动内容与幼儿实际的教育资源，如教育资源是否紧扣目标、是否有趣。

第二，选用的教具、学具是否适合科学教育活动的开展，如提供的教具是否具有典型性，学具在数量上能否保证活动的进行。

第三，选用的学具是否适合幼儿操作，如学具的安全性、易理解性，是否适合幼儿的体力与能力等。

第四，活动过程中是否最大程度地利用了教具、学具所具有的功能。

(七)教师与幼儿互动关系的评价

在科学教育活动中如果教师与幼儿能处于良性的互动关系中，就能从一定程度上保证科学教育活动取得良好的效果。

教师与幼儿互动的评价应从以下几个方面进行。

第一，是否正确发挥了教师的主导作用，如教师的提问是否得当、新奇、有启发性，是否富有魅力及指导意义。

第二，是否创造条件使幼儿成为活动的主体，如创造宽松的心理环境，鼓励每个幼儿积极探索、学习科学。

第三，教师与幼儿在活动过程中的交往是否和谐融洽，能否积极主动地相互交往，如当个别幼儿未能完成探索活动时，教师是采用鼓励的方式还是采用讥讽或批评的方式。

第四，幼儿参与活动的态度如何，是积极主动地参与活动还是被动地参与，又或是成为旁观者？

二、低结构化幼儿园科学教育活动评价

(一)科学游戏的评价

游戏与幼儿的需要和兴趣密切相关，游戏可以揭示幼儿思维的整合性，同时也为教师提供了一种评价情境。

1. 幼儿园游戏环境创设的评价

幼儿园游戏环境创设评价包括三个方面。

第一，与科学教育关系密切的科学区(科学发现室)、动植物角(户外幼儿科学活动的绿化的场地)、积木区、烹饪区的有无及所占面积。一般来说，面积越大，越有利于科学教育活动的开展。

第二，对游戏材料的评价。游戏材料的数量是否充分。游戏材料是否符合幼儿的经验水平，太简单或太难的材料都缺乏刺激性，不能激发幼儿的兴趣。游戏材料是否具有可操作性。游戏材料是否具有多功能性和可变的特点。最好的材料是多功能的材料，如黏土、沙、木头、小方冰块、种子、水等。因为这些材料在形式、重量、颜色和材质上都有变化，所以容易激发幼儿的注意力，幼儿不需要成人的协助就能专注地活动。

第三，心理环境评价。师幼关系和教师对待幼儿的态度是尊重平等的还是居高临下的，是耐心的还是急躁的，是欣赏、接纳的还是否定、排斥的，是启发诱导的还是过度干涉的？

幼儿与同伴的关系是分享合作的还是自私、冲突的，是开放的还是封闭的，是愉快的还是不愉快的？

游戏活动的心理氛围是宽松、自由的还是过于紧张、约束的，是和谐融洽的还是充满冲突的？

2. 教师指导

第一，新学期开始，教师向幼儿详细介绍各设备和材料的不同使用方法。比如，让幼儿听听贝壳里的声音，也可以让幼儿把贝壳放在放大镜下观察。介绍完毕，鼓励幼儿在新的正在进行的活动中运用各种设备。

第二，为保持幼儿对活动区的兴趣，教师每周都能增加一些新的物体或新的活动。

第三，教师尽量使每个幼儿都知道材料的操作和收藏方式。

第四，教师提供一些材料让幼儿拆卸和装配。

【案例 7-5】

在认识物体下滑的速度与坡度的关系时需操作木板、木块和乒乓球，老师似乎不放心，一步一步指挥幼儿操作，逐渐加高木块，获得认识。

评析：此案例中的老师对幼儿的探究行为干涉过多，急于给幼儿正确的结论，却忽视了幼儿的探究能力和态度的培养。

(二)生活中的科学教育评价

生活中的科学教育评价要从以下两个方面进行。

第一，评价教师在生活中是否有科学教育的意识，能否抓住偶发性的事件进行科学教育。

【案例 7-6】

午餐时间，婷婷突然大哭起来："王老师，我的牙齿掉了！"幼儿一片哗然，嘈杂声从各个角落传来，有的面露恐惧，有的跑过来看热闹。这时班里的"鬼精灵"然然跳起来说："我的牙也掉了，快把你的牙扔到房顶上，这样新牙才会长出来。"丽丽说："我妈妈说掉牙就长大了……"面对幼儿的不同反应，我边安抚婷婷不要怕，边对小朋友说："为什么婷婷的牙齿会掉呢？是不是每个小朋友的牙齿都要掉呢？大家刚才说得对不对呢？我们先吃饭，上课的时候我们来讨论吧！"

评析：面对婷婷掉牙引发的来自幼儿的讨论，老师没有制止，也没有及时给予幼儿想要的答案，而是再提出问题，引发上课讨论的兴趣，同时以自身的镇定安抚了幼儿的骚动。以怎样的形式让幼儿接受这一事实，知道换牙的道理呢？我计划带领幼儿通过系列活动在感受与体验中探究了解与自身成长有关的健康知识，形成对自我的积极认识，养成良好的行为习惯。

第二，在户外活动中，教师能否引导幼儿亲近自然、观察自然？例如，与幼儿一起探索秋天的现象，讨论叶子的颜色变化：所有的鸟和夏天的颜色都到哪儿去了？这几个月，到底发生了什么变化？又如，冬天下雪了，用容器装一点雪，让幼儿观察雪融化的过程。[①]

第四节 幼儿发展评价

虽然高结构化幼儿科学教育活动与低结构化幼儿科学教育活动在环境创设和教

[①] ［美］玛拉·克瑞克维斯基：《多元智能理论与学前儿童能力评价》，101 页，李季湄、方钧君译，北京，北京师范大学出版社，2015。

师指导上存在差异，但它们的目的都是一样的，都是为了促进幼儿的发展，尤其在今天学前教育革新的大背景下，这两种科学教育活动对促进幼儿发展的目标方面也更加一致。

幼儿科学教育的对象是幼儿。因此，幼儿发展评价就成为科学教育评价的核心部分。无论是对科学课程的评价还是对教师的评价，都应以对幼儿发展的评价为根本价值取向。幼儿发展评价的内容十分多样，而幼儿科学教育评价关注的幼儿发展内容主要集中在三个方面：幼儿科学探究方法及能力的评价、幼儿科学态度的形成、幼儿科学知识的掌握。

一、幼儿科学探究方法及能力的评价

幼儿科学教育的主要目标是培养幼儿的科学探究能力。科学探究能力的作用可以扩展到幼儿发展的方方面面，它可以提高幼儿分析问题、解决问题的能力，提升他们的抽象思维能力，培养他们注意力、观察力等方面的认知发展。幼儿科学探究能力主要包括以下几种。

(一)观察

对幼儿观察能力的评价主要从以下四方面进行。

第一，是否运用一种或多种感官密切观察材料，对自己感兴趣的事物愿意进行观察，了解环境中物体的物理特性？

第二，是否能对事物的典型特征进行比较系统的、有顺序的观察？

第三，是否能坚持对某一发展变化的物体进行追踪观察，并记录观察结果？例如，植物新生的叶子、树上的苞蕾、蝌蚪长出了腿，等等。

第四，是否能利用比较观察法，从观察事物的表面联系发展到注意事物间的内在联系？

(二)识别关系(包括比较和分类)

识别关系的评价主要包括以下六个方面。

第一，能注意到物体之间的异同，喜欢对材料或事件进行比较，如把蜘蛛和蟹进行比较。

第二，能在一组物体中按照事物的一个或两个特征选出有关物体。

第三，能按照指定的标准，将一组物体进行分类。

第四，能以自己规定的标准进行分类。

第五，能对一组物体进行比较，并概括出它们的共同点。

第六，能在教师的引导下，发现事物间的因果关系。

(三)预测

对预测的评价包括以下四个方面。

第一，在教师的启发下，是否愿意利用已有的知识经验和所获取的材料，对所提出的问题进行假设？

第二，能否根据观察进行假设？

第三，能否对自然物或事件喜欢问"如果……会怎样"之类的问题？

第四，能否试着解释某种现象？

(四)验证

对验证的评价包括以下六个方面。

第一，是否能操纵重要变量或把材料综合起来，以此来探索物体或物体间的关系？例如，用水而不是用油漆来浇树。

第二，能否以观察的方法用正式或非正式量具测量物体？

第三，是否愿意并知道利用各种媒介来多渠道地收集有效的信息？

第四，是否愿意利用教师提供的操作材料进行各种尝试？

第五，是否在形成假设之后（这个假设可以是自己的，也可是由他人提出的），产生实验的想法或创设简单的实验情境？例如，把大小不同的两块石头投进水中，看看哪块石头沉得快些。

第六，是否愿意正确使用操作材料，并完成整个实验操作过程？

(五)记录和统计有关的信息

对记录和统计有关的信息的评价包括以下五个方面。

第一，能否用简单的图画记录自己观察和探究的事物？

第二，能否用图画的方法记录事物的特征和变化过程？

第三，能否用简单的图表（符号、表格、图表、曲线等）收集和记录有关的信息，即汇集数据？

第四，能否用简单的计算、图表等方式对观察和探究的结果做简单的统计整理？

第五，能否利用自己所收集的信息和记录内容，形成自己对问题的解释？

(六)表达与交流

对表达与交流的评价主要包括以下七个方面。

第一，能否叙述自己所做、所发现、所想的事情，并与预先的猜想相比较？

第二，是否敢于表达自己的想法、发现和做法？

第三，是否能清楚地表达自己在观察与操作中的发现？

第四，能否清楚地说明自己观察和操作的程序与相应的发现？

第五，能否有条理地描述事物间的相互作用及关系？

第六，能否对他人的发言做出自己的反应（不是附和老师的话），并提出新问题、新想法？

第七，是否能倾听别人的意见，接纳和吸收合理的部分，并修正自己的想法和做法？

【案例 7-7】

大班科学活动"溶解"的过程评价和结果评价对比①

以下是两位教师在同一科学活动——"溶解"中表现出的两种不同评价取向。"溶解"是大班科学活动中常见的主题之一，活动通常为幼儿提供多种可溶和不可溶的物品，请幼儿自己动手做实验，以证明哪些物品可以在水中溶解，哪些不能在水中溶解。

大（一）班的许老师在进行该活动时，详细记录着幼儿在实验过程中的各种表现。她记录的内容包括幼儿的实验兴趣、操作方法、相互间的协作水平以及操作时的集中程度等。

大（三）班的吴老师在进行该活动时并没有制作详细的观察表，只是在幼儿操作时给予指导。在活动快结束时，吴老师面向全班幼儿总结道："今天我们学习了溶解，小朋友们都做了溶解的实验，现在跟我一起念'溶解'。"在全班幼儿的齐声诵读中，吴老师结束了活动。随后，她在教学日志的活动评价栏中写道："通过这次实验活动，全班幼儿都掌握了'溶解'这个科学概念。"

二、幼儿科学态度的评价

从心理学角度来说，态度是个体对特定对象的总的评价和稳定性的反应倾向，其主要的特征是内隐性、对象性和稳定性。在对态度进行评价时，其对象性和稳定性可以帮助评价者更准确地把握评价对象的态度。但态度的内隐性使评价很难建立客观、可操作的指标体系。对态度的评价最终还是要依靠幼儿的行为表现。评价者需要注意的是，态度的外在表现往往受到环境、被评价者心理特点的影响，通过个体的行为表现并不能准确地判断他们的态度。反应态度的最好指标是个体的行为倾向性，即个体想怎样做而不是做了什么。这要求教师不能仅凭幼儿在短期内的某个活动对幼儿的科学态度进行评价，要通过谈话、观察等方式了解幼儿的想法，并结合幼儿的长期行为表现和个性特点对他们的科学态度进行评价。

对幼儿科学态度的评价主要包括以下四方面。

(一)好奇心

第一，是否有明显的探究周围世界的兴趣，并长时间地对自然现象或相关材料感兴趣以及自我学习的内在动机是否强烈？

第二，能否用行动对教师设置的问题情境表现出好奇心，并能够提出相关问题？

第三，是否经常问与自己所观察的物体有关的问题？

第四，是否关心、爱护周围环境？

第五，是否喜欢报告自己或他人在自然环境方面的经历？

第六，是否愿意探究未知的事物与现象？

---

① 王冬兰：《学前儿童科学教育》，252页，上海，华东师范大学出版社，2010。

第七，是否愿意参与科学教育活动，并且能认真思考？

(二)求实与批判精神

第一，能否指出实验和操作中矛盾的地方？

第二，无论操作活动成功与否，能否如实报告自己操作活动的过程与发现以及了解科学活动中实事求是的重要性？

第三，能否使用证据作为结论和解释的理由，想法不被权威所左右？

第四，能否敢于依据证据改变自己的想法？

第五，能否为达到深入理解的目的，敢针对一般的观点和解释提出反问？

第六，能否不附和别人的意见，愿意大胆发表自己的看法？

(三)创造精神

第一，能否创造新活动、新玩法或新的内容？

第二，能否为探究解决问题，表现出以不寻常的和建设性的方法使用设备、材料，建议或尝试新的实验？

第三，能否根据观察和探究，描述和形成新的结论？

(四)坚持性

第一，能否不害怕失败，并不断尝试？

第二，当别人做完时，自己是否仍坚持做完整个活动或操作？

第三，能否对自己感兴趣的东西进行长时间的观察探究？

第四，能否坚持完成比较困难的操作活动？

三、幼儿科学知识的掌握

幼儿科学教育主要的价值取向是形成态度、兴趣。《3—6岁儿童学习与发展指南》中有关科学知识掌握的目标为引导幼儿对周围环境中的数、量、形、时间和空间等现象产生兴趣，建构初步的数概念，并学习用简单的数学方法解决生活和游戏中某些简单的问题；在幼儿生活经验的基础上，帮助幼儿了解自然、环境与人类生活的关系。在幼儿科学教育过程中，科学知识并非成体系的知识，而是以幼儿生活、经验为中心的科学知识。在科学教育评价过程中，评价者要特别注意，幼儿对科学知识的掌握是建立在理解基础上的，这些知识是幼儿自己通过经验建构的。因此，在评价幼儿对科学知识的掌握时，单纯要求幼儿记住某种科学知识的表述是要避免的，科学知识掌握的价值是幼儿能理解知识，并能将知识迁移到生活情境中。

对幼儿发展的评价是指通过科学教育活动，对所达到的教育效果的评价，这种效果应体现在幼儿的身上，即幼儿科学素养的提高。幼儿科学知识、经验的评价主要评价幼儿通过科学教育活动是否获得了相应的科学经验，是否在此基础上形成了初级的科学概念。一般能通过有计划的测量、家长问卷、观察、作品分析、面谈等方式来了解，然后再根据对资料的分析做出间接评价。幼儿是否获取了周围物质世界的广泛的科学经验，或在感知经验的基础上形成了初级的科学概念，可从以下三个方面做评价：其一，是否具有常见的自然现象（包括季节、气象变化等自然现象）及其与人类、动植物有关系的具体经验或初级的科学概念；其二，是否具有关于周围环境（有生命物质和无生命物质，包括人类自身）及其相互关系的具体经验或初级的科学概念；其三，是否具有与幼儿自己生活有关的科技产品及其对人类有影响的具体知识。

值得指出的是，对幼儿科学能力的发展而言，更有价值的评价是对幼儿最近发展区的评价，这种评价方式将着眼点放在成人指导下幼儿可能达到的能力上。对最近发展区进行评价的意义，是它评价的是幼儿的发展潜力，而不是其已经达到的能力，这种评价观点因其发展性和前瞻性成为教育评价未来的发展趋势之一。

幼儿园教师资格证考试·真题再现

2015年下半年幼儿园教师资格证考试《保教知识与能力》单项选择题

教师根据幼儿的图画来评价幼儿发展的方式是（　　）。

A. 观察法　　　　　　　　　　B. 作品分析法

C. 档案袋评价法　　　　　　　D. 实验法

答案：B

本章小结

本章论述了幼儿园科学教育评价的相关知识、方法策略，具体包括幼儿园科学教育评价的含义、原则以及实施评价的价值和意义；幼儿园科学教育评价的方法及其在活动中的具体实施；强调要注重以幼儿为核心，采取基于幼儿发展的评价。

关键术语

幼儿园科学教育评价意义　幼儿园科学教育评价内容　幼儿园科学教育评价依据　幼儿园科学教育评价方法

思考题

1. 幼儿园科学教育评价有何意义？
2. 幼儿园科学教育评价的依据是什么？
3. 高结构化幼儿园科学教育活动评价包括哪些方面？

实训练习

1. 请制订幼儿科学教育评价方案。

2. 根据幼儿观察金鱼的行为，设计一个轶事观察量表。

拓展阅读

1. 由玛拉·克瑞克维斯基编，李季湄、方钧君译，北京师范大学出版社 2015 年出版的《多元智能理论与学前儿童能力评价》对美国的多彩光谱项目进行了详细介绍。

2. 由玛格丽特·卡尔、温迪·李著，周菁译，教育科学出版社 2015 年出版的《学习故事与早期教育：建构学习者的形象》详细介绍了新西兰的叙事性的评价体系——学习故事。

参考文献

1. 陈帼眉. 学前心理学[M]. 北京：人民教育出版社，2003.
2. 董旭花. 幼儿园科学区(室)科学探索活动指导117例[M]. 北京：中国轻工业出版社，2011.
3. 冯晓霞. 幼儿园课程(第2版)[M]. 北京：北京师范大学出版社，2001.
4. 贾洪亮. 学前儿童科学教育[M]. 上海：复旦大学出版社，2012.
5. 李维金. 学前儿童科学教育(第二版)[M]. 北京：科学出版社，2012.
6. 刘金花. 儿童发展心理学(第3版)[M]. 上海：华东师范大学出版社，2013.
7. 刘占兰，沈心燕. 让幼儿在自主探索中学习科学[M]. 北京：北京师范大学出版社，2007.
8. 刘占兰. 学前儿童科学教育[M]. 北京：北京师范大学出版社，2008.
9. 刘占兰. 有趣的幼儿科学小实验[M]. 北京：教育科学出版社，2011.
10. 吕晖. 学前儿童科学教育[M]. 沈阳：辽宁大学出版社，2012.
11. [美]玛拉·克瑞克维斯基. 多元智能理论与学前儿童能力评价[M]. 李季媚，方钧君译，北京：北京师范大学出版社，2002.
12. [法]乔治·夏尔帕. 动手做——法国小学科学教学实验计划[M]. 黄颖等译. 北京：人民教育出版社，2003.
13. 施燕. 学前儿童科学教育与活动指导[M]. 上海：华东师范大学出版社，2014.
14. 王春燕. 幼儿园课程(第2版)[M]. 北京：高等教育出版社，2014.
15. 王冬兰. 学前儿童科学教育[M]. 上海：华东师范大学出版社，2010.
16. 韦钰. 十年"做中学"为了说明什么——以科学研究为基础的教学改革之路[M]. 北京：中国科学技术出版社，2012.
17. 文祯中. 自然科学概论[M]. 南京：南京大学出版社，2007.
18. 夏力. 学前儿童科学教育活动指导[M]. 上海：复旦大学出版社，2009.
19. 许琼华，李槐青. 幼儿科学教育[M]. 西安：陕西师范大学出版社，2013.
20. [美]英格里德·查鲁福，卡仁·沃斯. 与幼儿一起探索自然[M]. 张澜，熊庆华译. 南京：南京师范大学出版社，2005.
21. 张慧和，张俊. 科学(幼儿园渗透式领域课程实施指导丛书)[M]. 南京：南京师范大学出版社，2007.
22. 张俊. 幼儿园科学教育[M]. 北京：人民教育出版社，2004.
23. 钟圣校. 自然与科技课程教材教法[M]. 台北：五南图书出版有限公司，2000.
24. 朱家雄. 幼儿园课程(第二版)[M]. 上海：华东师范大学出版社，2011.
25. 梁玉华. 幼儿园科学活动中教师指导策略的类型、问题与建议[J]. 教育探索，2015(3).
26. 刘文利. 学校科学教育需要科技馆积极支持[J]. 中国教育学刊，2008(3).
27. 罗志芳. 浅谈偶发性科学教育活动中教师的指导[J]. 学前教育研究，2000(6).
28. 施燕. 幼儿园科学区角活动材料设置三议[J]. 幼儿教育，2012(31).

29. 虞永平. 儿童博物馆与幼儿园课程[J]. 幼儿教育，2010(4).

30. 虞永平. 教学活动中幼儿自然观察者智能的培养[J]. 早期教育(教师版)，2006(10).

31. 虞永平. 科学发现室与幼儿园课程[J]. 幼儿教育(教育教学)，2010(3).

32. 张斌，虞永平. 专题区(室)的建设：幼儿园课程资源开发与利用的有效途径[J]. 幼儿教育，2012(25).

33. 张俊. 生活化与学科性：幼儿科学教育内容选择的两重标准[J]. 幼儿教育，2013(C4).